国家社科基金
GUOJIA SHEKE JIJIN HOUQI ZIZHU XIANGMU
后期资助项目

要素市场化配置改革
与区域经济发展问题研究

Research on Factor Market-oriented Allocation
Reform and Regional Economic Development

李 言 著

中国财经出版传媒集团

经济科学出版社
Economic Science Press

国家社科基金后期资助项目
出版说明

后期资助项目是国家社科基金设立的一类重要项目，旨在鼓励广大社科研究者潜心治学，支持基础研究多出优秀成果。它是经过严格评审，从接近完成的科研成果中遴选立项的。为扩大后期资助项目的影响，更好地推动学术发展，促进成果转化，全国哲学社会科学工作办公室按照"统一设计、统一标识、统一版式、形成系列"的总体要求，组织出版国家社科基金后期资助项目成果。

全国哲学社会科学工作办公室

前　言

随着市场化改革的不断深入，中国经济增长潜力得以释放，取得了令世人瞩目的发展成就。市场化改革包含一系列改革，其中价格机制改革尤为重要，因为价格机制是调节企业生产销售行为和家庭收入支出行为的关键机制。当价格机制正常发挥作用时，市场需求端和供给端能够在相互协调下实现资源的有效配置；而当价格机制被扭曲时，无论是市场需求端，还是市场供给端都会出现失调情形，导致资源的错配。从价格机制市场化改革的程度来看，经过 40 年的不断推进，中国价格机制市场化程度已经达到 90% 以上。根据国家发展和改革委员会的测算结果，2021 年底中国全社会商品和服务价格市场化程度达 97.5%。① 以上测算结果主要针对的是商品市场，反观中国要素市场，其价格机制市场化改革则相对滞后，定价规则透明性不够，政府不当干预依然广泛存在，要素价格扭曲阻碍了市场对生产要素的有效配置，进而影响宏观经济运行。伴随中国市场化改革的不断推进，要素市场自然成为下一步深化市场化改革的重点，党的十九大报告也已经明确指出，经济体制改革必须以完善产权制度和要素市场化配置为重点。2020 年 4 月 9 日，中共中央、国务院印发《关于构建更加完善的要素市场化配置体制机制的意见》，就扩大要素市场化配置范围、促进要素自主有序流动、加快要素价格市场化改革、健全要素市场交易机制等方面进行部署，意味着中国要素市场化改革进入了快速推进阶段。

要素价格扭曲主要是由于市场失灵或政府干预而导致的生产要素在国民经济中非最优配置的结果，是要素市场价格和机会成本的偏差或背离（Chacholiades，1978）。具体来看，当市场不存在价格扭曲时，劳动力的边际产出价值等于工资，即 $MPL = w$；而当市场存在价格扭曲时，劳动力

---

① 国家发展和改革委员会：《十年全面深化改革　推动中国发生历史性巨变》，https：//www. ndrc. gov. cn/wsdwhfz/202209/t20220929_ 1337669. html。

的边际产出价值等于价格扭曲与工资的乘积，即 $MPL = (1 + \tau_L)w'$，因此，当市场存在价格扭曲时，劳动力的边际产出与工资之间则出现偏差或背离，正是因为出现了这个"楔子"，市场供求两端往往就会出现失调。导致价格扭曲的原因主要有两个方面：一是市场失灵；二是政府干预。市场失灵导致的价格扭曲属于内生性价格扭曲，而政府干预导致的价格扭曲则属于外生性价格扭曲，前者普遍存在于市场经济国家，不仅存在于发展中国家，也存在于发达国家，而后者则普遍存在于发展中国家，因为这些国家为了实现经济赶超，政府部门倾向于采取带有扭曲价格特征的发展战略，而这些战略就包含政府对要素市场进行干预。回顾中国的发展历程，在转轨时期，国家的发展战略是优先发展以制造业为主的资本密集型产业，与当时的要素禀赋相背离，政府只能人为地降低发展制造业的成本以适应宏观政策取向，所以中国要素市场改革一直比较滞后，而且这一现象在商品市场化改革加速推进的背景下愈发凸显。

要素市场化改革的主要内容就是降低要素价格扭曲，而要素价格扭曲通过影响市场供给端和市场需求端对宏观经济产生多方面影响。从市场供给端来看，要素价格扭曲通过直接影响企业的决策行为进而对总产出、资本、就业和全要素生产率等宏观经济变量产生影响。要素价格扭曲的存在导致生产要素无法自由流动，如果生产要素可以自由流动，根据生产要素边际生产力递减理论，生产率高的企业应该获得更多资本和劳动力，相反，生产率低的企业应该获得更少的资本和劳动力，这种资源配置是有效率的。但是由于要素价格扭曲的存在，生产率低的企业却可能获得过多的资本和劳动力，而生产率较高的企业却无法获得足够的资本和劳动力。由于生产要素无法根据企业生产效率进行配置，就会对生产要素的生产率产生负面影响，企业无法趋近于其潜在生产能力水平，进而对企业的产出能力、资本积累、劳动力需求等方面产生影响。从市场需求端来看，要素价格扭曲通过影响家庭的收入，进而对消费、投资、就业等宏观经济变量产生影响。当不存在要素价格扭曲时，总收入为 $Y = RK + WL + \pi$，其中，Y 表示潜在总收入，R 表示资本回报率，W 表示劳动力工资，π 表示利润；而当存在要素价格扭曲时，总收入变为 $Y = (1 + \tau_K)RK + (1 + \tau_L)WL + \pi$，在总收入不变的情况下，当存在价格扭曲时，会有一部分收入"消失"，即这部分收入由于效率损失而"消失"，自然就无法流到生产要素的供给者手中。由于家庭部门作为生产要素的供给者无法得到充足的报酬，就会减少消费支出、投资支出和劳动力供给。考虑到市场供给端与需求端紧密相连，所以要素价格扭曲对市场供给端的影响会作用于市场需求端，而市场需求端的变化又会反作用于市场供给端。

综上所述，要素价格扭曲对宏观经济的影响是系统的，这就需要从多个角度去理解要素价格扭曲的宏观经济效应。所有的改革都不是在经济真空环境中进行的，有些改革由于牵涉面窄，其所影响的客体对其反作用较小，所以改革对客体的影响是主要影响，而有些改革，比如要素市场化改革，其牵涉面就很宽，其所影响的客体对其反作用可能就较大，所以有必要兼顾该反作用。同时，了解宏观经济运行对要素市场化改革的反作用，也有助于寻找推进改革的突破口，比如要素市场化改革对某个宏观经济变量具有正面影响，而后者又会反作用于要素市场化改革，而且对要素市场化改革具有推动作用，这就意味着存在一种良性的自动改革机制，而这可以视为是未来改革的突破口。

本书从经济效应的"增长层面""结构层面"和"效率层面"出发，系统探讨了要素价格扭曲变动对宏观经济运行所产生的影响，并进一步从一般均衡分析视角考察要素价格扭曲的宏观经济效应。"增长层面"主要是指经济增长，"结构层面"主要包括消费结构和产业结构，"效率层面"主要包括全要素生产率和税收努力。之所以将地方政府税收努力纳入效率层面，主要是因为税收努力衡量的是政府征税的效率程度，税收努力高一般意味着政府征税效率也高。从经济体参与部门的角度来看，经济增长是所有部门关注的焦点，消费结构则是家庭部门关注的焦点，产业结构和全要素生产率是企业部门关注的焦点，税收努力是政府部门关注的焦点。因此，从要素价格扭曲视角切入，本书一方面兼顾了经济效应的三个层面，另一方面兼顾了经济体的三个部门，实现了对要素市场化改革与宏观经济运行之间互动效应的系统探讨。在此分析的基础上，本书进一步将要素价格扭曲纳入一般均衡模型，系统分析要素价格扭曲变动对宏观经济运行的影响，并在研究展望部分对未来如何更好地将要素价格扭曲因素纳入一般均衡模型进行了多角度设想。

本书的具体结构安排如图 1 所示。

第一章重点对要素市场化改革阶段中要素价格扭曲的相关研究进行整理和归纳。改革开放之后，中国就开始推进要素市场化改革，尽管其相对于商品市场化改革相对滞后。该章首先对要素市场化改革的进程进行了回顾，将其划分为四个阶段，即双轨制改革阶段（1978~1991 年）、要素市场化配置改革起步阶段（1992~2001 年）、要素市场化配置改革加速阶段（2002~2019 年）、要素市场化配置改革系统推进阶段（2020 年至今）。其次通过梳理相关文献，从要素价格扭曲的定义、成因、测算和经济效应等视角对其进行归纳和总结。

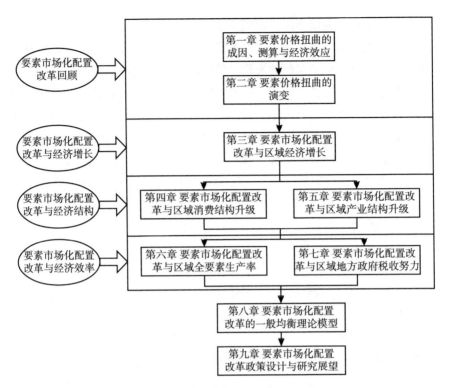

图1　本书结构安排

　　第二章对要素价格扭曲的演变轨迹及其特征进行分析。该章对中国省级层面1978～2016年的劳动力和资本价格扭曲进行了测算。在测算过程中，将生产函数法与随机前沿分析法进行结合，既保证了结果的合理性，也增强了结果的准确性。为了更好地理解要素价格扭曲的变迁，在测算结果的基础上做进一步分析，主要从要素价格扭曲的协调度、泰尔指数和偏离度等视角切入。要素价格扭曲协调度从相邻省份的视角揭示要素价格扭曲的变迁，反映的是相邻地区之间在要素价格扭曲上的变动是否具有一致性。要素价格扭曲泰尔指数从地区的角度，分析地区内部各省份之间在要素价格扭曲方面的差异。以上两种分析方法都具有区域一体化分析的特点。要素价格扭曲偏离度从三大地区的视角揭示要素价格扭曲的变迁，反映的是在一个更大的地区内部，各省份要素价格扭曲与其经济规模之间的关系。

　　第三章到第七章重点分析了要素价格扭曲与经济增长、要素价格扭曲与经济结构、要素价格扭曲与经济效率之间的关系。这五章内容具有相似的分析框架，既包含统计分析，也包含实证分析。以第三章为例，该章首先对改革开放以来，区域经济增长的演变及其特征进行了统计分析，主要是对经济增长的区域差异性和区域收敛性进行分析，采用泰尔指数和协调度指数分析方法。在此基础上，利用面板向量自回归（panel vector auto-regression，PVAR）模型分别探讨了劳动力价格扭曲与经济增长，以及资本价格扭曲与经济增长之间的互动效应，并对实证分析结果进行稳健性检验。

第八章从一般均衡的角度构建包含要素价格扭曲的理论模型，为后续相关研究提供新思路。现有研究和本书的主要内容都是从局部均衡视角出发，具体问题采用具体数据进行具体分析，从未来研究的发展来看，其中一个重要的内容就是从局部均衡分析向一般均衡分析过渡，更加系统地分析要素市场化配置改革对宏观经济的影响。鉴于动态随机一般均衡（dynamic stochastic general equilibrium，DSGE）模型是目前一般均衡分析的主要工具，具有较强的拓展性，该章将尝试将劳动力价格扭曲和资本价格扭曲引入 DSGE 模型框架，为之后相关研究提供建模思路。

第九章探讨了要素市场化改革难点和可能的突破口，为未来研究提供理论建模思路。要素市场化改革由于牵涉面广，难免会对宏观经济运行产生负面影响，这些负面影响构成了进一步推进改革的难点，需要对其有所认识。另外，改革也相应地会对宏观经济运行产生正面影响，而这些正面影响就构成了进一步推进改革的突破口，需要对其加以充分利用。经济学问题研究的深入一方面与现实需求有关，另一方面与理论供给有关，完善的理论模型是推进相关研究的重要基础，本书将从一般均衡视角切入，将要素价格异质性扭曲和数据价格扭曲引入 DSGE 模型，为后续研究提供建模思路。

由于测算变量包括要素价格扭曲、经济增长、消费结构升级、产业结构升级、全要素生产率以及地方政府税收努力，考虑到省级层面数据存在的缺失问题，为了保证数据的完整性，所有数据都处理至 2016 年。

推进要素市场化改革是中国经济将要面临的又一次挑战和机遇，完备的要素市场化机制对中国经济长期发展来说至关重要，它不仅有助于实现创新驱动式经济增长模式，也能够通过提升要素配置效率，实现各尽所能的发展状态，对社会稳定具有重要的保障作用。

目　　录

第一章　要素价格扭曲的成因、测算与经济效应 …………………… 1

　第一节　中国要素市场化配置改革发展阶段 ………………… 1

　第二节　要素价格扭曲的定义 ……………………………………… 7

　第三节　要素价格扭曲的测算 ……………………………………… 8

　第四节　要素价格扭曲的成因 ………………………………… 14

　第五节　要素价格扭曲的经济效应 …………………………… 18

　第六节　本章小结 ………………………………………………… 24

第二章　要素价格扭曲的演变 …………………………………… 26

　第一节　研究背景 ………………………………………………… 26

　第二节　研究设计 ………………………………………………… 27

　第三节　要素价格扭曲的测算结果分析 …………………… 32

　第四节　要素价格扭曲协调度分析 …………………………… 41

　第五节　要素价格扭曲泰尔指数分析 ………………………… 46

　第六节　本章小结 ………………………………………………… 51

第三章　要素市场化配置改革与区域经济增长 ………………… 53

　第一节　研究背景 ………………………………………………… 53

　第二节　机制分析 ………………………………………………… 54

　第三节　研究设计 ………………………………………………… 55

　第四节　区域经济增长的演变 ………………………………… 57

　第五节　要素市场化配置改革与区域经济增长互动效应

　　　　　分析 ………………………………………………………… 66

　第六节　本章小结 ………………………………………………… 75

第四章　要素市场化配置改革与区域消费结构升级 …………… 77

　第一节　研究背景 ………………………………………………… 77

　第二节　机制分析 ………………………………………………… 78

　第三节　研究设计 ………………………………………………… 80

第四节　区域消费结构的演变 ································· 81

第五节　要素市场化配置改革与区域消费结构升级互动效应
　　　　分析 ·· 90

第六节　本章小结 ······································ 98

第五章　要素市场化配置改革与区域产业结构升级 ············ 100

第一节　研究背景 ······································ 100

第二节　机制分析 ······································ 101

第三节　研究设计 ······································ 103

第四节　区域产业结构的演变 ··························· 104

第五节　要素市场化配置改革与区域产业结构升级互动效应
　　　　分析 ··· 113

第六节　本章小结 ······································ 121

第六章　要素市场化配置改革与区域全要素生产率 ············ 123

第一节　研究背景 ······································ 123

第二节　理论分析 ······································ 124

第三节　研究设计 ······································ 126

第四节　区域全要素生产率的演变 ······················ 128

第五节　要素市场化配置改革与区域全要素生产率互动效应
　　　　分析 ··· 137

第六节　本章小结 ······································ 146

第七章　要素市场化配置改革与区域地方政府税收努力 ········ 148

第一节　研究背景 ······································ 148

第二节　机制分析 ······································ 149

第三节　研究设计 ······································ 151

第四节　区域地方政府税收努力的演变 ·················· 152

第五节　要素市场化配置改革与区域地方政府税收努力互动效应
　　　　分析 ··· 161

第六节　本章小结 ······································ 169

第八章　要素市场化配置改革的一般均衡理论模型 ············ 171

第一节　研究背景 ······································ 171

第二节　要素价格扭曲的 DSGE 模型框架 ················ 172

第三节　DSGE 模型数值模拟分析 ······················ 176

第四节　本章小结 ······································ 192

第九章　要素市场化配置改革政策设计与研究展望 …………… 194

第一节　要素市场化配置改革政策设计 ……………… 194

第二节　要素市场化配置改革研究展望 ……………… 196

第三节　要素价格异质性扭曲的 DSGE 模型 …………… 197

第四节　数据要素价格扭曲的 DSGE 模型 ……………… 205

附录 ……………………………………………………… 208

参考文献 ………………………………………………… 219

第一章 要素价格扭曲的成因、测算与经济效应

第一节 中国要素市场化配置改革发展阶段

改革开放的渐进式改革基本可以分为三步:首先是以家庭联产承包责任制为主要内容的微观经营机制改革;其次是对物资、外贸和金融管理体制等方面的资源计划配置制度进行改革;最后进行了宏观政策环境的改革,也就是广义价格,主要包括产品价格和生产要素价格。从要素市场的角度出发,市场化改革可以分为四个阶段,即双轨制改革阶段(1978~1991年)、要素市场化配置改革起步阶段(1992~2001年)、要素市场化配置改革加速阶段(2002~2019年)和要素市场化配置改革系统推进阶段(2020年至今)。在第一个阶段,计划机制主导要素市场,所有改革都在为第二个阶段做铺垫。进入第二个阶段,无论是劳动力市场,还是资本市场,都开始逐步建立市场机制,摆脱计划机制的约束。要素市场化配置改革的快速推进始于中国加入世界贸易组织(WTO)(以下简称"入世"),为了满足入世条件,中国开始了新的一轮市场化改革,尤其是针对要素市场,开始加速清理阻碍市场机制运行的因素。第三阶段始于中国加入WTO,为了满足入世条件,中国开始了新的一轮市场化改革,尤其是针对要素市场,开始加速清理阻碍市场机制运行的因素。第四阶段中国进入新发展阶段,要素市场化配置改革也进入向纵深推进阶段。2020年,中共中央、国务院发布的《关于构建更加完善的要素市场化配置体制机制的意见》是首份要素市场化配置的中央文件。2022年国务院办公厅印发《要素市场化配置综合改革试点总体方案》,将要素市场化配置作为一项综合改革,推动改革向纵深发展。

一、双轨制改革阶段（1978～1991 年）

改革开放初期，为了保证经济生活的链条不发生断裂，改革主要是在维持计划经济持续运转的情况下，逐步引入市场机制，为市场主体提供成长的空间。这一阶段的要素价格改革的主要特征是把市场机制引进价格形成过程，以不同形式、不同程度逐步放开要素资源的价格，形成了政府定价和市场定价的双轨制，即对国家计划内的生产要素实行国家定价，计划外的生产要素实行市场调节价。1985 年，《中共中央关于制定国民经济和社会发展第七个五年计划的建议》指出，通过价格改革，实现"逐步形成少数商品和劳务的计划价格，多数实行浮动价格和自由价格的统一和灵活性相结合的价格体系"的目标。20 世纪 80 年代开始，大部分消费品交易都按市场价格进行，对大多数消费品的控制也逐渐减小，价格机制对中国商品的调节功能越来越强（高波，2017）。

尽管该时期改革的侧重点在商品市场，但随着改革的推进，要素价格扭曲得到了一定程度上的纠正。就劳动力市场而言，1980 年，中共中央在北京召开全国劳动就业工作会议，提出"三结合"就业方针，即在全国统筹规划和指导下，实行劳动部门介绍就业、自愿组织起来就业和自谋职业相结合的方针。"三结合"就业方针，增强了劳动力流动的自由度，是我国劳动力市场改革的重大突破。就资本市场而言，市场化改革也取得了一定的成果。1979 年 3 月，恢复成立了中国农业银行，改革了中国银行体制；1983 年 4 月，中国人民建设银行（后于 1996 年 3 月正式更名为中国建设银行）成为金融经济组织；1984 年 1 月，成立了中国工商银行，承担原来由中国人民银行办理的工商信贷和储蓄业务。自 1986 年起，一批新兴的股份制商业银行出现，标志着中国的银行机构从一元化转向多元化，初步形成一个专业银行体系，竞争因素开始被引入（宋士云，2008）。改革开放对传统的人民币汇率管理提出挑战，为了应对挑战，汇率市场进行了多轮改革。1979 年 8 月，国务院决定改革汇率体制，拟引入贸易内部结算价，形成与非贸易官方牌价并存的双重汇率制度。1985 年，我国取消贸易和非贸易双重汇率，恢复以贸易汇率为基础的单一汇率制。由于外汇调剂市场的出现，1985 年后我国又形成了官方汇率和外汇调剂汇率并存的新的双重汇率制度。

二、要素市场化配置改革起步阶段（1992～2001 年）

以邓小平"南方谈话"为指导思想，党的十四大确立了我国经济体制改革的目标是建立社会主义市场经济体制，改革进行速度随之加快，改革涉及领域不断加大。党的十四届三中全会通过了《中共中央关于建立社会主义市场经济体制若干问题的决定》，从总体上规划了社会主义市场经济体制的基本框架，明确指出建立社会主义市场经济体制，就是要使市场在国家宏观调控下对资源配置起基础性作用。由于商品市场化改革构成了前一个发展阶段的改革侧重点，因此该阶段的主要特征是逐步将改革的侧重点转移至要素市场。当然，商品市场化改革依然在推进过程中，比如1992年全国各地先后放开粮食及其他产品价格，实行购销同价，促进粮食产销与市场接轨；到1993年，粮油实现敞开供应，粮票被正式宣告停止使用。

在该阶段，劳动力市场的改革力度不断增强。1992年，《全民所有制工业企业转换经营机制条例》在劳动用工、人事管理、工资奖金分配等方面赋予企业更大的自主权。同时，"破三铁"① 在国营企业②中迅速推开，这是改革开放10年来，第一次把改革对准国营企业中的普通职工，掀开了劳动人事改革的重要一页。1994年，中国首部《中华人民共和国劳动法》（以下简称《劳动法》）以法律形式总结了中国在市场转型中的所有重要劳动政策，标志着中国的劳动关系和劳动政策正式向市场经济转型。《劳动法》确立了用人单位与劳动者的市场经济主体地位，为建立统一、公平的劳动力市场提供了基本原则和法治规则，为生产要素在价值规律作用下，按照市场规则自由流动打开了通行的大门。与之相伴而生的是全员劳动合同制，该项制度的实施促使企业在劳动关系上建立竞争机制和激励机制。对于中国的劳动力市场的市场化程度，国内众多学者进行了深入研究，顾海兵（1996）认为只有35%，杨宜勇（2001）参考国际劳动局推荐的18项劳动力市场主要指标对我国劳动力市场进行了对比分析，结果表明我国劳动力市场已经呈现出市场化的特征。

同时，资本市场的改革力度也在增强。为实行商业银行业务和政策性银行业务的分离，1994年分别组建了国家开发银行、中国农业发展银行和中国进出口银行3家政策性银行。1995年9月7日，国务院发布《国务院关于组建城市合作银行的通知》，决定自1995年起在撤并城市信用社的基础上，在35个大中城市分期分批组建由城市企业、居民和地方财政投资入股的地方股份制性质的城市合作银行。这一阶段，中国基本形成了以国

---

① "三铁"即铁饭碗、铁交椅、铁工资。"破三铁"是指针对国营企业、劳动用工、工资分配和人事制度的改革，意味着国有企业将解除与工人的"终身劳动契约"。
② 1993年《宪法修正案》改称"国有企业"。

有独资商业银行为主体的，包括股份制银行、城市合作银行和政策性银行在内的多层次、多形式、多功能的银行体系（宋士云，2008）。汇率市场化改革也取得了突破，1994 年外汇管理体制进行了重大改革，实行以市场供求为基础、单一的、有管理的浮动汇率制度。此次汇率改革被认为是最难的也是最成功的改革。同时，建立了银行间外汇市场，使我国有了真正意义上的外汇市场。这一方面对稳定汇率起到了重要作用，另一方面却限制了市场在汇率决定中的作用。我国利率市场化改革也在该阶段启动。1993 年，党的十四大《关于金融体制改革的决定》提出，中国利率改革的长远目标是建立以市场资金供求为基础，以中央银行基准利率为调控核心，由市场资金供求决定各种利率水平的市场利率管理体系。1996 年 6 月 1 日，中国人民银行放开了银行间同业拆借利率，此举被视为利率市场化的突破口。1998 年 8 月，国家开发银行在银行间债券市场首次进行了市场化发债。

三、要素市场化配置改革加速阶段（2002~2019 年）

进入 21 世纪，随着中国加入 WTO，市场化改革进入了新阶段，与前一个阶段相比，要素市场化配置改革被摆到了更加重要的位置上。党的十八届三中全会通过的《中共中央关于全面深化改革若干重大问题的决定》首次定义市场在资源配置中的"决定性作用"。党的十九大报告指出，"经济体制改革必须以完善产权制度和要素市场化配置为重点"。由此可见，要素市场化配置改革成为中国下一步市场化改革的重中之重。

在以上背景下，要素市场化配置改革明显提速。就劳动力市场而言，2007 年 6 月，第十届全国人民代表大会常务委员会第二十八次会议通过《中华人民共和国劳动合同法》（以下简称《劳动合同法》）。《劳动合同法》为维护劳动者合法权益、构建和谐稳定的劳动关系提供了法律保障，有力地促进了产业结构调整和企业升级转型。另外，在城镇化加速提升的背景下，户籍制度进行了新一轮改革。2014 年 7 月，国务院印发了《关于进一步推进户籍制度改革的意见》，标志着新一轮户籍制度改革正式启动。为了推动改革政策落到实处，2016 年，国务院办公厅出台了《推动 1 亿非户籍人口在城市落户方案》，其中最重要的政策是建立居住证制度，把之前的地方经验上升为国家的统一政策。

就资本市场而言，随着金融市场的快速发展，加之融入世界经济的要求，中国银行业进入了新的改革阶段，从而提高了汇率、利率等资本价格的市场化程度。2003 年 9 月，中共中央、国务院决定对国有商业银行实施股份制改革，并选择中国银行、中国建设银行进行试点。2005 年 10 月，中国建设银行率先在我国香港特区成功上市。2006 年 6 月和 10 月，中国银行和中国工商银行也先后上市。2007 年 4 月，汇丰银行、渣打银行、东亚银行和花旗银行 4 家在中国首批取得"企业法人营业执照"的外资银行正式开业。关于汇率市场化改革，2005 年 7 月 21 日，中国人民银行发布《关于完善人民币汇率形成机制改革的公告》，宣布实行以市场供求为基础、参考一篮子货币进行调节、有管理的浮动汇率制度，人民币汇率不再盯住单一美元。该阶段的利率市场化改革也进入了加速阶段，2012 年 6 月，中国人民银行扩大了利率浮动区间。自 2013 年 7 月 20 日起，全面放开金融机构贷款利率管制，取消票据贴现利率管制，改变贴现利率在再贴现利率基础上加点确定的方式，由金融机构自主确定。

四、要素市场化配置改革系统推进阶段（2020 年至今）

2020 年，中共中央、国务院发布的《关于构建更加完善的要素市场化配置体制机制的意见》（以下简称《意见》）标志着中国要素市场化配置改革进入系统推进阶段。《意见》对土地、劳动力、资本、技术、数据等重要生产要素的市场化配置改革内容进行了部署，体现了系统推进要素市场化配置改革的思路。从本书重点关注的劳动力和资本市场角度来看，关于劳动力市场化配置改革，《意见》指出要围绕深化户籍制度改革、畅通劳动力和人才社会性流动渠道、完善技术技能评价制度和加大人才引进力度等方面展开。关于资本市场化配置改革，《意见》指出要围绕完善股票市场基础制度、增加有效金融服务供给、加快发展债券市场和主动有序扩大金融业对外开放等方面展开。《意见》发布之后，各地纷纷出台相应的意见和行动方案。

就劳动力市场而言，2020 年 12 月，四川省响应中央政策，结合实际提出 21 条实施意见，细化中央对劳动力要素改革的各项重点任务。2021 年 1 月，《山东省人力资源和社会保障厅等 15 部门关于印发促进劳动力要素市场化配置若干措施的通知》明确从职业和区域两方面激发劳动力流动活力，从完善评价制度、引入外省人才和加强教育培训三方面拓宽劳动力发展渠道。2021 年 11 月 26 日，广东省人民政府印发《广东省劳动力要素市场化配置改革行动方案》，重点推进户籍制度深化改革、畅通劳动力和人才社会性流动渠道、完善技术技能评价制度、加大人才引进力度、完善企业工资收入分配激励机制五个方面措施执行，以实现对各层次、各部门、各区域人才有序流动的引导。2022 年中共中央、国务院印发的《加快建设全国统一大市场的意见》对劳动力市场化配置改革进行部署，健全统一规范的人力资源市场体系，促进劳动力、人才跨地区顺畅流动。

就资本市场而言，2021年4月，江苏省发布相应政策大力推进资本要素市场提档升级，特别是江苏区域性股权市场的优化，着力提升金融服务实体经济能力。2021年9月，广东省人民政府印发《广东省深入推进资本要素市场化配置改革行动方案》，对要素市场化改革推进做出了一系列明确的部署。首先，分层次依次推进全国性资本要素交易平台、具有行业影响力的金融机构、规范地方要素交易场所以及扶持和监管地方金融组织的建设，以实现全方位建设现代化金融体系的目标；其次，发挥地区优势，打通资本要素跨境流动渠道；最后，对于科技金融和普惠金融等重点领域内的改革给予政策重视与扶持力度。2022年发布的《加快建设全国统一大市场的意见》对资本市场化配置改革部署如下：统一动产和权利担保登记，依法发展动产融资。强化重要金融基础设施建设与统筹监管，统一监管标准，健全准入管理。选择运行安全规范、风险管理能力较强的区域性股权市场，开展制度和业务创新试点，加强区域性股权市场和全国性证券市场板块间的合作衔接。推动债券市场基础设施互联互通，实现债券市场要素自由流动。发展供应链金融，提供直达各流通环节经营主体的金融产品。加大对资本市场的监督力度，健全权责清晰、分工明确、运行顺畅的监管体系，筑牢防范系统性金融风险安全底线。

为了进一步加速要素市场化配置改革，2021年国务院办公厅印发的《要素市场化配置综合改革试点总体方案》（以下简称《方案》）要求，根据不同改革任务优先考虑选择改革需求迫切、工作基础较好、发展潜力较大的城市群、都市圈或中心城市等，开展要素市场化配置综合改革试点。根据《方案》的部署要求，2022年上半年，完成试点地区布局、实施方案编制报批工作。到2023年，试点工作取得阶段性成效，力争在土地、劳动力、资本、技术等要素市场化配置关键环节上实现重要突破，在数据要素市场化配置基础制度建设探索上取得积极进展。到2025年，基本完成试点任务，要素市场化配置改革取得标志性成果，为完善全国要素市场制度作出重要示范。由此可见，中国下一步要素市场化配置改革将围绕渐进式推进和系统式推进两个维度展开，前者主要体现在试点先行，后者主要体现在土地、劳动力、资本、技术和数据要素市场化配置改革齐头并进。

第二节 要素价格扭曲的定义

在新古典经济学中,与其他商品价格一样,在完全信息条件下,生产要素价格被视为由要素市场的需求和供给共同决定的,企业获取利润最大化正是出现在生产要素的边际收益等于边际成本的位置,即生产要素的相对价格曲线与生产可能性曲线相切的点。但在现实社会中,劳动力、资本等要素市场在一系列外部因素的干扰下可能会导致其实际价格与均衡价格的偏离,并产生要素市场扭曲。在这种情形下,厂商等市场主体在生产过程中的要素使用和配置没有达到最优状态,其实际生产点也并不是帕累托最有效率点(白俊红和卞元超,2016)。换言之,要素价格扭曲使生产要素价格信号完全失去了对真实的反映作用,生产要素间的比价不再反映其各自稀缺程度。

要素价格扭曲是要素市场扭曲的主要表现形式,国外学者对要素市场扭曲的研究起步于 20 世纪 70 年代,学者们对于扭曲理论、扭曲产生的原因以及表现形式进行深入研究。部分学者系统性地概括和总结了扭曲理论,通过将第二次世界大战后国际贸易研究中的一些重要理论与政策问题纳入扭曲这一共同框架,从而对扭曲的类型及政策选择的优劣给予了系统分析,认为要素市场扭曲既可能源自市场系统内部,主要指市场的不完善性,也可能源自市场系统外部,主要指政府政策(Bhagwati,1968,1971;Bhagwati & Hatta,1985)。要素市场扭曲产生的原因,一般被归纳为两种:一种是由于市场不完全产生的内生性扭曲,主要指外部性、信息不对称等市场失灵的原因;另一种是由于政府政策干预等市场外因素造成的外生性扭曲,主要指政府为了实现某一目标而对市场进行干预,导致市场的资源配置作用难以有效发挥(Chacholiades,1978)。要素市场扭曲表现为三种主要的形式,即生产要素流动障碍、生产要素价格刚性以及生产要素价格差别化(Magee,1971)。以上三种形式可以进一步归结为两类要素市场扭曲,其中,第一种形式可以理解为生产要素资源错配,而后两种形式则可以理解为要素价格扭曲。其实,资源错配与价格扭曲之间是相互影响的,资源错配导致价格扭曲,同时,价格扭曲也会导致资源错配,这就类似于在进行市场均衡分析时,数量会影响价格,同时,价格也会影响数量。

部分研究将要素价格扭曲划分为绝对价格扭曲和相对价格扭曲。绝对价格扭曲是指单个生产要素的实际价格与其边际产出或机会成本之间的偏离。绝对价格扭曲又可分为价格正向扭曲和价格负向扭曲，价格正向扭曲是指要素实际价格超过其边际产出或机会成本所决定的均衡价格，价格负向扭曲则是指要素实际价格低于其边际产出或机会成本其所决定的均衡价格。相对价格扭曲有两层含义：如在同一部门，是指一种要素相对于另一种要素的相对价格扭曲程度，即两个或两个以上的生产要素绝对价格扭曲程度的比较，可以衡量不同要素的相对价格效率；如在不同部门，要素相对价格扭曲是指两个或两个以上的生产要素在不同部门的价格构成比率不相等。不同部门的要素相对价格扭曲，可以在测算出每个单一部门内部要素价格扭曲的基础上，通过比较和计算获得（Lau & Pan，1971）。

第三节　要素价格扭曲的测算

一、要素价格扭曲的测算方法

关于要素价格扭曲的测算方法，现有研究大多采用三种测算方法，即生产函数法、非参数分析法和市场化进程指数法。生产函数法很早就被应用于要素价格扭曲的测算，例如运用生产函数方法对印度和美国农业中的要素价格扭曲程度进行估计（Rader，1976）；采用成本函数方法对于美国规制行业中要素价格的扭曲进行测算（Atkinson & Halvorsen，1980，1984；Parker，1995）；采用替代弹性的方法对苏联要素价格扭曲进行测算（Easterly & Fischer，1994；Allen，2001）。现有研究大多采用 C - D 生产函数（Hsieh & Klenow，2009）和超越对数生产函数（白俊红和卞志超，2016），且假设生产要素对应的边际产出即为不存在扭曲时的要素价格。

非参数分析法包括随机前沿分析法和数据包络分析法。最早有学者利用随机前沿分析法测算了要素市场扭曲，通过比较最优生产可能性曲线与实际生产可能性之间的差距来衡量扭曲程度（Skoorka，2000）。国内研究方面，郝枫和赵慧卿（2010）、蒋含明（2013）等也采用了随机前沿分析法。赵自芳（2007）利用数据包络分析法分析了中国制造业因资源错配导致的要素非效率配置问题等。此类研究方法的优点在于可交叉运用多种计量方法，具备较强的拓展性和适应性，但这类研究方法的缺点则是不能给出每种要素的实际价格扭曲程度。

市场化进程指数法是国内研究常用的方法。张杰等（2011）使用樊纲等（2010）编制的市场化进程指数，采用（产品市场化指数 - 要素市场的市场化指数）/产品市场化指数作为要素市场扭曲程度的测算指标（康志勇，2012；毛其淋，2013；陈艳莹和王二龙，2013；阚大学和吕连菊，2016）。市场化进程指数法在国内相关研究中使用较多，但该方法的主要不足之处在于无法反映要素市场扭曲内部不同要素的扭曲程度。林伯强和杜克锐（2013）选择基于标杆法的相对差距指数衡量地区的要素市场扭曲程度，采用［max（要素市场发育程度指数）- 要素市场发育程度指数］/max（要素市场发育程度指数）作为要素市场扭曲程度的测算指标，之后相关研究也开始借鉴此种测算方法（戴魁早和刘友金，2016；戴魁早2019）。生产函数法、非参数分析法和市场化进程指数法的测算方法比较如表 1 - 1 所示。

表 1 - 1　　生产函数法、非参数分析法和市场化进程指数法的测算方法比较

测算方法	优点	缺点
生产函数法	可以测算出每种要素的价格扭曲程度；操作简单；可以测算多个层面，且时间跨度不受限	存在函数设定偏误；存在数据选择偏误
非参数分析法	不存在函数设定偏误问题；可以测算多个层面，且时间跨度不受限	不可以测算出每种要素的价格扭曲程度；操作复杂；存在数据选择偏误
市场化进程指数法	不存在函数设定偏误问题；不存在数据选择偏误；操作简单	不可以测算出每种要素的价格扭曲程度；只能测算省级层面，且时间跨度受限

由于只有生产函数法能够清晰反映出不同生产要素的价格扭曲，所以下文将重点利用生产函数法对要素价格扭曲的测算过程进行介绍。

将要素价格扭曲引入生产部门利润函数，即：

$$\pi_t = Y_t - (1 + \tau_t^K) R_t K_t - (1 + \tau_t^L) W_t L_t \qquad (1-1)$$

其中，π 为第 t 期利润，Y_t 为第 t 期总产出，$1 + \tau_t^K$ 为第 t 期资本价格扭曲，R_t 为第 t 期资本利息，K_t 为第 t 期资本，$1 + \tau_t^L$ 为第 t 期劳动力价格扭曲，W_t 为第 t 期工资，L_t 为第 t 期劳动力。通过求解利润最大化，然后通过转换则可以得到资本和劳动力价格扭曲的公式，即：

$$1 + \tau_t^K = (\partial Y_t / \partial K_t) / R_t \qquad (1-2)$$

$$1 + \tau_t^L = (\partial Y_t / \partial L_t) / W_t \qquad (1-3)$$

式（1-2）和式（1-3）即为前面定义的要素绝对价格扭曲，式（1-2）和式（1-3）即为要素绝对价格扭曲，将式（1-2）等式左右两边分别

比式（1-3）即为要素相对价格扭曲。如果生产函数为规模报酬不变，且投入要素仅包含劳动力和资本的 C-D 函数形式，则可以通过下式获得总要素价格扭曲：

$$\tau_t = (\tau_t^K)^\alpha (\tau_t^L)^{1-\alpha} \qquad\qquad (1-4)$$

其中，α 为资本产出弹性。另外，随着越来越多的经济要素被纳入生产函数中，生产函数法也被应用于土地、能源等要素价格扭曲的测算。

二、要素价格扭曲的测算结果

由于后文主要利用生产函数法测算劳动力和资本价格扭曲，所以本节重点对利用生产函数法的相关研究测算结果进行归纳。从测算结果来看，要素价格扭曲存在两种情况：一种是要素价格的正向扭曲，要素实际价格高于要素的边际产出价值所确定的均衡水平；另一种是要素价格的负向扭曲，主要是由于要素市场不完善或信息不对称，要素拥有者处于弱势地位，收入分配不利于要素拥有者，要素实际价格低于要素的边际产品价值所确定的均衡水平（王宁和史晋川，2015a）。

盛仕斌和徐海（1999）的测算结果表明，无论何种经济类型的企业，劳动力边际产出与其价格的偏离程度都远远高于资本边际产出与资本价格的偏离程度，从而说明中国工业企业的资本利用程度要高于劳动力资源的利用程度。这很大程度上是源于中国要素价格扭曲的特征是资本价格相对较低而劳动力价格较高，高昂的劳动力价格影响了企业的技术选择，使其较多地使用资本而较少使用劳动。就不同经济类型的比较来看，资本的边际产出和资本价格之间的偏离程度比较接近，但是劳动力边际产出与劳动力价格之间的偏离程度相差很大，其中，国有经济、集体经济的偏离程度较小，而非国有经济的偏离程度较大，后者的偏离程度位于 5.2~8.1 之间，远高于国有经济的 3.6 和集体经济的 3.9。

赵自芳（2007）的测算结果表明，在考察期内资本要素的价格扭曲程度总体上高于劳动力要素；国有经济部门中要素相对价格的扭曲程度要高于非国有经济部门。从均值来看，外资经济的资本价格扭曲程度最高，达到 25.35，私营和集体经济次之，分别为 21.58 和 21.46，国有经济相对扭曲较轻为 16.66。这说明相对于国有经济部门来说，非国有经济的资本要素价格存在着更为严重的扭曲。考察期内在四种所有制经济中，资本要素的扭曲程度有进一步拉大的趋势。与资本要素不同的是，劳动力要素在四种所有制经济中虽然也都存在着价格扭曲，但在考察期内其扭曲程度却总体呈现出一种收敛的趋势，且平均值也要远小于相应的资本价格扭曲。

在考察期内均值最小的是国有企业，其劳动力价格扭曲都小于1，其次是外资企业，其劳动力价格扭曲程度为1.6，而私营和集体经济的扭曲程度则相对较大，分别为3.59和2.81。

施炳展和冼国明（2012）的测算结果表明，整体上，中国要素价格负向扭曲高达11.216；劳动、资本及总体扭曲程度均增加；资本边际产出递增，但利率稳定，因此资本负向价格扭曲程度增加；劳动边际产出增速超过了工资增速，因此劳动价格负向扭曲程度增加。分地区来看，中部地区劳动力价格扭曲程度最大，为3.913，东部和西部地区分别为3.527和3.705。东部地区资本价格扭曲程度最大，为14.528，中部和西部地区分别为14.213和14.336。从不同所有制企业来看，集体企业的劳动力价格扭曲程度最大，为4.413，私营企业、外资企业、港澳台资企业和国有企业分别为4.013、3.535、3.030和3.010。港澳台资企业资本价格负向扭曲程度最大，为13.025，外资企业、国有企业、私营企业和集体企业分别为12.313、10.772、9.397和8.567。

夏晓华和李进一（2012）的测算结果表明，劳动力价格的扭曲现象在整个考察期可以分为四个阶段：第一阶段为1985年以前，这个阶段劳动力价格被低估；第二个阶段为1985～2000年，这16年间劳动力价格扭曲程度均小于1，且出现负值，存在被高估的现象；第三个阶段为2001～2006年，劳动力价格在边际报酬水平上下波动；第四阶段为2006年以后，劳动力价格的正向扭曲程度不断增大，说明劳动价格被不断低估。资本价格的扭曲现象可以划分为两个阶段：第一阶段为1994年以前，这一阶段资本的边际产出基本等于其价格，没有明显的价格扭曲现象；第二阶段为1994年以后，这一阶段资本价格呈负向扭曲，且扭曲程度不断扩大。

王希（2012）的测算结果表明，1978年以来，中国劳动力和资本的绝对扭曲度均呈现出不断下降的趋势。尽管改革开放以来，劳动力的边际产出不断上升，但是职工工资也快速增长，总体而言，劳动力价格扭曲度呈下降趋势。资本价格扭曲度的下降主要源于资本边际产出的下降。改革开放以来，中国经济的快速增长主要来源于投资的拉动，过度投资使得资本的边际产出不断下降，资本的边际产出与其实际价格之间的差距也逐渐缩小。从相对大小来看，资本价格扭曲度相对较高，劳动力价格扭曲度相对较低，资本相对劳动力的价格扭曲程度均呈现出先下降后上升的"U"型形态，1978年以来，资本相对劳动力价格的扭曲度均大于1，1996年的值最小，为1.63。

李平和季永宝（2014）的测算结果表明，中国资本和劳动力价格均呈负向扭曲的特征，即资本和劳动力边际产出大于要素支付的价格。资本要素价格扭曲指数从 1998 年的最高值 12.9 逐步下降到 2012 年的 7.5，变化非常显著；2007~2012 年，资本要素价格扭曲下降速度更快，程度更明显。中国劳动市场价格也呈现反向扭曲之势。1998~2003 年，劳动力扭曲指数从 4.6 增加到 5.1 左右，扭曲程度逐渐增大，但在 2003~2006 年，扭曲指数维持在 5.0 左右，这也侧面反映出近年来劳动收入份额不断下降与技能溢价并存的现象，而从 2007 至今，劳动要素价格扭曲指数不断减小。就总体要素扭曲而言，扭曲程度从 2006 年的 7.8 下降到 2007 年的 6.8，下降幅度最大，之后扭曲幅度的平均值为 5.6 左右，这说明中国的市场化程度逐步加深，尤其以 2007 年为转折点，政策导向转变使得要素市场扭曲程度显著降低、前后变化比较突出。

王宁和史晋川（2015a）的测算结果表明，中国资本和劳动力价格扭曲均呈现负向扭曲，资本价格扭曲在改革初期的扭曲程度较高，至 2000 年左右，由于资本的边际生产力开始递减，资本价格扭曲呈下降趋势，均值为 4.31。与之相反，劳动力价格扭曲的值却在改革初期较低，之后呈现缓慢上升的趋势，近年来略有所下降，均值为 2.50。除 1995 年、1996 年和 2011 年以外，资本均比劳动更为扭曲，资本价格扭曲比上劳动力价格扭曲的均值为 1.98，后期由于资本价格扭曲的减小，以上比值也有逐渐递减的趋势，2011 年的比值仅为 0.97。

白俊红和卞元超（2016）的测算结果表明，从全国整体来看，劳动力和资本要素均呈现出市场扭曲的态势，且劳动力要素市场扭曲指数小于资本要素市场扭曲指数。其中，劳动力的市场扭曲指数为 0.2044，这表明考察期内劳动力要素的边际产出小于工资水平，即其应得小于实际所得，呈正向扭曲；资本要素市场扭曲指数达到 2.3027，其边际产出大于利率水平，为反向扭曲。从分地区来看，中国劳动力要素市场扭曲指数接近或超过 1 的省份为黑龙江、山东、广东和河南。资本要素扭曲指数较高的省份为天津和海南，另外，珠江三角洲和长江三角洲等市场化程度较高地区的资本要素市场扭曲也较高。

周一成和廖信林（2018）的测算结果表明，总体而言，中国的资本、劳动力市场扭曲均存在典型的负向扭曲，并且资本市场扭曲要比劳动力市场扭曲严重。样本期内资本市场扭曲程度逐年下降且趋向于 1，这表明为了防止经济过热而出台一系列金融政策以及利率市场化进程的加快，一定程度上提高了中国的资本价格、降低了资本的边际产出，使得资本市场扭曲正在逐步得到有效纠正。然而，尽管劳动力市场扭曲初步呈现先发散后收敛的态势，但整体来看劳动力市场扭曲状况并没有发生本质性的变化。随着资本市场扭曲程度的不断下降，近年来劳动力市场扭曲状况比资本市场扭曲更为严重。

中国现有的要素价格扭曲测算结果存在较大差异，虽然资本和劳动价格的绝对扭曲值的大部分测算结果为负向扭曲，但这些值相差数倍甚至几十倍；资本与劳动的相对扭曲值是大于还是小于 1 也存在争议（见表 1 - 2）。根据表 1 - 2 可知，王宁和史晋川（2015b）认为造成差异的主要原因来源于两个方面：首先，生产函数的形式选择。现有研究主要采用 C - D 生产函数和超越对数生产函数两种形式，但超越对数生产函数估计参数多，容易带来自由度不足、多重线性问题，针对整体经济的计量甚至出现了边际生产力为负的结论，与经济现实不相符合。其次，测算的数据来源、计量口径的不同。例如，资本价格是使用资金的市场交易成本，不应低于国家金融机构法定贷款利率，但大多数研究使用的资本价格均低于此标准。

表 1 - 2   利用生产函数法测算资本和劳动力价格扭曲的测算结果汇总

研究成果	生产函数形式	资本价格扭曲	劳动力价格扭曲
盛仕斌和徐海（1999）	C - D 函数	1.31 ~ 3.24	3.57 ~ 8.15
赵自芳（2007）	超越对数	13.46 ~ 38.07	0.48 ~ 9.62
杨小林（2010）	C - D 函数	9.92	8.09
王希（2012）	超越对数	9.00 ~ 50.00	2.00 ~ 9.00
夏晓华和李进一（2012）	超越对数	0.41 ~ 1.13	- 0.17 ~ 3.93
夏茂森等（2013）	超越对数	0.70	0.70
王宁和史晋川（2015a）	C - D 函数	4.31	2.50
白俊红和卞元超（2016）	超越对数	1.78 ~ 3.37	- 1.06 ~ 1.16
丁建勋（2017）	CES 函数	4.38	1.99
周一成和廖信林（2018）	超越对数	1.50 ~ 8.50	2.80 ~ 3.00

注：资本价格扭曲 = 资本边际产出/资本价格；劳动力价格扭曲 = 劳动力边际产出/劳动力价格。

资料来源：部分结果借鉴王宁和史晋川（2015b）的研究，部分则是作者整理。

李言和樊学瑞（2020）的测算结果表明，改革开放以来，中国劳动力和资本价格扭曲主要呈现负向扭曲，但变动趋势有差异。就劳动力价格扭曲而言，中国多数省份劳动力价格扭曲有所恶化，且时间层面的波动性加剧，只有东部地区的劳动力价格扭曲有所改善，而且空间层面的波动性有所降低。就资本价格扭曲而言，中国多数省份资本价格扭曲实现了改善，但扭曲时间层面的波动性却是先减弱后加剧，依然是只有东部地区的资本价格扭曲有所改善，而且空间层面的波动性有所降低。

第四节　要素价格扭曲的成因

发展中国家政府基于追求经济现代化的愿望，通常实施赶超型发展战略，这就需要政府对经济进行不同程度的干预，使产品价格或生产要素价格信号扭曲。转轨时期的中国，国家的发展战略是优先发展制造业和保持出口行业的竞争优势以保持强劲的经济发展势头，这些大多属于资本密集型产业，与中国的要素禀赋相背离，国家只能人为地降低发展制造业的成本，即通过低利率政策、低汇率政策、低工资和能源、原材料低价等政策以适应宏观政策取向，所以中国要素市场改革一直比较滞后，政府对利率、信贷规模、土地以及户籍制度都保持一定的管制状态（刘小玄，2000；郑毓盛和李崇高，2003）。改革开放以来，中国经济体制从计划经济开始向市场经济转变，市场化程度不断提高，在和谐安定的社会背景下经济增长迅速，避免了激烈的社会变革可能会带来的社会环境的剧烈震荡，但同时也可能产生部分学者认为的在一个部分改革的经济体中，会产生更多的扭曲（Young，2000）。

20世纪90年代国内就有学者对要素价格扭曲问题进行了探讨。林毅夫等（1994）指出由于中华人民共和国（以下简称"新中国"）成立后的特殊历史背景，中国选择了优先发展重工业的发展战略。为了降低重工业的发展成本，中央政府做出了一系列的制度安排，实施全面扭曲产品和生产要素价格的宏观政策。这种宏观经济政策的核心包括低利率、低汇率和低工资等。由于中国经济处于计划向市场的转型过程中，政府依旧掌握着大量的经济资源，因此，国内要素市场中存在的扭曲现象绝大部分与政府行为有关。加之行政分权和财税体制改革为地方政府干预经济提供了动力，其结果是导致地方政府尽可能地扭曲劳动力和资本价格，鼓励地方企业加大投资，以提高本地GDP和财政收入。

随着商品市场化改革进入后半程，越来越多的学者开始关注要素市场化配置改革问题。简泽（2011）将导致要素价格扭曲的原因归纳为以下五点：一是企业的所有制性质。一方面，国有资本比重较高的企业很可能更多地受到传统体制的束缚和政府干预；另一方面，在国有银行主导的金融市场上，它往往更容易获得信贷支持。二是运输成本和地方保护主义导致的地区市场分割。三是转轨过程中金融市场的不完全。金融市场的不完全使得一些企业很难或者需要以更高的成本才能从金融市场获得贷款，于是，这些企业更多地用劳动替代资本，这意味着，在这些企业里，用劳均资本反映的资本密度较低。相反，那些能够用较低成本获得信贷的企业倾向于用资本替代劳动，因而，它们的资本密度较高。四是政府对企业的补贴。五是出口开放。

谭洪波（2015）指出中国的要素价格扭曲既有历史原因，又有社会主义市场经济发展过程中形成的新原因。历史原因体现在，由于新中国在改革开放之前采取的是计划经济体制，战略上优先发展重工业，各种要素价格被压低以支持重工业的发展，形成了要素市场和产品市场的扭曲。改革开放以来，虽然优先发展重工业的战略有所调整，但要素市场仍然持续存在着扭曲。一方面，20世纪90年代，随着社会主义市场经济制度目标的明确和市场化改革的深入，中国的财政分权制度进一步深化；另一方面，大部分工业特别是其中的制造业本身具有产业转移较快的特点，能够较快地从一个地区转移到另一个地区，较快地形成生产能力，这两方面为工业偏向型的要素价格扭曲提供了存在的动机和条件。由此可见，中国要素价格扭曲的成因与政府干预密切相关，而这也是发展中国家市场经济体制建设过程中常见的问题。

一、资本价格扭曲的成因

引发资本价格扭曲的成因可以归纳为以下三点。

（一）金融摩擦

在中国利率市场化进程刚起步的情况下，金融部门信贷决策往往会受到地方政府的外在干预。根据西方经济学相关内容，市场这只"看不见的手"可能存在失灵的情形，因而需要政府这只"看得见的手"进行适当的干预，但政府干预常常会导致市场扭曲，成为"掠夺之手"，使得生产要素价格偏离其真实的价格水平，不能反映其稀缺程度（Shleifer & Vishny，1994）。在财政分权体制和"晋升锦标赛"的政府治理模式下，地方政府往往更加倾向于那些能够快速实现经济效益、风险较低的生产性建设项目，并通过干预金融部门的信贷决策为这些项目筹集资金，而那些周期较长、风险较大的创新生产项目往往会被政府和金融部门"冷落"。这种干预行为可能会使得金融部门的资金无法按照市场机制进行合理配置，从而产生资本市场的扭曲。部分学者认为在社会主义经济中普遍存在着"预算软约束"现象，比如为了支持国有企业发展或解救处于亏损状态的国有企业，政府往往实施财政扶持、贷款支持等措施，而这些措施多数以资本价格扭曲和较为低下的经济效率为代价（Kornai，1986）。鄢萍（2012）通过研究发现，民营企业面临的边际利率远远高于外资企业，而外资企业面临的边际利率又高于国有企业和集体企业，即不同类型的企业面临的差别利率是造成资本扭曲的最重要原因。

（二）政策错配

为了增强企业自主创新能力，政府接连创建了诸多资助平台，比如星火计划、火炬计划和科技型中小企业技术创新基金等，不断加大对创新生产活动的资金支持力度。政府对于企业创新生产活动的资金补贴，虽然可以在一定程度上增加创新生产的资金规模，但也可能由于信息的不对称以及虚假信号的干扰等原因，导致政府资助了不该或不需要资助的企业，从而造成了资本市场的供求失衡与扭曲（白俊红和卞元超，2015）。有学者认为，造成中国资本市场扭曲的主要原因之一就是政府为了推动西部地区发展而实施的资本转移政策，因为从人均资本的角度去看，西部地区的人均资本并不明显低于其他地区，导致转移过去的资本无法得到有效利用（Brandt et al.，2013）。

（三）政企关联

在中国资本市场内部，由于国有企业与政府关联度较高，使其在获取资本、土地等生产要素方面明显优于民营资企业，导致不同所有制企业在获取资源的能力方面存在极大的差别（刘小玄和周晓艳，2011）。国有企业之所以需要进行补贴，主要原因在于国有企业在经营过程中承担了就业、社会保障等非生产性任务，因此，为了维持国有企业的正常运转，常常需要对其所面临的资本价格进行一定的补贴。行政性分权改革使地方政府具有很强的经济支配自主权，为了提高政绩以获得政治资本，一些地方政府热衷于将资本、土地等关键性要素分配给大型企业，尤其是国有性质的大型企业，二者形成了一个利益共同体。相对于民营企业，即使国有企业的生产率较低，地方政府依然会通过干预银行的信贷决策给国有企业提供贷款支持（余明桂和潘红波，2008；戴静和张建华，2013）。

二、劳动力价格扭曲的成因

引发劳动力价格扭曲的成因可以归纳为以下两点。

（一）市场分割

早期对劳动力市场分割进行研究的学者认为在存在劳动力市场分割的情况下，工资的决定并不遵循新古典的边际法则。市场分割往往被认为是造成劳动力价格扭曲的重要原因。部分学者通过实证手段证明，主要劳动力市场和次要劳动力市场的区分是存在的，而且还存在着阻碍劳动力从次要市场向主要市场流动的非经济壁垒（Dickens & Lang，1985，1987，1988，1993）。蔡昉等（2001）认为阻碍中国农业劳动力转移的制度性根源是户籍制度所引起的城乡劳动力市场分割。谢嗣胜和姚先国（2005）认为中国劳动力市场存在严重市场分割的事实限制了劳动力在不同城市、不同行业、不同所有制等环境下的自由流动，达不到劳动力能力与薪资的最合理配置。户籍制度限制了劳动力的自由流动，并阻碍了创新人才的就业选择。改革开放以来，虽然中国的户籍制度不断放开，大规模的人口流动开始涌现。但是，由于基础设施、医疗卫生、教育等公共服务方面的地区差异长期存在，城乡二元化结构问题依然突出等原因，导致劳动力市场分割问题并未完全消除，劳动力要素难以实现自由流动，从而产生了劳动力要素市场的扭曲。

（二）劳资力量失衡

工人在劳资纠纷中普遍处于弱势。由于我国目前正处于渐进式改革过程中，制度建设的滞后性强化了企业在劳动力市场中的强势地位，此时工人的工资往往并不能真实反映其自身的生产效率，因此，劳动力的工资水平往往低于市场化应有的水平。李文溥和李静（2011）认为，由于劳动力市场被分割，不同的劳动力市场上的劳资力量对比都出现了失衡，劳动力价格因此出现了不同方向的扭曲。一方面，在传统的正规劳动力市场上，政府部门、国有事业单位、国有企业的就业者基本上是不可退出的，这就形成了"绑架"机制，导致了过高的劳动力成本；另一方面，在非正规劳动力市场上，尽管市场化程度较高，但在现代企业制度下，个别劳工与资方之间的力量对比依然悬殊，因而，这种市场决定的"均衡"劳动力价格必然低于真正劳资力量均衡下的劳动力价格。

综上，要素价格扭曲的成因如图 1-1 所示。

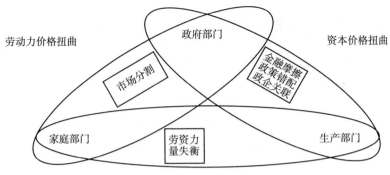

图 1-1 要素价格扭曲的成因

第五节 要素价格扭曲的经济效应

纵观已有研究,大多将要素价格扭曲的宏观经济效应集中在生产率层面,尤其关注要素价格扭曲对全要素生产率的影响,且多数研究主要采用局部均衡分析范式,即具体分析要素价格扭曲对宏观经济某一方面的影响。本书对要素价格扭曲的经济效应分析如下:

一、要素价格扭曲的经济效应表现

(一) 要素价格扭曲对生产率的影响

关于要素价格扭曲对生产率的影响,现有研究已从企业、地区或行业等不同层面进行了系统研究。从企业层面来看,由于多数研究资源错配对全要素生产率 (total factor productivity, TFP) 影响的研究都在建模过程中引入了要素价格扭曲,所以资源错配对 TFP 的影响也可以看作是要素价格扭曲导致资源错配进而对 TFP 产生影响。国外研究方面,相关研究建立起要素价格扭曲、要素错配与 TFP 之间的分析框架,基于中国、印度和美国企业层面数据,研究发现若中国的资源配置效率能够达到美国的水平,制造业的 TFP 将提高 30% ~ 50%;若完全消除要素市场扭曲,制造业的 TFP 可以提高 86.6% ~ 115% (Hsieh & Klenow, 2009)。国内研究方面,龚关和胡光亮 (2013) 放松了 HK 分析框架中关于企业生产函数规模报酬不变的基本假设,以投入要素的边际产出价值的离散程度作为衡量资源配置效率的指标,认为资本配置效率和劳动配置效率的改善将使总量生产率分别提高 10% 和 7%。邵宜航等 (2013) 在 HK 分析框架下,进一步测算了企业规模、金融因素和交通等基础设施因素对制造业 TFP 的影响。盖庆恩等

（2015）研究了要素市场扭曲对 TFP 的直接影响和间接影响，直接影响是指要素市场扭曲使得在位企业的边际产出不同，从而降低经济的 TFP，间接影响是指要素市场扭曲使得部分具有更高生产效率的潜在进入者由于其要素成本较高而无法真正进入市场中，从而降低经济的 TFP。研究结果表明：若资本市场扭曲得到改善，样本期间制造业的 TFP 平均可以提高57.79%，其中通过直接影响提高 31.46%，间接影响提高 26.32%；若劳动力市场扭曲得到改善，TFP 可以提高 33.12%，其中，通过直接影响提高 11.42%，间接影响提高 21.69%。

从地区层面来看，李平等（2014）在垄断竞争框架下，首次推演出资本和劳动力价格扭曲影响技术进步的数理模型，并利用省际面板数据进行实证检验。研究结果表明，中国资本和劳动力价格扭曲抑制了技术进步；进一步检验发现资本和劳动力价格扭曲促进技术进步存在门槛区间；但跨过一定门槛后，要素价格扭曲对技术进步的作用由促进变为抑制。白俊红和卞元超（2016）利用省际面板数据，分析了劳动力和资本价格扭曲对中国创新生产效率损失的影响效应，并基于反事实检验考察了要素市场扭曲造成的创新生产效率损失缺口。研究结果表明，劳动力和资本价格扭曲对创新生产效率损失均具有显著的正向影响；反事实检验结果表明，如果消除了劳动力和资本价格扭曲，中国创新生产效率将分别提升 10.46% 和20.55%。

从行业层面来看，朱喜等（2011）运用全国农村固定跟踪观察农户数据，研究了要素市场扭曲对农业 TFP 的影响。研究结果表明，如果有效消除资本和劳动力配置的扭曲，农业 TFP 有望再增长 20% 以上，其中东部和西部地区的改进空间超过 30%。盖庆恩等（2017）同样利用全国农村固定跟踪观察点数据分析了土地资源错配对农业 TFP 的影响。研究结果表明，若土地能够有效配置，农业部门的 TFP 将提高 1.36 倍，农业劳动力占比将下降 16.42%，加总的劳动生产率将提高 1.88 倍。戴魁早和刘友金（2016）利用中国高技术产业省级面板数据分析了要素市场扭曲对创新效率的影响。研究结果表明，要素市场扭曲显著地抑制了高技术产业创新效率的提高，而要素市场扭曲对创新效率产生的抑制效应存在边际贡献递减规律。当扭曲程度较高时，要素市场改善对创新效率的边际效应较小；而随着扭曲程度的逐渐下降，要素市场改善对创新效率的边际效应则不断上升。

（二）要素价格扭曲对总产出的影响

减少要素价格扭曲，提高要素配置效率，能够在不增加投入的前提下，提高总产出（Dollar & Wei，2007）。陈永伟和胡伟民（2011）的研究结果表明，2001~2007年，制造业实际产出与潜在产出之间的缺口呈扩大态势，消除要素市场扭曲后，制造业的实际产出最大能够增加15%，最小能够增加9%。曹玉书和楼东玮（2012）研究了要素错配、产业结构变迁和经济增长间的关系，研究发现要素流动壁垒的存在会对经济短期的产出总量有影响，而且还会影响生产前沿面。如果能采取措施去除要素错配对经济效率的影响，可以使得中国经济增长提高0.9%。罗德明等（2012）通过构建一个微观企业层面的动态随机一般均衡模型，分析了要素市场政策扭曲对TFP的影响，其构建的理论模型引入了垄断竞争的中间产品生产企业与内生化的进入退出选择。研究结果表明，去掉扭曲后，人均产出将增长115.61%。相比之下，纠正劳动力市场扭曲仅能使中国制造业的产出增加不足5%。张兴龙和沈坤荣（2016）重点研究资本市场扭曲对总产出的影响。研究结果表明，2002~2007年，中国资本扭曲处于改善状态，实际产出的损失一直处于下降状态，但2008~2013年，中国资本配置存在恶化趋势，资本扭曲导致的产出损失普遍大于2007年以前。若能够改善资本配置状况、提升配置效率，那么在保持现有资本存量和劳动投入的情况下，可以提升经济总产出水平达15%~20%。

（三）要素价格扭曲对投资的影响

张杰等（2011）使用工业企业样本分析要素市场扭曲是否抑制了中国企业研发（R&D）投入。研究结果表明，在要素市场扭曲程度越深的地区，要素市场扭曲对中国企业R&D投入的抑制效应就越大；要素市场扭曲对不同特征企业R&D投入的抑制效应存在显著差异，要素市场扭曲所带来的寻租机会可能会削弱或抑制企业R&D投入；要素市场扭曲对外资企业R&D投入也产生了抑制效应。冼国明和石庆芳（2013）考察了要素市场扭曲对中国投资行为的影响。研究结果表明，要素市场扭曲与中国投资之间呈倒"U"型关系，要素市场扭曲过高或过低都不利于地方投资。另外，要素市场扭曲对中国投资的影响存在明显的区域差异性。对东部地区而言，要素市场扭曲增加会促进当地投资；对中部地区而言，要素市场扭曲需要降低，方有利于投资的增加；对西部地区而言，要素市场扭曲同投资之间呈倒"U"型关系。阚大学和吕连菊（2016）研究了要素市场扭曲对企业对外直接投资的影响。研究结果表明，要素市场扭曲程度越高，企业对外直接投资倾向及其强度越高。分内外资属性来看，相对内资企业，要素市场扭曲显著提高了三资企业对外直接投资倾向及其强度。分所有制性质来看，要素市场扭曲提高了国有企业对外直接投资倾向及其强度，针对民营企业的估计结果与之相反。分地区来看，要素市场扭曲提高了东部地区企业对外直接投资倾向及其强度。分行业属性来看，要素市场扭曲提高了劳动密集型企业和资本密集型企业的对外直接投资倾向及其强度，对技术密集型企业对外直接投资倾向及其强度则产生了不利影响。

（四）要素价格扭曲对消费的影响

丁建勋（2015）在研究资本深化与中国消费率的关系时发现，要素价格扭曲使各经济部门偏向选择资本密集型技术是导致中国资本深化进而降低消费率的一个显著因素。具体影响机制为"要素价格扭曲（人为压低资本价格）→资本偏向型技术进步→资本深化→降低劳动力报酬收入份额→降低消费率"。由此可见，初次分配中资本收入份额不断上升而劳动力报酬收入份额持续下降，是降低消费率的重要因素，而要素价格扭曲正是影响初次分配的关键因素（赵坚毅等，2011；王宋涛，2014）。李文溥和李静（2011）在回顾了改革开放以来生产要素比价扭曲、过度资本深化和劳动力报酬比重之间的关系后认为，在经济发展的特定阶段，资本深化导致劳动力报酬比重一定程度的下降虽然不可避免，但要素市场价格扭曲、技术进步偏向以及金融过度深化导致的资源加速资本深化，从而带来的中国劳动力报酬比重过快下降则是需要矫正的。章上峰和陆雪琴（2016）把劳动力报酬收入份额分解成技术偏向和劳动力市场扭曲两个因素，并计算其对劳动力报酬收入份额变动的贡献率。研究结果表明，技术偏向对劳动力报酬收入份额有正向影响，劳动力市场扭曲才是导致中国劳动力报酬收入份额下降的原因。丁建勋（2017）通过实证分析，研究了要素市场扭曲对劳动力报酬收入份额的影响。研究结果表明，在要素替代弹性大于1的情况下，如果人为压低资本使用成本形成资本相对劳动更加便宜的价格扭曲格局，那么，随着资本—劳动价格相对扭曲值的上升，将导致劳动力报酬收入份额下降。

另外，相关研究还进一步分析了要素价格扭曲对投资和消费结构的影响。王希（2012）研究了要素价格扭曲与宏观经济失衡之间的关系，利用向量自回归模型的脉冲响应分析，发现劳动力、资本、能源三种要素价格的绝对和相对扭曲程度上升，会对企业投资、居民消费需求和总供给造成不同方向的冲击，并导致宏观经济出现过度投资、消费需求不足、总供给过剩的失衡现象。不仅如此，消费需求的相对不足还会导致要素价格的进一步扭曲。宏观经济失衡与要素价格扭曲之间存在一种相互强化的动态影响。王宁和史晋川（2015a）通过拓展包含家庭部门、生产部门和政府部门的拉姆齐—卡斯—库普曼斯（Ramsey – Cass – Koopmans）模型，分析了要素价格扭曲对中国投资消费结构的影响。研究结果表明，资本和劳动价格的负向扭曲均会刺激投资、减少消费，但是劳动价格扭曲的作用力更大；若劳动比资本的价格扭曲更为严重，将更加不利于投资消费结构的改善。

（五）要素价格扭曲对就业的影响

盛仕斌和徐海（1999）较早研究了不同类型企业所面临的要素价格扭曲对就业市场的影响。研究结果表明，非国有和非集体经济类型的工业企业有比国有经济、集体经济企业更强的劳动力吸纳能力，即使是在前者已经支付了比后者更高的工资率的条件下。进一步考虑资本价格的变化，非国有经济的资本价格下降，则其劳动的边际产出水平还将进一步上升，其劳动雇佣量可以进一步增加。同时，不同经济类型企业间资本价格和劳动价格的扭曲还影响了总体的就业结构，使非国有经济在快速发展的同时没有得到更为充分的就业扩张。雷鹏（2009）借鉴林毅夫的研究，使用生产要素比较密集度作为要素市场扭曲程度的度量，这是因为在竞争条件下，生产要素的相对价格是生产要素相对丰裕度的内在反映。当要素市场不存在扭曲时，一个国家或地区会根据自身的要素禀赋结构进行生产；而当要素市场出现扭曲时，一个国家或地区就会偏离自身的要素禀赋结构进行资源的配置与使用。研究结果表明，要素市场扭曲对就业弹性，即就业增长率比经济增长率，具有显著的负面影响，所以要素市场扭曲对就业具有显著的负面影响。康志勇（2012）研究了赶超行为和要素市场扭曲对就业市场的影响。研究结果表明，赶超行为和要素市场扭曲都会对就业总量和就业增长率产生显著的负面影响，同时，赶超行为和要素市场扭曲还将分别通过对企业产生有偏的技术进步抑制就业总量和就业增长率的增加。

二、要素价格扭曲的经济效应分析方法

从现有研究来看，学者们对要素价格扭曲的宏观经济效应进行了不同层面、不同视角的探讨，但多数研究采用局部均衡分析范式，这种研究现状将会随着研究方法和研究视角的不断丰富而被打破。随着对要素价格扭曲认识的不断推进，已经有学者着手通过构建一般均衡模型考察要素价格扭曲的宏观经济，此种分析范式能够将要素价格扭曲纳入一个更加完整的模型体系中考察，从而有助于对要素价格扭曲宏观经济效应的整体理解。盖庆恩等（2013）将劳动力价格扭曲以不同部门间劳动力工资差异的方式引入一般均衡模型，研究劳动力市场扭曲对中国经济结构变迁和生产效率的影响。王宁和史晋川（2015a）通过拓展包含家庭部门、生产部门和政府部门的 Ramsey - Cass - Koopmans 模型，将劳动力和资本价

格扭曲引入生产部门利润函数中，分析要素价格扭曲对中国投资消费结构的影响。

利用动态随机一般均衡（DSGE）模型分析要素价格扭曲的经济效应也是未来值得关注的重点。DSGE 模型是一般均衡模型的最新发展成果，具有三大特征，即动态性、随机性和一般均衡特征。"动态性"是指经济主体考虑的是跨期最优选择；"随机性"是指宏观经济系统会受到各种外生随机冲击的影响；"一般均衡"是指所有经济主体的最优策略满足市场出清条件（杨农和郭辉铭，2013）。

在 DSGE 模型中引入要素价格扭曲，其模型框架如图 1－2 所示。

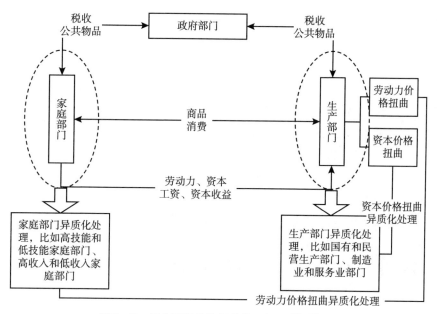

图 1－2　包含要素价格扭曲的 DSGE 模型框架

如图 1－2 所示，在基准模型情形下，构建包含家庭部门、生产部门和政府部门的三部门 DSGE 模型，然后借鉴生产函数法，将要素价格扭曲通过生产部门利润函数的形式引入。通过对家庭部门和生产部门的异质化处理，还可以进一步引入要素价格异质性扭曲，比如将生产部门细分为国有和民营生产部门，并将国有生产部门的劳动力和资本价格扭曲设定为正向扭曲，而将民营生产部门的劳动力和资本价格扭曲设定为负向扭曲，就可以研究由所有制歧视所导致的要素价格扭曲对宏观经济运行的影响。

国内相关研究已开始利用 DSGE 模型分析要素价格扭曲问题。罗德明等（2012）在部分学者的研究基础上（Atkeson & Kehoe，2005，2007），通过构建一个微观企业层面的 DSGE 模型，将劳动力和资本价格扭曲引入企业利润函数，分析了要素市场政策扭曲对 TFP 的影响。假设经济体由一个度量为 1 的家庭、一个最终产品生产部门和一个中间产品生产部门构成。中间产品生产部门存在两类不同所有制的企业：国有企业和私有企业。不同所有制企业的差异，在于它们遵循不同的 TFP 增长路径。中间产品生产者的异质性体现在所有制、企业年龄和当前的 TFP 这三个维度上。另外，模型还进一步引入了企业内生化的进入退出选择。这是国内较早利用一般均衡分析范式研究要素市场扭曲经济效应的研究。王宁和史晋川（2015a）通过拓展包含家庭部门、生产部门和政府部门的 Ramsey – Cass – Koopmans 模型，将劳动力和资本价格扭曲引入生产部门利润函数中，分析了要素价格扭曲对中国投资消费结构的影响。Ramsey – Cass – Koopmans 模型以效用函数和生产函数为基础，分析消费者和厂商追求其最优化过程的中宏观经济路径的动态均衡模式，即投资、资本积累、储蓄、消费的宏观经济的时间路径是如何变动的。俞剑等（2018）通过构建一个同时含有需求方因素、供给方因素和要素价格扭曲的两部门动态一般均衡模型，将劳动力和资本价格扭曲以不同部门间劳动力工资和资本收益率差异的方式引入，分析消费结构升级、要素价格扭曲等因素对中国农业劳动力转移的影响。该模型与标准的两部门动态一般均衡模型相比具有以下新特点：一是引入哈罗德中性技术来补充希克斯中性技术，从而更加有效地展示技术进步对劳动力转移的直接影响；二是通过引入农业部门和非农业部门的劳动力与资本价格扭曲，来刻画中国要素市场存在的非平等交换特征以及城乡二元经济结构。

第六节　本章小结

随着中国市场化改革的不断深入，消除或减轻要素价格扭曲成为下一步改革的重点。价格机制不仅仅是调节市场供求的信号，更是把不同经济主体的行动与才能"铰合"在一起的机制，没有价格机制，或者价格机制失灵，不同经济主体之间就不能协调他们彼此独立的行动。因此，要素价格扭曲阻碍了要素的配置效率，进而对宏观经济的方方面面产生不同程度的影响。从现有研究来看，学者们对要素价格扭曲的宏观经济效应进行了不同层面不同视角的探讨，但多数研究采用局部均衡分析范式，这种研究现状将会随着研究方法和研究视角的不断丰富而被打破。本章主要对要素市场化配置改革的发展脉络和相关研究进行了梳理，研究得到的主要结论如下：

第一，改革开放以来，尽管相对滞后于商品市场，但中国要素市场也一直在进行着市场化改革，尤其是在劳动力市场和资本市场方面，主要经历了以下四个阶段，即双轨制改革阶段（1978~1991年）、要素市场化配置改革起步阶段（1992~2001年）、要素市场化配置改革加速阶段（2002~2019年）、要素市场化配置改革系统推进阶段（2020年至今）。

第二，政府干预是导致要素价格扭曲的主要因素，且要素价格扭曲对宏观经济的影响是多方面的。现有研究从生产率、总产出、消费、投资等角度分析了要素价格扭曲所带来的影响，且主要研究结论表明要素价格扭曲对宏观经济发展以负向影响为主。随着经济发展开始向高质量发展模式转变，推进要素市场化配置改革具有重要的现实意义。

第三，将要素价格扭曲因素纳入一般均衡分析框架将有助于为后续研究提供更加坚实的理论基础。现有研究尚未系统地将要素价格扭曲纳入一般均衡分析框架，鉴于要素价格扭曲对宏观经济运行的影响是多方面的，因此，从一般均衡视角思考要素市场化配置改革问题具有合理性和一般性。

第二章 要素价格扭曲的演变

第一节 研究背景

推进要素价格市场化改革是中国进一步完善社会主义市场经济体制的关键，也是发挥市场在资源配置过程中起决定性作用的内在要求。改革开放以来，中国政府采取多种措施推进"对内改革"和"对外开放"，其中"对内改革"主要侧重于商品市场改革，而相对忽视了生产要素市场改革。伴随中国市场化改革的不断推进，生产要素市场已成为下一步改革的重点，党的十九大报告明确指出，经济体制改革必须以完善产权制度和要素市场化配置为重点。从经济发展的角度来看，要素价格扭曲直接影响生产要素的配置效率，而后者是提升生产率的主要途径，所以，推进生产要素市场化改革，降低要素价格扭曲，是实现经济发展走向高质量发展阶段的关键举措。尽管生产要素市场改革相对滞后于商品市场，但滞后不等于停滞，改革开放以来，随着中国经济的快速发展，势必会对生产要素市场产生影响，理解在这一发展过程中要素价格扭曲的变迁，尤其是近些年扭曲的变动态势，将有助于我们实施更加具有针对性的措施降低要素价格扭曲。现有研究对要素价格扭曲的分析主要集中在进入 21 世纪之后的发展阶段，此时，随着中国经济融入世界经济的步伐加速，要素流动的影响因素更加复杂，其经济效应也受到越来越多的关注，尤其是关于资源错配与经济发展方面的问题，成为这一阶段相关研究的重点。本章则将分析时间跨度向前延长至改革开放，从长期的角度审视市场化改革对要素价格扭曲的影响，一方面是对现有研究的重要补充，另一方面也是对要素市场化配置改革的必要性进行历史维度的分析。

本章将利用改革开放以来的相关数据，对地区层面的劳动力和资本价格扭曲进行测算和比较分析，进而揭示要素价格扭曲的变迁过程。另外，为了能够更加全面地揭示要素价格扭曲的变迁过程，本章还将重点分析相邻省份之间要素价格扭曲变动的协调度。结合要素价格扭曲来看，地方政府可以通过制定相关政策，增加本地区要素价格负向扭曲程度，比如对选择进入该地区生产的企业实施资本方面的税收优惠政策，形成资本价格负向扭曲，从而使其吸引更多资本流入。上述这种以扭曲要素价格为主要内容的区域发展策略是否在改革开放以来的中国长期存在？本书主要从两个角度尝试回答该问题，一是从时间角度来看，相邻地区要素价格扭曲是否具有收敛性，即扭曲程度越来越小；二是从空间角度来看，相邻地区要素价格扭曲变动是否具有收敛性，即变动程度越来越相似。本章将利用生产函数法，对改革开放以来中国省级层面的劳动力和资本价格扭曲进行测算，通过构建要素价格扭曲协调度和泰尔指数两种方式，对要素价格扭曲的地区特征进行分析。要素价格扭曲协调度从相邻省份视角对要素价格扭曲的变动轨迹及特征进行分析，本书进一步通过构建并分解要素价格扭曲泰尔指数，从地区差异视角对要素价格扭曲的变动轨迹及特征进行分析。

第二节 研究设计

一、分析方法

本章主要利用生产函数法，且从总量层面切入，将要素价格扭曲引入地区 i 的利润函数中，然后通过求解利润最大化的方式得到要素价格扭曲。采用生产函数法测算要素价格扭曲的主要优势在于能够区分不同生产要素的价格扭曲，进而可以对其进行比较分析。在具体测算过程中，先将劳动力价格扭曲和资本价格扭曲引入地区 i 利润函数，并假设地区 i 追求利润最大化，即：

$$\max \pi_{i,t} = Y_{i,t} - disw_{i,t} W_{i,t} L_{i,t} - disr_{i,t} R^K_{i,t} K_{i,t} \qquad (2-1)$$

$$s.t. \quad Y_{i,t} = A_{i,t} K^{\alpha}_{i,t} L^{1-\alpha}_{i,t} \qquad (2-2)$$

地区 i 的生产函数为 C-D 形式，式（2-1）和式（2-2）中，Y 为地区生产总值，W 为地区劳动力工资，L 为地区劳动力投入，R^K 为地区资本价格，K 为地区资本存量，A 为地区综合技术水平，$disw$ 和 $disr$ 分别表示地区劳动力价格扭曲和资本价格扭曲，α 为地区资本产出弹性。通过求解利润最大化的一阶条件，并进一步转换后，就可以得到测算扭曲的表达式，即：

$$disw_{i,t} = \frac{(1-\alpha)A_{i,t}K_{i,t}^{\alpha}L_{i,t}^{-\alpha}}{W_{i,t}} = \frac{(1-\alpha)Y_{i,t}}{W_{i,t}L_{i,t}} \qquad (2-3)$$

$$disr_{i,t} = \frac{\alpha A_{i,t}K_{i,t}^{\alpha-1}L_{i,t}^{1-\alpha}}{R_{i,t}^{K}} = \frac{\alpha Y_{i,t}}{R_{i,t}^{K}K_{i,t}} \qquad (2-4)$$

在具体测算过程中，本章借鉴已有研究，将所有地区所有时间的资本价格 R^{K} 均设为10%（Hsieh & Klenow，2009）。因此，为了测算劳动力和资本价格扭曲，就需要获得地区生产总值、地区劳动力人口、地区资本存量以及地区劳动力工资等数据。

关于要素价格扭曲协调度的测算方法，主要参考王薇和任保平（2015）的研究，构建区域要素价格扭曲协调度，即：

$$disc_{i,t} = \left(disx_{i,t} \times disx_{-i,t} \right) \Big/ \left(\frac{disx_{i,t} + disx_{-i,t}}{2} \right)^{2} \qquad (2-5)$$

其中，$disc_{i,t}$ 表示地区 i 的劳动力或资本价格扭曲的协调度，$disx_{i,t}$ 表示地区 i 的要素价格扭曲，$disx_{-i,t}$ 表示地区 i 相邻地区的要素价格扭曲。当 $disx_{i,t} = disx_{-i,t}$ 时，协调度得到最大值1，表明地区 i 的要素价格扭曲与其相邻地区的要素价格扭曲的变动相一致。协调度越偏离1，表明二者的偏差越大，意味着地区间要素价格扭曲的变动差异越大。

为了揭示中国地方政府税收努力的地区差异及其来源，借鉴泰尔（Theil，1967）、周小亮和吴武林（2018）、聂长飞和简新华（2020）的处理方式，采用泰尔指数将要素价格扭曲的总体差异分解为地区内差异和地区间差异，并构建三大地区的泰尔指数，即：

$$T = \frac{1}{n} \sum_{i=1}^{n} \left(\frac{dis_{i}}{disa} \times \ln \frac{dis_{i}}{disa} \right) \qquad (2-6)$$

$$T_{j} = \frac{1}{n_{j}} \sum_{i=1}^{n_{j}} \left(\frac{dis_{ij}}{disa_{j}} \times \ln \frac{dis_{ij}}{disa_{j}} \right) \qquad (2-7)$$

$$T = T_{w} + T_{b} = \sum_{j=1}^{4} \left(\frac{n_{j}}{n} \times \frac{disa_{j}}{disa} \times T_{j} \right) + \sum_{j=1}^{4} \left(\frac{n_{j}}{n} \times \frac{disa_{j}}{disa} \times \ln \frac{disa_{j}}{disa} \right)$$

$$(2-8)$$

式（2-6）中，T 表示要素价格扭曲的总体差异泰尔指数，其大小介于 $[0,1]$ 之间，该值越小，表明要素价格扭曲总体差异越小。式（2-7）中，T_{j} 分别表示三大地区（$j=1$，2，3）的要素价格扭曲的总体差异泰尔指数。i 表示省份，n 表示全国省份总数，n_{j} 分别表示东部、中部和西部地区省份数量，dis_{i} 表示省份 i 的要素价格扭曲，dis_{ij} 表示地区 j 内省份 i 的要素价格扭曲，$disa$ 和 $disa_{j}$ 分别表示全国要素价格扭曲的平均值和地区

j 要素价格扭曲的平均值。式（2-8）中，要素价格扭曲的泰尔指数进一步分解为地区内差异泰尔指数 T_w 和地区间差异泰尔指数 T_b。

二、数据处理

本章需要处理的数据主要包括三个方面，分别是省级层面的生产总值、固定资本存量和劳动力投入。关于生产总值数据的处理：选用各省份层面名义GDP衡量，该数据主要来自中国经济社会大数据研究平台，时间跨度为 1978～2016 年，并通过利用生产总值指数，将数据转换为以 1978 年为基期的实际值。由于在测算固定资本存量的过程中，西藏地区的数据缺失较为严重，香港、澳门和台湾地区的数据不可得，故本章测算的是不包含我国西藏、香港、澳门和台湾地区的 30 个省份的相关数据。

关于固定资本存量数据的处理：测算固定资本存量相较于另外两笔数据更为复杂，在具体测算过程中又进一步需要三个方面的数据，即 1978 年地区固定资本存量、1979～2016 年固定资本形成额以及 1979～2016 年投资品价格指数。其中，只有 1979～2016 年的固定资本形成额数据可直接获得，且主要来自中国经济社会大数据研究平台，而其他数据都需要进一步测算。关于 1978 年各省份固定资本存量（K_{1978}），本章主要参考张军等（2004）和单豪杰（2008）的做法，即借鉴国外学者的测算方法（Hall & Jones，1999），用 1978 年的固定资本形成额（I_{1978}）比上 1978～1988 年固定资本形成额的几何平均增长率（θ）加固定资本折旧率（δ）之和，即 $K_{1978}=I_{1978}/(\theta+\delta)$。其中，$\theta$ 表示几何平均增长率，δ 表示折旧率，参考张军等（2004）的研究，本章将折旧率设定为 9.6%。

关于 1979～2016 年投资品价格指数（p_t），由于 1993 年之后才有省级层面较为完整的统计数据，故本章主要借鉴张军等（2004）的测算方法，利用 1979～1991 年各个地区的资本形成额、固定资本形成额以及固定资本形成额指数等三个方面的数据进行测算，从而得到所需的投资品价格指数。尽管如此处理，仍有不少地区由于固定资本形成额指数缺失而无法利用上述方法测算，因此，本章再次借鉴张军等（2004）的处理方式，利用这些地区商品销售价格指数作为自变量，投资品价格指数作为因变量，对两者进行无截距项回归，然后利用商品销售价格指数对投资品价格指数进行预测。相关数据主要来自《中国国内生产总值核算历史资料（1952～1995）》。在上述数据的基础上，就可以利用永续盘存法测算得到 1978～2016 年 30 个省份的固定资本存量，其测算公式为 $K_t=(1-\delta)K_{t-1}+I_t/p_t$。另外，在利用永续盘存法测算固定资本存量时，还需要利用投资品价格指数，将每一期的固定资本形成额都转换为以 1978 年为基期。

　　关于劳动力投入数据的处理：本章所选取的劳动力投入数据与已有相关研究有所不同，已有研究大多采用在岗职工人数或者城镇就业人员数来衡量劳动力投入，本章认为以上做法有以下两点不足：第一，许多就业人员并不是在岗职工，而在 20 世纪 90 年代开始推行的国有企业改革导致许多在岗职工下岗。但从全国层面的数据来看，根据图 2 - 1 可知，就业人员数始终保持增长趋势，这就表明改革之后随之而来的是非正式就业岗位的增加，这些往往难以通过在岗职工人数反映出来。第二，之所以多数相关研究采用在岗职工人数，主要是因为数据具有可获得性，而城镇就业人员数在这方面则存在不足，较为完整的省级层面城镇就业人员数只有 2003 年以后的数据可以获得。城镇就业人员数的另一点不足则更加明显，就是忽视了农村就业人员，而从全国层面的数据来看，农村就业人员所占比重是不容忽视的，这一点同样可以从图 2 - 1 中看出。

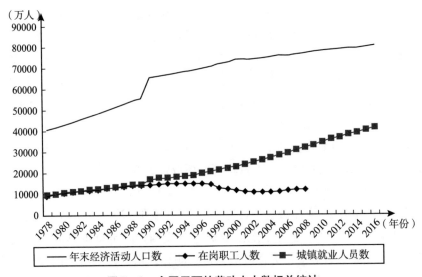

图 2 - 1　全国层面的劳动力人数相关统计

　　注：在岗职工人数是本章通过将各地区的数据相加所得。
　　资料来源：中国经济社会大数据研究平台，https://data.cnki.net/v3/YearData/Analysis；国家统计局国民经济综合统计司编：《新中国统计资料汇编》，中国统计出版社 2010 年版。

　　由于存在以上不足，本章借鉴张曙光和程炼（2010）以及相关动态随机一般均衡模型在进行贝叶斯估计时选用数据的方式（Iacoviello & Neri，2010），采用以下步骤测算地区劳动力投入数据：第一步，通过测算得到各地区 15 ~ 64 岁人口数据，由于 1990 年之前的相关统计资料缺乏，本章则利用各地区 1978 ~ 1990 年的人口死亡率，以及 1990 年各年龄段人口数据进行测算得到，在具体测算过程中，本章进一步假设每个年龄组内的人口是平均分布；第二步，将地区 15 ~ 64 岁人口数据进行加总，然后比上全国层面的就业人员数据，从而获得每一年就业人员数占 15 ~ 64 岁人口数据比重；第三步，利用第二步获得的各年比重与 15 ~ 64 岁人口数据相乘，从而获得地区就业人员数，即劳动力投入数据。本章进一步将测算所得数据与可获得的各省份就业数据进行对比，得到两者的相关系数（见表 2 - 1），其中，可获得的各省份就业数据根据 Wind 数据库各省份三次产业从业人数汇总所得。结果表明两者的相关系数均为正值，且相关系数平均值为 0.8897，最小值为 0.5837，最大值为 0.9977，表明测算数据具有一定的合理性。为了与固定资本存量数据匹配，测算的同样是不包含我国西藏、香港、澳门和台湾地区的 30 个省份的相关数据。

表 2 - 1   测算出的劳动力投入数据与实际数据的相关系数

省份	北京	天津	河北	辽宁	上海	江苏
相关系数	0.9657	0.9758	0.9370	0.8020	0.9076	0.9734
省份	浙江	福建	山东	广东	海南	山西
相关系数	0.9298	0.8737	0.9377	0.9631	0.8411	0.9181
省份	吉林	黑龙江	安徽	江西	河南	湖北
相关系数	0.9112	0.9056	0.8355	0.9572	0.9057	0.7027
省份	湖南	内蒙古	广西	重庆	四川	贵州
相关系数	0.9605	0.8316	0.6755	0.7772	0.5837	0.9178
省份	云南	陕西	甘肃	青海	宁夏	新疆
相关系数	0.9562	0.9075	0.9583	0.9977	0.9859	0.8956

最后来看地区劳动力工资数据的处理。由于已经换算得到了地区劳动力投入的数据，所以只要得到劳动力工资总额就可以得到劳动力工资，后者可以通过生产总值乘以劳动报酬率获得。1993 年之前的劳动报酬率的数据来自《中国国内生产总值核算历史资料（1952 ~ 1995）》，1993 年之后的数据来自国家统计局网站。

三、生产函数估计

本章主要采用面板随机前沿模型对生产函数进行估计。首先对产出和投入数据取对数，然后使用 Stata 13.0 进行估计。为保持规模报酬不变的前提，将式（2-2）的生产函数转换为劳均变量形式，并对等式两边取对数，即：

$$\ln(Y_{i,t}/L_{i,t}) = c + \alpha\ln(K_{i,t}/L_{i,t}) + v_i - u_i \qquad (2-9)$$

其中，c 为截距项，v 为特异性误差，u 为无效率项。

模型估计结果如表 2-2 所示。

表 2-2   生产函数随机前沿模型估计结果

变量	$\ln(K/L)$	c
$\ln(Y/L)$	0.2831 *** (0.0103)	4.8078 *** (0.0740)

注：*** 、** 、* 分别对应系数在 1%、5% 和 10% 水平上显著；括号中为系数对应的标准差。

根据表 2-2 可知，资本产出弹性为 0.2831，因此，劳动力产出弹性为 0.7169。另外，除了 1979 年的时间虚拟变量不显著，1980 年的时间虚拟变量在 10% 水平上显著，其他年份的时间虚拟变量均在 1% 水平上显著。利用以上估计得到的参数，结合式（2-3）和式（2-4），就可以对劳动力与资本价格扭曲进行测算。

第三节　要素价格扭曲的测算结果分析

本节对中国各省份要素价格扭曲进行测算与比较分析。在具体分析过程中，首先分析各省份分时段的要素价格扭曲的均值和变异系数，然后分析东部、中部和西部三大地区的要素价格扭曲的均值和变异系数。三大地区的要素价格扭曲主要通过对地区内所有省份的数据取平均值得到。各省份的变异系数属于空间固定的时间层面的变异系数，而三大地区的变异系数则属于时间固定的空间层面的变异系数，前者强调的是时间层面波动的差异，而后者强调的是空间层面波动的差异（李言等，2018）。根据中国市场化改革和对外开放的阶段性特征，将考察期划分为三个时间段，分别是 1978～1991 年、1992～2001 年和 2002～2016 年，其中第一阶段属于双轨制改革阶段，第二阶段则属于生产要素市场化改革起步阶段，以"南方谈话"为分界点；第三阶段则属于生产要素市场化改革加速阶段，以中国加入 WTO 为分界点。

一、劳动力价格扭曲的测算

从劳动力价格扭曲均值的大小来看（见表 2 - 3），在所有时间段内，各省份的劳动力价格扭曲均值均大于 1，表明劳动力价格存在负向扭曲。从劳动力价格扭曲均值的大小来看，在每个时间段内，均值最大的省份都在东部，均值最小的都在西部。在整个时间段内，均值最大的是上海，为 2.1482，最小的是广西，为 1.2010；在第一个时间段内，均值最大的是上海，为 2.6162，最小的是广西，为 1.1227；在第二个时间段内，均值最大的是上海，为 1.9655，最小的是贵州，为 1.1477；在第三个时间段内，均值最大的是天津，为 1.9559，最小的是广西，为 1.2909。从均值的变动趋势来看，比较第二个和第一个时间段，劳动力价格扭曲均值下降的有 10 个省份，比较第三个和第二个时间段，劳动力价格扭曲均值下降的只有 4 个省份。从整个时间段来看，劳动力价格扭曲均值始终下降的只有 3 个省份，且都是东部地区，而均值始终上升的则有 19 个省份，东部地区有 6 个，中部地区有 7 个，西部地区有 6 个。根据上述结果可知，劳动力价格扭曲均值上升的省份占据了大多数，表明劳动力价格扭曲并没有随着改革开放以来经济的快速发展而得到显著改善，相反却出现了不同程度的恶化，尤其是中部地区，8 个省份中有 6 个省份的均值始终保持上升态势。

表 2 - 3 　　　　　　　各省份劳动力价格扭曲的分时段测算结果

省份	均值				时间层面变异系数			
	1978 ~ 2016 年	1978 ~ 1991 年	1992 ~ 2001 年	2002 ~ 2016 年	1978 ~ 2016 年	1978 ~ 1991 年	1992 ~ 2001 年	2002 ~ 2016 年
北京	1.8156	2.3286	1.5761	1.4963	0.2363	0.0947	0.1208	0.0894
天津	1.9461	2.1997	1.5765	1.9559	0.1692	0.1341	0.0992	0.0966
河北	1.4031	1.3798	1.3631	1.4514	0.0722	0.0400	0.0610	0.0882
辽宁	1.6706	1.9261	1.5365	1.5214	0.1338	0.0668	0.0644	0.0716
上海	2.1482	2.6162	1.9655	1.8333	0.1974	0.1347	0.0270	0.0810
江苏	1.5763	1.4699	1.5413	1.6990	0.0802	0.0379	0.0489	0.0544
浙江	1.5630	1.3306	1.6650	1.7120	0.1274	0.0417	0.0488	0.0721
福建	1.3287	1.1329	1.4017	1.4627	0.1308	0.0216	0.0720	0.0795
山东	1.5543	1.3425	1.5703	1.7414	0.1296	0.0487	0.0227	0.0866

省份	均值				时间层面变异系数			
	1978～2016年	1978～1991年	1992～2001年	2002～2016年	1978～2016年	1978～1991年	1992～2001年	2002～2016年
广东	1.3450	1.1923	1.2971	1.5196	0.1175	0.0242	0.0636	0.0465
海南	1.3288	1.1628	1.4615	1.3952	0.1137	0.0388	0.0402	0.0816
山西	1.6091	1.4246	1.6462	1.7564	0.1272	0.0731	0.0491	0.1155
吉林	1.4040	1.2906	1.1874	1.6542	0.1846	0.0484	0.0824	0.1470
黑龙江	1.6146	1.4391	1.6097	1.7818	0.1279	0.0693	0.0646	0.1105
安徽	1.3503	1.1372	1.3763	1.5319	0.1418	0.0418	0.0870	0.0546
江西	1.3174	1.1328	1.1708	1.5875	0.1850	0.0564	0.0352	0.1068
河南	1.3618	1.2160	1.3231	1.5237	0.1204	0.0269	0.0832	0.0770
湖北	1.3705	1.2483	1.3426	1.5031	0.1106	0.0302	0.0577	0.1007
湖南	1.2513	1.1267	1.2058	1.3980	0.1052	0.0223	0.0570	0.0412
内蒙古	1.4662	1.4216	1.2548	1.6487	0.1490	0.1016	0.0769	0.1129
广西	1.2010	1.1227	1.1758	1.2909	0.0877	0.0489	0.0387	0.0804
重庆	1.5122	1.7362	1.2902	1.4511	0.1708	0.0954	0.1585	0.1365
四川	1.5564	1.7948	1.3142	1.4953	0.1570	0.0954	0.1165	0.0873
贵州	1.2535	1.2073	1.1477	1.3672	0.0950	0.0484	0.0650	0.0644
云南	1.4080	1.2321	1.5346	1.4877	0.1100	0.0814	0.0342	0.0465
陕西	1.4130	1.2136	1.2453	1.7109	0.1791	0.0235	0.0427	0.0745
甘肃	1.3760	1.3177	1.3235	1.4653	0.0741	0.0251	0.0663	0.0624
青海	1.3233	1.1705	1.2832	1.4927	0.1182	0.0360	0.0443	0.0580
宁夏	1.3684	1.3314	1.3719	1.4007	0.0615	0.0671	0.0719	0.0396
新疆	1.3024	1.2039	1.3175	1.3843	0.0883	0.0452	0.0466	0.0845

根据表2-3可知，从劳动力价格扭曲时间层面变异系数的大小来看，在整个时间段内，变异系数最大的是北京，为0.2363，最小的是宁夏，为0.0615；在第一个时间段内，变异系数最大的是上海，为0.1347，最小的是福建，为0.0216；在第二个时间段内，变异系数最大的是重庆，为0.1585，最小的是山东，为0.0227；在第三个时间段内，变异系数最大的是吉林，为0.1470，最小的是宁夏，为0.0396。从变异系数变动趋势来看，比较第二个和第一个时间段，下降的有10个省份，比较第三个和第

二个时间段，下降的依然有 10 个省份。从整个时间段来看，劳动力价格扭曲时间层面变异系数没有始终下降的省份，而始终上升的则有 10 个省份，其中，东部地区有 5 个，中部地区有 2 个，西部地区有 3 个。由于时间层面变异系数主要反映的是某一省份劳动力价格扭曲随时间波动的情况，故上述结果表明，大多数省份劳动力价格扭曲呈现波动程度加剧的态势，结合前文对劳动力价格扭曲均值的分析结果可知，改革开放以来，中国多数省份的劳动力价格扭曲不仅有所恶化，而且扭曲更加具有波动性。

下文将进一步从东部、中部和西部三大地区的角度对劳动力价格扭曲进行分析。

从劳动力价格扭曲均值的大小来看（见图 2 - 2），东部地区的均值在 2007 年之前一直是最大的，2007 年之后被中部地区超越，中部地区的均值在 1992 年之前一直是最小的，1992 年之后则是西部。在改革开放初期，东部地区的劳动力价格扭曲均值要明显大于中部和西部地区，而在近些年，三大地区之间的差异越来越小。1978 年，东部地区的均值分别是中部和西部地区的 1.3912 倍和 1.3674 倍，而到了 2016 年，上述比值下降为 0.9976 倍和 1.0627 倍。比较初始值和期末值，只有东部地区的劳动力价格扭曲得到了改善，从 1.7808 降低至 1.5242，而中部和西部地区则有所恶化，中部地区从 1.2800 上升至 1.5278，西部地区从 1.3023 上升至 1.4342。从均值的变动趋势来看，2000 年之前，东部地区的均值呈下降态势，而在 2000 年之后经历了先升后降的过程，转折点发生在 2004 年；中

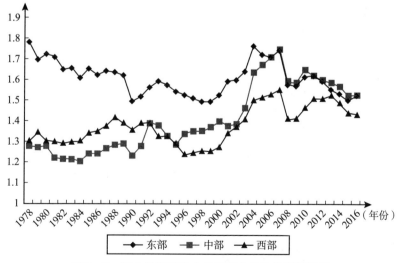

图 2 - 2　三大地区劳动力价格扭曲的均值测算结果

注：图中劳动力价格扭曲均值差值较小，为体现数据波动情况，故纵轴未从原点开始。

部地区的均值经历了先升后降的态势，转折点发生在 2009 年，西部地区则是先后经历了两轮先升后降的过程，转折点分别发生在 1988 年和 2007 年。结合前文对各省份的分析结果，尽管大多数省份的劳动力价格扭曲在改革开放以来有所恶化，但从更大的地区层面来看，三大地区的劳动力价格扭曲均有所改善。

从空间层面变异系数的大小来看（见图 2-3），1992 年之前，东部地区的变异系数一直是最大的，之后一段时间内，中部地区在多数年份超越东部地区成为变异系数最大的地区，2008 年之后，东部地区重新成为变异系数最大的地区，与之相似，中部地区在早期和晚期都是变异系数最小的地区，西部地区则在中间一段时间成为变异系数最小的地区。在改革开放初期，东部地区的变异系数要明显大于中部和西部地区，而在近些年，三大地区之间的差异越来越小。1978 年，东部地区的变异系数分别是中部和西部地区的 2.9867 倍和 3.8680 倍，而到了 2016 年，上述比值下降为 1.4794 倍和 0.9940 倍。比较初始值和期末值，东部和中部地区的变异系数有变小，其中，东部地区从 0.3852 下降至 0.1031，中部地区从 0.1290 下降至 0.0697，而西部地区的变异系数则变大，从 0.0996 上升至 0.1037。从变异系数的变动趋势来看，东部地区在 1993 年之前经历了一轮明显的下降趋势，在 1993 年之后经历了一轮幅度较小的先升后降的过程，中部经历了先降后升再降的过程，西部地区则经历了先升后降再升的过程，且后两大地区之间大致呈现相对变动的结果，比如在 1992 年之前，中部地

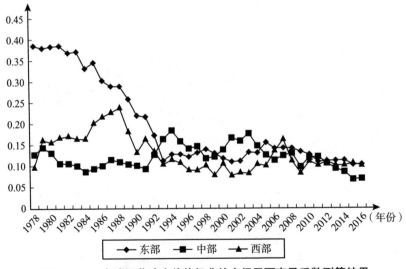

图 2-3　三大地区劳动力价格扭曲的空间层面变异系数测算结果

区先降后升，而西部地区则是先升后降。根据前文对空间层面变异系数的说明，其主要反映的是地区内部各省份要素价格扭曲的差异，所以上述结果表明，改革开放以来，只有东部地区内部各省的劳动力价格扭曲的差异在减小。结合前文三大地区均值的分析结果，相较于中部和西部地区，东部地区不仅劳动力价格扭曲有所改善，而且地区内部各省份的差异也在缩小。

二、资本价格扭曲的测算

从资本价格扭曲均值的大小来看（见表2－4），在所有时间段内，除了北京和青海，其他省份的资本价格扭曲均值大于1，表明资本价格也存在负向扭曲。从资本价格扭曲均值的大小来看，在每个时间段内，均值最大的省份都在东部，均值最小的都在西部。在整个时间段内，均值最大的是浙江，为6.0802，最小的是青海，为0.7469；在第一个时间段内，均值最大的是浙江，为12.6620，最小的是青海，为0.8342；在第二个时间段内，均值最大的是浙江，为3.7293，最小的是青海，为0.8940；在第三个时间段内，均值最大的是海南，为3.1868，最小的是青海，为0.5673。从均值的变动趋势来看，比较第二个和第一个时间段，资本价格扭曲均值下降的有17个省份，比较第三个和第二个时间段，只有海南的资本价格扭曲均值有所上升，其他省份均有所下降。从整个时间段来看，资本价格扭曲均值始终下降的有16个省份，其中东部地区有7个，中部地区有6个，西部地区有3个，而没有省份的均值始终上升。根据上述结果，资本价格扭曲均值下降的省份占据了大多数，尤其是在加入WTO之后，几乎所有省份的资本价格扭曲都有所改善，表明资本价格扭曲随着改革开放以来经济的快速发展而得到显著改善。

表2－4 资本价格扭曲的分时段测算结果

省份	均值				时间层面变异系数			
	1978～2016年	1978～1991年	1992～2001年	2002～2016年	1978～2016年	1978～1991年	1992～2001年	2002～2016年
北京	1.1537	2.0732	0.7004	0.5978	0.7911	0.4835	0.1060	0.0543
天津	1.8402	2.0222	1.8736	1.6481	0.1616	0.1493	0.0383	0.1702
河北	1.6366	1.8378	1.8836	1.2843	0.2031	0.0487	0.0978	0.1802
辽宁	2.2884	3.0544	2.1091	1.6932	0.3559	0.2795	0.0296	0.2143
上海	2.5610	3.6604	2.0046	1.9058	0.4489	0.3652	0.1178	0.0199
江苏	1.9190	2.8954	1.5748	1.2370	0.5491	0.4327	0.0542	0.1005

省份	均值				时间层面变异系数			
	1978 ~ 2016 年	1978 ~ 1991 年	1992 ~ 2001 年	2002 ~ 2016 年	1978 ~ 2016 年	1978 ~ 1991 年	1992 ~ 2001 年	2002 ~ 2016 年
浙江	6.0802	12.6620	3.7293	1.5044	0.8956	0.2228	0.6134	0.1211
福建	2.5495	2.7328	3.0316	2.0571	0.1921	0.0490	0.0998	0.1659
山东	1.9069	1.9697	2.1461	1.6889	0.1350	0.0813	0.0578	0.1330
广东	2.0685	2.6885	2.1365	1.4445	0.2960	0.1281	0.1369	0.1503
海南	3.1871	3.3671	2.9357	3.1868	0.2177	0.3066	0.0472	0.1494
山西	1.5110	1.6029	1.7303	1.2791	0.1975	0.0917	0.0642	0.2633
吉林	1.7444	2.3177	1.8468	1.1411	0.3374	0.1124	0.0274	0.3385
黑龙江	2.0383	2.5590	1.9237	1.6286	0.3105	0.3015	0.0268	0.1651
安徽	3.1571	3.5066	3.1609	2.8283	0.2199	0.2833	0.0683	0.1245
江西	1.2936	1.4517	1.5192	0.9956	0.2109	0.0963	0.0745	0.1388
河南	1.7579	2.1952	1.9667	1.2106	0.2960	0.1065	0.0712	0.2958
湖北	2.0679	2.7359	2.0720	1.4417	0.2931	0.0736	0.1485	0.1245
湖南	2.1509	2.6772	2.2751	1.5768	0.2448	0.0498	0.0659	0.1796
内蒙古	1.3697	1.9102	1.4263	0.8274	0.3762	0.0968	0.0567	0.3317
广西	1.7381	1.7324	2.2593	1.3959	0.2705	0.1488	0.0674	0.3235
重庆	1.4983	1.4167	1.9732	1.2580	0.2265	0.1603	0.0877	0.1004
四川	2.0375	2.1989	2.3197	1.6986	0.1618	0.0831	0.0941	0.0970
贵州	1.4006	1.4755	1.7074	1.1262	0.2028	0.1155	0.0829	0.1418
云南	1.8443	1.8410	2.2201	1.5968	0.2200	0.2150	0.0512	0.2227
陕西	1.5262	1.7892	1.6053	1.2281	0.2033	0.1263	0.0266	0.1706
甘肃	1.5298	1.2274	1.9312	1.5445	0.2392	0.2005	0.0834	0.1875
青海	0.7469	0.8342	0.8940	0.5673	0.2433	0.1378	0.0930	0.2176
宁夏	1.2516	1.0344	1.7654	1.1119	0.3136	0.2114	0.0670	0.2958
新疆	1.0677	1.4068	0.9621	0.8215	0.2673	0.1048	0.0575	0.1284

根据表2-4可知，从资本价格扭曲时间层面变异系数的大小来看，在整个时间段内，变异系数最大的是浙江，为0.8956，最小的是山东，为0.1350；在第一个时间段内，变异系数最大的是北京，为0.4835，最小的是河北，为0.0487；在第二个时间段内，变异系数最大的是浙江，为0.6134，最小的是陕西，为0.0266；在第三个时间段内，变异系数最大的是吉林，为0.3385，最小的是上海，为0.0199。从变异系数变动趋势来看，比较第二个和第一个时间段，下降的有23个省份，比较第三个和第

二个时间段，下降的只有北京、上海、浙江和湖北这 4 个省份。从整个时间段来看，只有北京和上海这两个省份的资本价格扭曲时间层面变异系数始终呈下降态势，而河北、福建、广东、湖南和四川这 5 个省份则始终呈上升态势。结合时间层面变异系数的定义，上述结果表明，大多数省份资本价格扭曲随着经济的不断发展，呈波动程度先减弱后加剧的态势，结合前文对资本价格扭曲均值的分析结果，改革开放以来，中国多数省份的资本价格扭曲得到了改善，但扭曲的波动性却是先减弱后加剧。

下面将进一步从东部、中部和西部三大地区的角度对资本价格扭曲进行分析。

从资本价格扭曲均值的大小来看（见图 2–4），1997～2001 年，东部地区的均值一直为最大，而西部地区在整个时间段内都为最小。在改革开放初期，东部地区的资本价格扭曲均值要明显大于中部和西部地区，而在近些年，三大地区之间的差异越来越小，1978 年，东部地区的均值分别是中部和西部地区的 1.7855 倍和 3.6792 倍，而到了 2016 年，上述比值下降为 1.1946 倍和 1.5520 倍。比较初始值和期末值，所有地区都有所改善，东部地区从 5.1285 下降至 1.3185，中部地区从 2.8724 下降至 1.1037，西部地区从 1.3939 下降至 0.8496。从均值的变动趋势来看，东部和中部地区均经历了持续下降的过程，而西部地区则经历了先升后降的过程，值得注意的是，1995 年之后，三大地区都进入了持续下降的过程。上述结果同样表明改革开放以来，资本价格扭曲得到了改善。

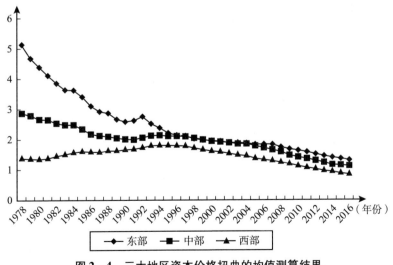

图 2–4　三大地区资本价格扭曲的均值测算结果

从空间层面变异系数大小来看（见图 2 - 5），2011 年之前，东部地区的变异系数一直是最大的，之后中部地区超越东部地区成为最大的地区，而中部和西部地区在整个时间段内交替成为最小的地区。在改革开放初期，东部地区的变异系数要明显大于中部和西部地区，而在近些年，三大地区之间的差异也越来越小。1978 年，东部地区的变异系数分别是中部和西部地区的 1.9487 倍和 2.1040 倍，而到了 2016 年，上述比值下降为 0.8017 倍和 0.9745 倍。比较初始值和期末值，东部和西部地区的变异系数有变小，东部地区从 0.8265 下降至 0.3627，西部地区从 0.3928 下降至 0.3722，而中部地区的变异系数则变大，中部地区从 0.4241 上升至 0.4524。从变异系数的变动趋势来看，东部地区经历了两轮先升后降的过程，尤其是在 1991 ~ 1996 年，出现了一段快速下降过程，而中部和西部两大地区均经历了先降后升的过程。结合空间层面变异系数的定义，上述结果表明，改革开放以来，只有东部地区内部各省份的资本价格扭曲的差异显著减小。将该结果与前文三大地区资本价格扭曲均值的分析结果相结合可知，尽管三大地区资本价格扭曲都有所改善，但只有东部地区不仅资本价格扭曲有所改善，而且该地区内部各省份的差异也在减小。

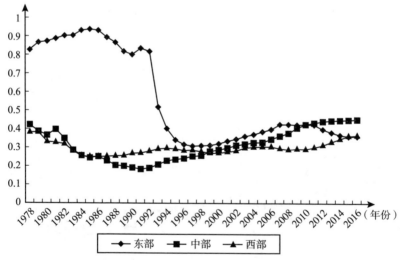

图 2 - 5　三大地区资本价格扭曲的空间层面变异系数测算结果

综上所述，改革开放以来，就劳动力价格扭曲而言，中国多数省份劳动力价格扭曲有所恶化，且时间层面的波动性加剧，而且没有一个省份的劳动力价格扭曲均值持续改善的同时其时间层面的波动性有所降低。分地区来看，只有东部地区的劳动力价格扭曲有所改善，而且空间层面的波动性有所降低。就资本价格扭曲和而言，中国多数省份资本价格扭曲实现了改善，但扭曲时间层面的波动性却是先减弱后加剧。分地区来看，依然是只有东部地区的资本价格扭曲有所改善，而且空间层面的波动性有所降低。

第四节　要素价格扭曲协调度分析

利用前文测算得到的要素价格扭曲，本节结合空间权重矩阵，根据式（2 - 5）测算劳动力价格扭曲和资本价格扭曲协调度，下文将主要对其不同时段的均值进行分析。

一、劳动力价格扭曲协调度的测算

从劳动力价格扭曲协调度均值的大小来看（见表 2 - 5），无论是从整个时间段还是分时间段来看，协调度均值都处于 0.9 以上，表明省份与其相邻省份的劳动力价格扭曲的变动具有较高的一致性。在整个时间段内，均值最大的是甘肃，为 0.9992，均值最小的是辽宁，为 0.9852；在第一个时间段内，均值最大的是湖北和甘肃，为 0.9996，均值最小的是上海，为 0.9065；在第二个时间段内，均值最大的是湖南，为 0.9992，均值最小的是黑龙江，为 0.9805；在第三个时间段内，均值最大的是江苏和湖南，为 0.9995，均值最小的是天津，0.9797。从协调度均值的变动趋势来看，比较第二个和第一个时间段，劳动力价格扭曲协调度均值上升的有 15 个省份，比较第三个和第二个时间段，劳动力价格扭曲协调度均值上升的有 16 个省份。从整个时间段来看，劳动力价格扭曲协调度均值始终上升的有 7 个省份，东部地区有 4 个，中部地区有 1 个，西部地区有 2 个，始终下降的则有 6 个省份，东部地区有 2 个，中部地区有 1 个，西部地区有 3 个。以上结果表明，改革开放以来，每个阶段都有半数省份的劳动力价格扭曲协调度均值均有所上升，趋向 1 变动。根据前文对要素价格扭曲协调度的说明，上述结果表明中国多数省份与其相邻省份的劳动力价格扭曲的变动处于改善过程，即更加具有一致性，尤其是东部地区的省份。

表2-5　　　　　劳动力价格扭曲协调度的分时段测算结果

省份	1978～2016 年	1978～1991 年	1992～2001 年	2002～2016 年
北京	0.9906	0.9814	0.9974	0.9948
天津	0.9879	0.9896	0.9976	0.9797
河北	0.9930	0.9884	0.9972	0.9945
辽宁	0.9852	0.9702	0.9906	0.9955
上海	0.9629	0.9065	0.9888	0.9983
江苏	0.9983	0.9971	0.9984	0.9995
浙江	0.9968	0.9954	0.9967	0.9983
福建	0.9976	0.9986	0.9990	0.9958
山东	0.9969	0.9994	0.9960	0.9953
广东	0.9990	0.9994	0.9988	0.9987
海南	0.9973	0.9993	0.9955	0.9967
山西	0.9936	0.9968	0.9846	0.9965
吉林	0.9903	0.9880	0.9875	0.9944
黑龙江	0.9932	0.9977	0.9805	0.9973
安徽	0.9972	0.9958	0.9981	0.9979
江西	0.9963	0.9989	0.9929	0.9962
河南	0.9982	0.9988	0.9974	0.9982
湖北	0.9988	0.9996	0.9984	0.9984
湖南	0.9981	0.9960	0.9992	0.9995
内蒙古	0.9970	0.9969	0.9951	0.9983
广西	0.9970	0.9990	0.9974	0.9949
重庆	0.9903	0.9808	0.9956	0.9955
四川	0.9904	0.9756	0.9980	0.9992
贵州	0.9956	0.9931	0.9953	0.9981
云南	0.9938	0.9963	0.9850	0.9975
陕西	0.9954	0.9928	0.9974	0.9965
甘肃	0.9992	0.9996	0.9986	0.9993
青海	0.9953	0.9891	0.9989	0.9986
宁夏	0.9965	0.9981	0.9978	0.9942
新疆	0.9984	0.9993	0.9991	0.9971

下面将从东部、中部和西部三大地区的角度对劳动力价格扭曲协调度进行分析。

从劳动力价格扭曲协调度均值的大小来看（见图 2-6），早期中部地区的均值最大，1992 年之后，东部地区的均值最大，2004 年之后，中部地区重新成为均值最大的地区，与之相对，1993 年之前和 2004 年之后，东部地区的均值最小，而在中间则是中部地区的均值最小。在改革开放初期，中部和西部地区的劳动力价格扭曲协调度远高于东部地区，而近些年，三大地区之间的差异越来越小。1978 年，中部和西部地区的均值分别是东部地区的 1.0211 倍和 1.0231 倍，而到了 2016 年，上述比值下降为1.0021 倍和 1.0012 倍。比较初始值和期末值，所有地区都有所改善，东部地区从 0.9743 上升至 0.9965，中部地区从 0.9949 上升至 0.9985，西部地区从 0.9968 上升至 0.9977。从均值的变动趋势来看，东部地区经历了先升后降再升的过程，尤其是早期的上升过程，变动幅度明显，中部和西部地区经历了先降后升的过程。上述结果同样表明改革开放以来，劳动力价格扭曲协调度有所提高，尤其是东部地区。

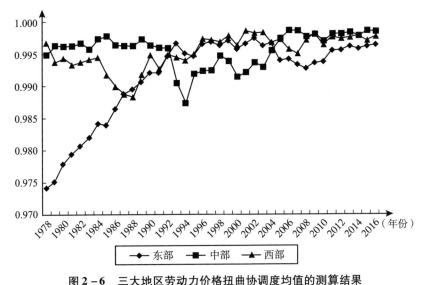

图 2-6 三大地区劳动力价格扭曲协调度均值的测算结果

注：图中劳动力价格扭曲协调度数值差值较小，为体现数据波动情况，故纵轴未从原点开始。

二、资本价格扭曲协调度的测算

从资本价格扭曲协调度均值的大小来看（见表 2-6），在整个时间段内，均值最大的是云南，为 0.9969，均值最小的是浙江，为 0.8352；在第一个时间段内，均值最大的是河南，为0.9996，均值最小的是浙江，为0.5991；在第二个时间段内，均值最大的是吉林，为0.9999，均值最小的是北京，为0.7893；在第三个时间段内，均值最大的是河北，为0.9998，均值最小的是青海，为0.8250。从协调度均值的变动趋势来看，比较第二个和第一个时间段，资本价格扭曲协调度均值上升的有21个省份，比较第三个和第二个时间段，资本价格扭曲协调度均值上升的只有6个省份。从整个时间段来看，资本价格扭曲协调度均值始终上升的只有江苏、浙江、湖北和新疆这4个省份，始终下降的则有7个省份，东部地区有3个，中部地区有2个，西部地区有2个。相较于劳动力价格扭曲协调度，资本价格扭曲协调度均值更加偏离于1，表明相邻省份在劳动力价格市场化改革方面较资本价格市场化改革方面更加具有同步性。以上结果表明，改革开放以来，中国多数省份资本价格扭曲协调度均值呈先上升后下降的过程，尤其是中部和西部地区，这两个地区在第三个阶段中几乎所有省份的均值都较前一时间段有所下降。根据前文对要素价格扭曲协调度的说明，上述结果表明中国大多数省份与其相邻省份的资本价格扭曲的变动处于先改善后恶化的过程，即先趋向于一致性后趋向于差异性。

表2-6　　　　　　　资本价格扭曲协调度的分时段测算结果

省份	1978~2016年	1978~1991年	1992~2001年	2002~2016年
北京	0.8628	0.9548	0.7893	0.8259
天津	0.9611	0.9971	0.9629	0.9264
河北	0.9936	0.9851	0.9961	0.9998
辽宁	0.9614	0.9561	0.9882	0.9486
上海	0.9317	0.8609	0.9743	0.9694
江苏	0.9195	0.8866	0.9256	0.9463
浙江	0.8352	0.5991	0.9314	0.9914
福建	0.9319	0.8818	0.9714	0.9523
山东	0.9920	0.9784	0.9996	0.9995
广东	0.9915	0.9956	0.9945	0.9856
海南	0.9308	0.9817	0.9689	0.8580
山西	0.9949	0.9905	0.9983	0.9966
吉林	0.9922	0.9953	0.9999	0.9843
黑龙江	0.9639	0.9853	0.9932	0.9243

省份	1978~2016 年	1978~1991 年	1992~2001 年	2002~2016 年
安徽	0.9350	0.9915	0.9488	0.8730
江西	0.8531	0.7383	0.9197	0.9159
河南	0.9878	0.9996	0.9985	0.9697
湖北	0.9936	0.9860	0.9965	0.9989
湖南	0.9839	0.9715	0.9934	0.9892
内蒙古	0.9688	0.9993	0.9820	0.9315
广西	0.9902	0.9817	0.9983	0.9929
重庆	0.9790	0.9470	0.9997	0.9950
四川	0.9665	0.9544	0.9777	0.9704
贵州	0.9800	0.9786	0.9833	0.9791
云南	0.9969	0.9967	0.9988	0.9957
陕西	0.9963	0.9957	0.9927	0.9992
甘肃	0.9722	0.9764	0.9815	0.9622
青海	0.8686	0.8959	0.8956	0.8250
宁夏	0.9739	0.9330	0.9985	0.9955
新疆	0.9697	0.9604	0.9619	0.9835

下面将从东部、中部和西部三大地区的角度对资本价格扭曲协调度进行分析。

从资本价格扭曲协调度均值的大小来看（见图 2-7），早期西部地区的均值最大，1992 年之后，中部地区的均值最大，2003 年之后，西部地区重新成为均值最大的地区，而除了 2013~2015 年，东部地区的均值一直都是最小的。在改革开放初期，中部和西部地区的资本价格扭曲协调度高于东部地区，而近些年，三大地区之间的差异越来越小，1978 年，中部和西部地区的均值分别是东部地区的 1.0232 倍和 1.0249 倍，而到了 2016年，上述比值下降为 1.0018 倍和 1.0038 倍。比较初始值和期末值，所有地区都有所改善，东部地区从 0.9061 上升至 0.9501，中部地区从 0.9271上升至 0.9518，西部地区从 0.9286 上升至 0.9537。从均值的变动趋势来看，东部地区经历了先升后降再升的过程，尤其是在 1992~2007 年，资本价格扭曲协调度经历了一轮明显的先升后降的过程，中部和西部地区经历了先升后降的过程。上述结果同样表明改革开放以来，资本价格扭曲协调度先改善后恶化，但仍相较于改革之初有所改善，尤其是东部地区。

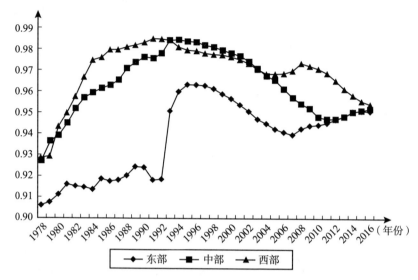

图 2-7　三大地区资本价格扭曲协调度均值的测算结果

注：图中资本价格扭曲协调度均值数值差值较小，为体现数据波动情况，故纵轴未从原点开始。

　　根据以上对要素价格扭曲协调度的分析可知，改革开放以来，中国地区劳动力价格扭曲协调度大致呈现改善的趋势，表明相邻省份之间在劳动力市场化改革方面更加具有一致性；资本价格扭曲协调度则大致呈现先改善后恶化的趋势，表明相邻省份之间在资本市场化改革方面更加具有差异性。

第五节　要素价格扭曲泰尔指数分析

　　本节将通过对构建和分解要素价格扭曲泰尔指数的方式对要素价格扭曲的地区差异进行分析。在具体分析过程中，首先从全国层面切入，将总体差异分解为地区内差异和地区间差异；其次从分地区层面切入，分析东部、中部和西部三大地区的总体差异。全国层面要素价格扭曲总体差异代表测算的全部省份之间的差异，三大地区要素价格扭曲总体差异则是三大地区内部省份之间的差异，所以地区间差异就是三大地区之间的差异。①

――――――――――

① 具体测算结果见附录一。

一、劳动力价格扭曲地区内差异和地区间差异的测算

从整体来看，劳动力价格扭曲总体差异、地区内差异和地区间差异都有了明显的缩小，且地区内差异在所有时点都是大于地区间差异的，但后期两者之间的差异在绝对水平上有所缩小，但在相对水平上有所扩大（见图 2 – 8）。在期初，总体差异为 0.0434，地区内差异为 0.0310，占比约为71.30%，地区间差异为 0.0124，占比约为 28.70%，地区内差异与地区间差异在绝对水平上相差 0.0186，在相对水平上前者是后者的 2.48 倍，而到了期末，总体差异为 0.0045，地区内差异为 0.0041，占比缩小至90.29%，地区间差异为 0.0004，占比扩大至 9.71%，地区内差异与地区间差异在绝对水平上相差 0.0036，在相对水平上前者是后者的 9.29 倍。由此可见，到了期末，地区内差异的主导地位有所增强，这也从反面说明，地区间在资本价格扭曲方面的差异相对于期初有了明显的缩小。从变动趋势来看，总体差异与地区内差异的变动趋势更加接近，都大致呈现两轮先升后降的过程，尤其是在第一轮下降阶段，降幅明显，而两轮上升阶段，幅度均相对较小。反观地区间差异，其主要也经历了两轮先升后降的过程，区别在于，地区间差异在期初有一轮短暂的下降过程。第一轮下降过程终止于 1992 年之前，由于这一轮下降过程明显，所以，初步判断劳动力市场化改革在这一阶段取得了显著的成果，正是在这一阶段，劳动力市场逐步放宽的流动限制，大大推进了地区间劳动力市场的统一，劳动力

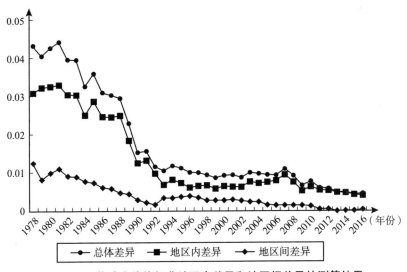

图 2 – 8　劳动力价格扭曲地区内差异和地区间差异的测算结果

价格扭曲差异因而快速缩小。第二轮下降过程开始于2008年金融危机前后，表明金融危机在冲击宏观经济运行的同时，却也在一定程度上加速了劳动力市场的统一，这主要是因为危机发生后引起了劳动力资源的再配置，从而对劳动力价格扭曲差异起到了抑制效果。

二、三大地区劳动力价格扭曲总体差异的测算

从整体来看，东部地区的变动过程与全国层面总体差异最接近，其他两大地区则有所不同，也正因如此，东部地区的总体差异缩小可能是导致全国层面总体差异缩小的主要原因（见图2-9）。从三大地区总体差异的相对大小来看，在1994年之前，三大地区的差异相对明显，东部地区的总体差异最大，中部地区的总体差异最小，而在1994年之后，三大地区就处于交替领先过程。从期初值和期末值来看，在期初，东部地区的总体差异为0.0629，中部地区的总体差异为0.0071，西部地区的总体差异为0.0044，而在期末，东部地区的总体差异为0.0048，中部地区的总体差异为0.0021，西部地区的总体差异为0.0048，东部和中部地区的总体差异期末值小于期初值，而西部地区的期末值则要略高于期初值，仅从期初值和期末值来看，东部地区总体差异有了明显缩小，中部地区总体差异也实现了缩小，而西部地区则大致保持不变。从变动趋势来看，东部地区和西部地区的变动过程相对简单，与全国层面类似，经历了两轮先升后降的过程，且第一轮下降过程明显，尤其是东部地区，而中部地区的变动过程则

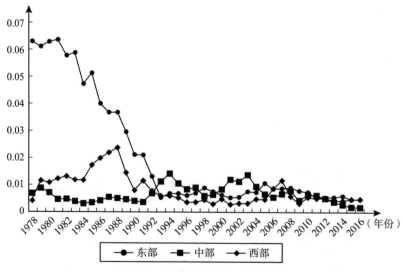

图2-9 三大地区劳动力价格扭曲总体差异的测算结果

相对复杂，仅从明显的波动趋势来看，中部地区经历了三轮先升后降的过程，第一轮变动幅度较小，第二轮和第三轮变动幅度较大，且后两轮变动幅度相似，这就导致中部地区在总体差异变动上大致呈现一种有波动但向上与向下波动大致对冲的趋势。由此可见，从劳动力市场统一的角度来看，东部地区取得了显著的进展，中部地区则进展缓慢，在统一与分割之间转变，另外，与前面全国层面的分析结果相似，东部地区劳动力市场统一最快的时期也是 1992 年之前。

三、资本价格扭曲地区内差异和地区间差异的测算

本部分将对资本价格扭曲的地区差异进行分析（见图 2 - 10），将图 2 - 10 与图 2 - 8 对比可知，资本价格扭曲的地区差异要大于劳动力价格扭曲的地区差异。根据图 2 - 10 可知，从整体来看，资本价格扭曲的地区间差异经历了先降后升的过程，转折点大致在 1997 年，且地区内差异在所有时点都是大于地区间差异的，两者之间的差异在期末无论在绝对水平上，还是在相对水平上都有所扩大。在期初，总体差异为 0.3014，地区内差异为 0.1678，占比约为 55.69%，地区间差异为 0.1336，占比约为 44.31%，地区内差异与地区间差异在绝对水平上相差 0.0343，在相对水平上前者是后者的 1.26 倍，而到了期末，总体差异为 0.0828，地区内差异为 0.0656，占比缩小至 79.19%，地区间差异为 0.0172，占比扩大至 20.81%，地区内差异与地区间差异在绝对水平上相差 0.0484，在相对水平上前者是后者的 3.81 倍。由此可见，到了期末，地区内差异的主导地位同样有所增强，这也从反面说明，地区间在资本价格扭曲方面的差异相对于期初有所缩小。从变动趋势来看，除了在 1992 年前后出现了一个短暂的且变动幅度较小的先升后降过程，总体来看，三类差异都呈现先降后升的趋势，且下降幅度要明显大于后期的上升幅度，因此，三类差异的期末值都要小于期初值。另外值得注意的一点是，在改革初期，地区间差异较大，表明当时资本市场在地区内部省份之间的割裂问题突出，随着改革的不断推进，省份之间的资本市场割裂问题得到了有效的解决。结合前文对劳动力市场的分析，同样可以判断，资本市场统一的进程在 1997 年之前处于加速推进状态，而进入 21 世纪后，资本市场统一化进程进入相对缓慢的推进期，且加入 WTO 之后，越来越多的资本流入中国，地方政府为了尽可能多地吸收这些流入资本，开始采取具有保护主义色彩的竞争手段，从而加剧了资本市场的割裂程度，也就导致资本价格扭曲差异有所增加。

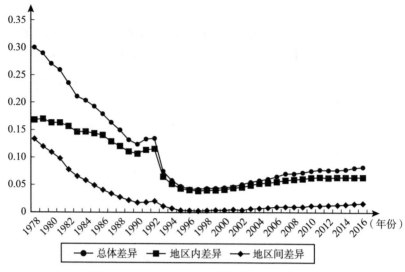

图 2 – 10 资本价格扭曲地区内差异和地区间差异的测算结果

四、三大地区资本价格扭曲总体差异的测算

本部分将对三大地区资本价格扭曲总体差异进行分析（见图 2 – 11），将图 2 – 11 与图 2 – 9 进行对比可知，三大地区资本价格扭曲总体差异同样大于其相应的劳动力价格扭曲总体差异。根据图 2 – 11 可知，从整体来看，中部地区和西部地区的变动过程与全国层面总体差异最接近，东部地区则有所不同，但全国层面 1992 ~ 1997 年之间那段快速下降过程则主要是受到东部地区的影响所致，且东部地区在前半段时期的差异明显大于另外两个地区。从三大地区总体差异的相对大小来看，在大多数年份，东部地区的总体差异都是最大的，而中部地区的总体差异在中间阶段一直都是最小的，在期初和期末阶段，西部地区则成为差异最小的地区。从期初值和期末值来看，在期初，东部地区的总体差异为 0.2303，中部地区的总体差异为 0.0794，西部地区的总体差异为 0.0704，而在期末，东部地区的总体差异为 0.0591，中部地区的总体差异为 0.0755，西部地区的总体差异为 0.0652，三大地区的总体差异期末值均小于期初值，其中，东部地区总体差异有了明显缩小，中部和西部地区总体差异缩小幅度接近。从变动趋势来看，中部地区和西部地区的变动过程相对简单，与全国层面类似，经历了先降后升的过程，不同之处在于，这两个地区先降后升的幅度接近，而东部地区则经历了两轮先升后降的过程，尤其是第一轮下降过程的变动幅度明显，也正因如此，其是导致全国总体差异在该阶段下降的主因。由此可见，从资本市场统一的角度来看，东部地区取得了显著的进展，中部地区和西部地区则进展缓慢，在统一与分割之间转变，另外，与前面全国层面的分析结果相似，东部地区劳动力市场统一最快的时期也是1997年之前。

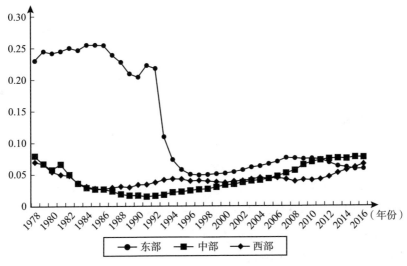

图2-11 三大地区资本价格扭曲总体差异的测算结果

以上分析结果表明，无论是劳动力价格扭曲，还是资本价格扭曲，其地区差异均有所缩小，且地区内差异变动是导致总体差异变动的主要原因。两类要素价格扭曲差异变动的另一个共同点在于，两者的统一化进程在进入21世纪之前均处于加速推进时期。两类要素价格扭曲差异的不同点在于，资本价格扭曲差异要大于劳动力价格扭曲差异，且进入21世纪之后，劳动力市场统一化进程继续缓慢向前推进，而资本市场统一化进程则又被各个地方政府所采取的具有保护主义色彩的招商引资政策所打断，使得资本价格扭曲差异不断提升。

第六节 本 章 小 结

推进生产要素市场化改革，降低要素价格扭曲，是实现经济发展走向高质量发展阶段的关键一步。本章利用中国省级层面改革开放以来的相关数据，对地区层面的要素价格扭曲进行了测算，并从多个维度对其演变特征进行了分析。研究得到的主要结论如下：

第一，从改革开放以来要素价格扭曲的变迁来看，就劳动力价格扭曲而言，中国多数省份劳动力价格扭曲有所恶化，且时间层面的波动性加剧。分地区来看，只有东部地区的劳动力价格扭曲有所改善，而且空间层面的波动性有所降低。就资本价格扭曲而言，中国多数省份资本价格扭曲实现了改善，但扭曲时间层面的波动性却是先减弱后加剧。分地区来看，依然是只有东部地区的资本价格扭曲有所改善，而且空间层面的波动性有所降低。

第二，从要素价格扭曲协调度分析的结果来看，中国地区劳动力价格扭曲协调度大致呈现改善的趋势，表明相邻省份之间在劳动力价格市场化改革方面更加具有一致性；资本价格扭曲协调度则大致呈现先改善后恶化的趋势，表明相邻省份之间在资本市场化改革方面更加具有差异性。

第三，从要素价格扭曲泰尔指数分析的结果来看，无论是劳动力价格扭曲，还是资本价格扭曲，其地区差异均有所缩小，且地区内差异变动是导致总体差异变动的主要原因。两类要素价格扭曲差异变动的另一个共同点在于，两者的统一化进程在进入 21 世纪之前均处于加速推进时期。两类要素价格扭曲差异的不同点在于，资本价格扭曲差异要大于劳动力价格扭曲差异，且进入 21 世纪之后，劳动力市场统一化进程继续缓慢向前推进，而资本市场统一化进程则又被各个地方政府所采取的具有保护主义色彩的招商引资政策所打断，使得资本价格扭曲差异不断提升。

第三章 要素市场化配置改革
与区域经济增长

第一节 研究背景

改革开放以来，中国东部、中部和西部都实现了经济的快速发展，但发展具有明显的非均衡特征。得益于中央政府的倾斜政策、外商直接投资规模的不断扩大、基础设施的日益完善以及长期的"人口红利"，中国东部地区实现了快速发展，与此同时，中部和西部地区由于原有经济基础薄弱、改革开放初期无法享受政策红利、难以获得外商直接投资青睐等众多原因，经济发展相对滞后，因而与东部地区的经济发展差距不断拉大。由于区域经济发展差距过大会对整体发展产生不利影响，因此，中国区域经济发展也开始转向协调导向型。孙久文和李恒森（2017）把改革开放之后的区域经济发展划分为三个阶段：1979~1998年向沿海倾斜的不均衡发展阶段，1999~2011年区域发展总体战略实施阶段，2012年之后经济区与经济带相结合的全面协调发展阶段。推动区域经济协调发展是践行党的十八届五中全会提出的"创新、协调、绿色、开放、共享"为内涵的新发展理念的必然要求，而这也是我国经济由高速增长阶段转向高质量发展阶段的重要指导理念。区域经济协调发展是区域经济均衡发展与非均衡发展的有机结合，一方面保留了区域经济均衡发展的整体推进的发展思路，另一方面也借鉴了区域经济非均衡发展的局部先行的发展思路。推动区域协调发展的途径是多元的，除依靠科学布局、制度建设、政策支持外，还有赖于区域之间良性互动机制的健全，最主要的是市场机制、合作机制、互助机制和扶持机制（陈栋生，2008）。区域经济协调发展也为要素市场化配置改革提供了机遇，因为中国要素价格扭曲的主要原因之一就是各个地方政府所采取的具有保护主义色彩的经济发展政策，而协调发展就意味着各个地方政府所追求的目标开始转向合作共赢，这将对要素市场化配置改革产生积极影响，而后者同样会通过盘活要素市场，提高资源配置效率，进而推动区域经济协调发展。

现有研究主要从定性分析角度，对改革开放以来中国区域经济增长阶段及其特征进行了系统的分析，但尚缺乏定量方面的系统分析。为了弥补上述不足，本章首先从均值和变异系数的角度对改革开放以来区域经济增长的轨迹进行描述，其次结合协调度和泰尔指数分析，从相邻省份和地区差异两个角度进一步解释区域经济增长的特征。为了探讨要素市场化配置改革与经济增长之间的互动关系，从要素价格扭曲视角切入，利用面板向量自回归（panel vector auto-regression，PVAR）模型，考察要素价格扭曲与经济增长之间的关系。

第二节 机 制 分 析

从要素价格扭曲对经济增长的影响来看，要素价格扭曲对经济增长既可能产生推动作用，也可能产生抑制作用。回顾 20 世纪发展中国家所实施的发展战略，通过扭曲生产要素价格的方式取得比较优势是这些国家普遍采用的手段，市场扭曲是市场经济运行体制尚不健全的发展中国家向市场经济过渡、健全市场运行机制过程中存在的一种常态（Rodrik，1995）。从整个经济增长的逻辑来看，要素积累是发展基础，尤其是资本，因为资本积累为劳动力分工创造了条件，而劳动力分工扩大了市场，推动了经济增长，并为资本进一步积累又创造了条件（吴振宇，2017）。在这一过程中，劳动力要素积累是释放资本积累赋能经济增长的重要条件，因为劳动力要素积累为市场分工提供了基础。结合要素价格扭曲看，劳动力价格扭曲和资本价格扭曲降低了企业进行生产活动的成本，从而加速要素积累，推动经济增长。与此同时，要素价格扭曲对经济增长的推动作用会逐渐减弱。根据古典经济学的生产理论，劳动力和资本存在边际生产力递减规律，所以，过度的要素积累对经济增长的推动作用也会呈现边际递减的结果，尤其是要素价格扭曲会提高企业对要素积累的偏好，降低企业对技术进步的追逐，而技术进步是推动经济增长的持久动力。

从经济增长对要素价格扭曲的影响来看，经济增长通过推动政府治理能力建设和扩大市场交易信息两个渠道对要素价格扭曲产生抑制作用，从而推动要素市场化配置改革。现有研究表明，地方政府对要素市场定价机制的干预行为以及市场信息的搜寻匹配低效是导致要素价格扭曲的主要原因，且两者都会阻碍要素的有效配置。从政府对要素市场的干预行为角度看，经济增长释放的市场活力要求市场机制逐步完善，随着市场化改革的不断推进，市场价格机制对要素配置过程的指导作用越来越具有决定性，从而对政府治理能力建设进程形成压力，为了保证市场机制对经济增长的推动作用，政府治理模型也开始转型，从"干预型治理模式"转向"服务型治理模式"，对要素市场定价机制的干预程度会逐渐降低。从市场信息的搜寻匹配角度来看，伴随经济的不断增长和市场机制的不断完善，企业家群体愈发活跃，更多的市场机遇被挖掘出来，加之信息平台建设的加速推进，劳动力和资本的流向更加多元化，搜寻匹配效率也会相应提高，市场供求趋向平衡，进而使得劳动力和资本的边际产出与支付价格趋同，要素价格扭曲程度逐渐减小。基于以上分析可知，经济增长有助于降低要素价格扭曲并推动要素市场化配置改革。

以上分析表明，要素价格扭曲与经济增长之间存在不对称的互动关系，要素价格扭曲对经济增长具有正向影响，即扭曲要素价格能够推动经济增长；经济增长对要素价格扭曲则具有负向影响，即推动经济增长有助于降低要素价格扭曲，并推动要素市场化配置改革。正是由于经济增长会显著降低资本价格扭曲，所以采用扭曲要素价格的方式推动经济增长是不具有可持续性的。

第三节 研 究 设 计

经济增长（$gdpg$）用国内生产总值指数来衡量，数据主要来自国家统计局网站和《新中国六十年统计资料汇编》，研究样本为中国 30 个省份（不包含我国西藏、香港、澳门和台湾地区），时间跨度为 1978～2016 年。由于当增长率为负值时会导致协调度指数出现负值且绝对值大于 1 的情况，也会导致泰尔指数计算出现异常值，因此下文将利用国内生产总值增长指数展开分析。

区域经济增长协调度指数如下：

$$gdpgc_{i,t} = \left(gdpg_{i,t} \times gdpg_{-i,t} \right) \bigg/ \left(\frac{gdpg_{i,t} + gdpg_{-i,t}}{2} \right)^2 \qquad (3-1)$$

其中，$gdpg_i$ 表示省份 i 的经济增长，$gdpg_{-i}$ 表示省份 i 相邻省份的经济增长。当 $gdpg_i = gdpg_{-i}$ 时，协调度 $gdpgc_i$ 得到最大值 1，表明地区 1 的经济增长与其周围地区的经济增长达到最优协调度。$gdpgc_i$ 值越偏离 1，表明二者的偏差越大，意味着区域间发展协调度越低。

区域经济增长泰尔指数如下：

$$T = \frac{1}{n} \sum_{i=1}^{n} \left(\frac{gdpg_i}{gdpga} \times \ln \frac{gdpg_i}{gdpga} \right) \tag{3-2}$$

$$T_j = \frac{1}{n_j} \sum_{i=1}^{n_j} \left(\frac{gdpg_{ij}}{gdpga_j} \times \ln \frac{gdpg_{ij}}{gdpga_j} \right) \tag{3-3}$$

$$T = T_w + T_b = \sum_{j=1}^{3} \left(\frac{n_j}{n} \times \frac{gdpga_j}{gdpga} \times T_j \right) + \sum_{j=1}^{3} \left(\frac{n_j}{n} \times \frac{gdpga_j}{gdpga} \times \ln \frac{gdpga_j}{gdpga} \right) \tag{3-4}$$

式（3-2）中，T 表示经济增长的总体差异泰尔指数，其大小介于 [0, 1] 之间，该值越小，表明经济增长总体差异越小。式（3-3）中，T_j 分别表示三大地区（$j = 1, 2, 3$）经济增长的总体差异泰尔指数，i 表示省份，n 表示省份总数，n_j 分别表示东部、中部和西部地区省份数量，$gdpg_i$ 表示省份 i 的经济增长，$gdpg_{ij}$ 表示地区 j 内省份 i 的经济增长，$gdpga$ 和 $gdpga_j$ 分别表示全国经济增长的平均值和地区 j 经济增长的平均值。式（3-4）中，经济增长的泰尔指数进一步分解为地区内差异泰尔指数 T_w 和地区间差异泰尔指数 T_b。

向量自回归模型（unrestricted vector auto-regression，VAR）的主要意义体现在克服计量经济模型人为地决定某些变量的内生或外生性的不足（Sims，1980）。为了克服 VAR 模型对数据量的限制和空间个体的异质性影响，众多学者对 VAR 模型进行了改进，提出了面板向量自回归（PVAR）模型（Chamberlain，1983；Holtz - Eakin et al.）。本章使用的 PVAR 模型的数学表达式为：

$$y_{i,t} = \alpha_i + \beta_0 + \sum_{j=1}^{p} \beta_j y_{i,t-j} + \sum_{\lambda=1}^{5} \beta_\lambda x_{i,t} + v_{i,t} + \mu_{i,t} \tag{3-5}$$

其中，$y_{i,t}$ 是包含内生变量的向量，即要素价格扭曲和经济增长相关指标，假设每一个截面的基本结构相同，采用固定效应模型，引入反映个体异质性的变量 α_i。$x_{i,t}$ 是控制变量，主要从经济规模、经济结构、经济开放度、人口规模和政府干预等层面控制其他影响因素，经济规模利用人均国内生产总值衡量，经济结构利用第三产业增加值比上第二产业增加值衡量，经济开放度利用进出口规模比上国内生产总值衡量，人口规模利用常住人口对数衡量，政府干预利用财政支出比上国内生产总值衡量。$v_{i,t}$ 用于反映个体时点效应，以体现在同一时点的不同截面上可能受到的共同冲击。$\mu_{i,t}$ 是随机扰动项，假设服从正态分布。

第四节 区域经济增长的演变

下文将对中国地区经济增长进行测算与比较分析。在具体分析过程中，首先分析各省份分时段的经济增长的均值和变异系数，然后分析东部、中部和西部三大地区的经济增长的均值和变异系数。三大地区的经济增长主要是通过对地区内所有省份的数据取平均值得到。各省份的变异系数属于空间固定的时间层面的变异系数，而三大地区的变异系数则属于时间固定的空间层面的变异系数，前者强调的是时间层面波动的差异，而后者强调的是空间层面波动的差异（李言等，2018）。根据中国市场化改革和对外开放的阶段性特征，本章将考察期划分为三个时间段，分别是1979～1991年、1992～2001年和2002～2016年，其中第一阶段属于双轨制改革阶段，第二阶段则属于生产要素市场化配置改革起步阶段，以"南方谈话"为分界点，第三阶段则属于生产要素市场化配置改革加速阶段，以中国加入WTO为分界点。

一、经济增长均值分析

本部分将对各省份经济增长均值进行比较分析，从均值的大小来看（见表3-1），在第一个时间段内，大部分省份的均值在107～114之间，而到了第三个时间段内，大部分省份的均值则在110～115之间，经济增长一直保持在较高水平。具体来看，在整个时间段内，均值最大的是广东，为112.6916，最小的是黑龙江，为108.5550；在第一个时间段内，均值最大的是广东，为113.1892，最小的是青海，为106.5554；在第二个时间段内，均值最大的是福建，为114.7240，最小的是黑龙江，为108.5250；在第三个时间段内，均值最大的是内蒙古，为114.7347，最小的是上海，为109.9760。由此可见，三个时间段的最大值和最小值都呈增加态势。从均值变动趋势看，无论是比较第二个和第一个时间段，还是比较第三个和第二个时间段，绝大多数省份的均值都呈上升趋势。在第二个时间段内，27个省份的均值都要高于第一个时间段，只有西部地区的贵州、云南和宁夏的均值小于第一个时间段的均值；变动幅度最大的是上海，为4.4873%，变动幅度最小的是陕西，为0.0003%。在第三个时间段，均值上升的省份数量有所减少，但仍然有18个省份的均值高于第二个时间段，其中，变动幅度最大的是内蒙古，为 3.9273%，变动幅度最小的是湖北，为 -0.1137%。从整个时间段看，有一半的省份均值一直保持上升趋势，且没有省份的均值一直保持下降趋势。进一步从期初值和期末值看，12 个省份的期末值高于起初值，18 个省份的期末值都要低于期初值，其中，变动幅度最大的是青海，为 18.7991%，变动幅度最小的是陕西，为 0.0093%。

表 3-1　　　　　　　　各省份经济增长的分时段测算结果

省份	均值				时间层面变异系数			
	1979~2016 年	1979~1991 年	1992~2001 年	2002~2016 年	1979~2016 年	1979~1991 年	1992~2001 年	2002~2016 年
北京	110.0458	109.2923	111.0820	110.0080	0.0302	0.0440	0.0126	0.0237
天津	111.3455	107.6538	112.1520	114.0073	0.0377	0.0404	0.0166	0.0238
河北	110.3989	108.7462	112.6120	110.3560	0.0325	0.0398	0.0270	0.0221
辽宁	109.3692	108.1077	109.7240	110.2260	0.0419	0.0516	0.0212	0.0436
上海	109.8079	107.4615	112.6060	109.9760	0.0301	0.0280	0.0182	0.0252
江苏	112.1913	110.9246	114.3370	111.8587	0.0384	0.0450	0.0444	0.0221
浙江	112.2711	112.3462	114.3360	110.8293	0.0430	0.0565	0.0405	0.0256
福建	112.5537	111.8077	114.7240	111.7533	0.0367	0.0441	0.0433	0.0175
山东	111.6579	110.3923	113.2300	111.7067	0.0319	0.0387	0.0312	0.0231
广东	112.6916	113.1892	114.2630	111.2127	0.0377	0.0382	0.0471	0.0264
海南	111.1513	110.5615	112.3270	110.8787	0.0604	0.0536	0.1000	0.0229
山西	109.5682	108.0538	110.1350	110.5027	0.0417	0.0541	0.0216	0.0392
吉林	110.2779	108.8769	110.2860	111.4867	0.0412	0.0609	0.0169	0.0302
黑龙江	108.5550	106.8077	108.5250	110.0893	0.0241	0.0234	0.0114	0.0229
安徽	110.7947	108.6385	112.5060	111.5226	0.0409	0.0576	0.0341	0.0185
江西	110.4108	109.0077	110.1770	111.7827	0.0287	0.0376	0.0263	0.0152
河南	111.0008	110.1077	111.7680	111.2633	0.0344	0.0507	0.0260	0.0205
湖北	110.8366	109.3400	111.6910	111.5640	0.0325	0.0474	0.0201	0.0199
湖南	109.9103	107.7615	110.3160	111.5020	0.0243	0.0229	0.0134	0.0202
内蒙古	111.8739	109.7077	110.3990	114.7347	0.0446	0.0467	0.0123	0.0456
广西	110.1503	107.5969	111.3950	111.5333	0.0337	0.0312	0.0387	0.0212
重庆	111.0116	108.5077	111.2590	113.0167	0.0292	0.0262	0.0268	0.0198

省份	均值				时间层面变异系数			
	1979 ~ 2016 年	1979 ~ 1991 年	1992 ~ 2001 年	2002 ~ 2016 年	1979 ~ 2016 年	1979 ~ 1991 年	1992 ~ 2001 年	2002 ~ 2016 年
四川	110.2832	108.6800	110.0680	111.8160	0.0257	0.0265	0.0193	0.0225
贵州	110.1850	109.3077	108.6550	111.9653	0.0295	0.0430	0.0069	0.0151
云南	110.0150	109.5769	109.5000	110.7380	0.0266	0.0390	0.0186	0.0168
陕西	110.6666	109.5077	109.5080	112.4433	0.0351	0.0508	0.0106	0.0232
甘肃	109.6424	108.2562	109.8620	110.6973	0.0355	0.0579	0.0108	0.0141
青海	109.2068	106.5554	108.8550	111.7393	0.0440	0.0658	0.0110	0.0188
宁夏	110.3950	111.2385	109.3040	110.3913	0.0216	0.0275	0.0205	0.0138
新疆	110.0368	108.9746	109.8770	111.0640	0.0306	0.0424	0.0277	0.0167

根据表 3-1 可知，从经济增长时间层面变异系数的大小来看，在整个时间段内，变异系数最大的是海南，为 0.0604，最小的是宁夏，为 0.0216；在第一个时间段内，变异系数最大的是青海，为 0.0658，最小的是湖南，为 0.0229；在第二个时间段内，变异系数最大的是海南，为 0.1000，最小的是贵州，为 0.0069；在第三个时间段内，变异系数最大的是内蒙古，为 0.0456，最小的是宁夏，为 0.0138。从变异系数变动趋势来看，比较第二个和第一个时间段，除了广东、海南、广西和重庆，其他省份的变异系数均有所减少，比较第三个和第二个时间段，也有 16 个省份的变异系数有所减少。从整个时间段来看，经济增长时间层面变异系数始终下降的省份有 12 个，而没有始终上升的省份。由于时间层面变异系数主要反映的是某一省份经济增长随时间波动的情况，故上述结果表明，多数省份经济增长呈现波动程度减轻的态势，尽管进入 21 世纪以来，部分省份随时间的波动程度有所增加。结合前面对省级层面均值的分析，改革开放以来，多数省份不仅经济增长保持在高水平，且不断加速，其随时间的波动程度也有所下降，表明经济增长的进程相对平稳。

下文将进一步从东部、中部和西部分地区对经济增长进行分析。

从三大地区经济增长均值的大小来看（见图 3-1），没有哪个地区始终保持最大值或最小值，早期阶段，东部地区在多数年份都是最大值，尤其是 1990 年到 1995 年之间，东部地区的优势明显，中部和西部地区则交替成为均值最小的地区，而进入 21 世纪以来，中部和西部地区开始逐渐反超东部地区，交替成为均值最大的地区，而东部地区则成为均值最小的地区。从均值的变动趋势看，三大地区的均值大致都经历了三轮先升后降的过程，第一轮结束于1990年前后，第二轮结束于2000年前后，2010年之后进入经济发展新常态，经济增速逐渐放缓。在期初，东部、中部和西部三大地区的均值分别为107.9491、109.6900和106.0855，而到了期末，三大地区的均值分别变为106.6764、107.4287和108.2846，由此可见，只有西部地区的期末值高于期初值，但三大地区期末值仍处于较高水平。另外，进入21世纪以来，经济增长变动更加稳定，而不会出现20世纪80年代和90年代那种比较明显的波动过程。

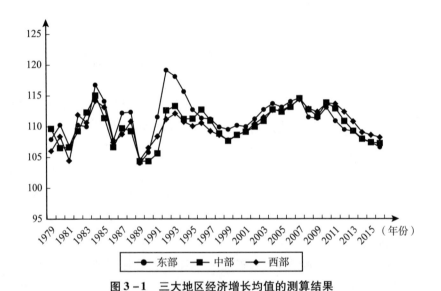

图3-1 三大地区经济增长均值的测算结果

注：图中三大地区经济增长均值数值差值较小，为体现数据波动情况，故纵轴未从原点开始。

从空间层面变异系数大小来看（见图3-2），同样没有哪个地区始终是最大值或最小值，而且变动更加没有规律性，但值得注意的一点是，东部地区经济增长明显超过中部和西部地区的那段时间，也是东部地区空间层面变异系数最大的时期。从变异系数的变动趋势看，东部地区大致经历了两轮先降后升的过程，而中部和西部地区则大致经历了一轮先降后升的过程。在期初，东部、中部和西部三大地区的变异系数分别为0.0293、0.0401和0.0587，而到了期末，三大地区的变异系数分别变为0.0293、0.0141和0.0113，由此可见，中部和西部地区的变异系数的期末值小明显于期初值，东部地区则在期末回到了期初的水平，而且在期初东部地区的变异系数最小，而到了期末东部地区的变异系数最大。尽管如此，分阶段来看，东部地区在进入 21 世纪以来，其变异系数在大多数时期都小于前期的水平。根据前文对空间层面变异系数的说明，其主要反映的是地区内部各省经济增长的差异，所以上述结果表明，改革开放以来，三大地区内部各省份的经济增长的差异都有所缩小。进一步结合前文的均值分析，改革开放以来，区域经济增长的特征是波动式增长同时伴随地区差异缩小，而进入 21 世纪以来，区域经济增长的特征转变为稳定式增长伴随地区差异保持相对不变。

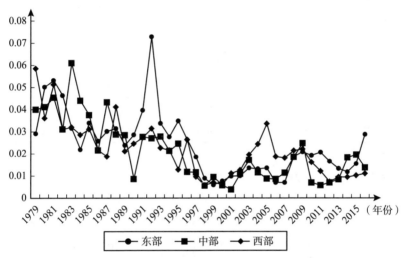

图 3 - 2   三大地区经济增长空间层面变异系数的测算结果

二、经济增长协调度分析

下文将对各省份的经济增长协调度进行分析（见表 3 - 2）。在所有分时段情形中，协调度都在 0.99 ~ 1.00 之间，表明相邻省份在经济增长变动方面具有较高的同步性。从均值的大小来看，在整个时间段内，均值最大为 0.9999，且有 11 个省份达到该水平，均值最小的是海南，为 0.9994；在第一个时间段内，均值最大的是湖南和重庆，为 0.9999，均值最小的是海南，为 0.9991；在第二个时间段内，均值最大为 1，且有 10 个省份达到该水平，均值最小的是海南，为 0.9989；在第三个时间段内，均值最大为 1，且有 15 个省份达到该水平，均值最小的是内蒙古，0.9995。从变动趋势来看，比较第二个和第一个时间段，协调度均值上升的有 27 个省份，只有海南、江西和重庆的协调度均值有所下降，变动幅度最大的是河南，为 0.0674%，变动幅度最小的是重庆，为 -0.0004%。比较第三个和第二个时间段，协调度均值上升的有 19 个省份，其中，变动幅度最大的是海南，为 0.0994%，变动幅度最小的是河南，为 0.0003%。从整个时间段来看，协调度均值始终上升的有 16 个省份，没有始终下降的省份。以上结果表明，改革开放以来，中国多数省份与其相邻省份在经济增长变动方面保持较高的同步性。

表 3-2 各省份经济增长协调度测算结果

省份	1979~2016年	1979~1991年	1992~2001年	2002~2016年
北京	0.9998	0.9998	0.9999	0.9998
天津	0.9997	0.9997	0.9999	0.9996
河北	0.9999	0.9998	0.9999	0.9999
辽宁	0.9998	0.9997	0.9999	0.9998
上海	0.9998	0.9995	0.9998	1.0000
江苏	0.9999	0.9997	0.9999	1.0000
浙江	0.9998	0.9995	0.9999	0.9999
福建	0.9999	0.9997	0.9999	0.9999
山东	0.9999	0.9998	1.0000	1.0000
广东	0.9997	0.9995	0.9998	0.9999
海南	0.9994	0.9991	0.9989	0.9999
山西	0.9998	0.9996	1.0000	0.9998
吉林	0.9998	0.9995	1.0000	0.9999
黑龙江	0.9997	0.9995	0.9999	0.9998
安徽	0.9997	0.9993	1.0000	1.0000
江西	0.9998	0.9998	0.9997	1.0000
河南	0.9998	0.9993	1.0000	1.0000
湖北	0.9999	0.9998	1.0000	1.0000
湖南	0.9999	0.9999	0.9999	1.0000
内蒙古	0.9997	0.9996	1.0000	0.9995
广西	0.9998	0.9997	0.9999	1.0000
重庆	0.9999	0.9999	0.9999	1.0000
四川	0.9999	0.9998	1.0000	1.0000
贵州	0.9999	0.9998	0.9998	1.0000

省份	1979～2016 年	1979～1991 年	1992～2001 年	2002～2016 年
云南	0.9999	0.9997	1.0000	0.9999
陕西	0.9999	0.9997	0.9999	1.0000
甘肃	0.9998	0.9995	1.0000	0.9999
青海	0.9997	0.9993	0.9999	1.0000
宁夏	0.9998	0.9996	0.9999	0.9998
新疆	0.9998	0.9996	0.9999	1.0000

　　从各个时点三大地区经济增长协调度的均值来看（见图 3 - 3）。一个显著的特征是，相较于进入 21 世纪以来的阶段，早期阶段三大地区在协调度方面的差异较大，且波动幅度也较大。从三大地区的经济增长协调度的均值大小来看，没有哪个地区始终是最大值或最小值，进入 21 世纪以来，中部地区在多数年份是均值最大的地区，而东部地区则是均值最小的地区。从均值的变动趋势来看，三大地区的均值变动并未呈现出明显的规律性，尤其是在 2000 年之前。总体来看，三大地区的期末值都要高于期初值，且在 2000 年之前呈现波动式上升的过程，进入 21 世纪以来，则呈现先降后升的过程，降幅相对较小。在期初，东部、中部和西部地区的均

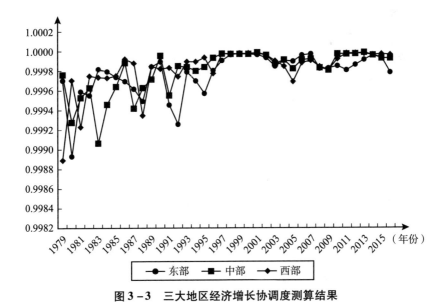

图 3 - 3　三大地区经济增长协调度测算结果

注：图中三大地区经济增长协调度数值差值较小，为体现数据波动情况，故纵轴未从原点开始。

值分别为 0.9997、0.9998 和 0.9989，到了期末，三大地区的均值分别变为 0.9998、0.9999 和 1.0000，由此可见，所有地区的协调度均值都有所上升。上述结果表明，改革开放以来，在进入 21 世纪之前，相邻省份在经济增长方面的差异性较大，但呈现缩小态势，而进入 21 世纪以来，相邻地区的差异性较小，且呈现稳定态势。

三、经济增长泰尔指数分析①

下文将通过对经济增长泰尔指数进行分解来对经济增长的地区差异进行分析，在具体分析过程中，首先从全国层面切入，将总体差异分解为地区内差异和地区间差异，其次从分地区层面切入，分析三大地区的总体差异。全国层面经济增长总体差异代表全部省份之间的差异，三大地区经济增长总体差异则是三大地区内部省份之间的差异，所以地区间差异就是三大地区之间的差异。

在全国层面，地区内差异在所有时点都是大于地区间差异的，且地区内差异与总体差异变动的契合度更高（见图 3－4）。在期初，总体差异为 0.0010，地区内差异为 0.0009，占比约为 90%，地区间差异为 0.0001，占比约为 10%，而到了期末，总体差异为 0.0002，地区内差异为 0.0002，占比缩小至 100%，地区间差异为 0。由此可见，到了期末，地区内差异

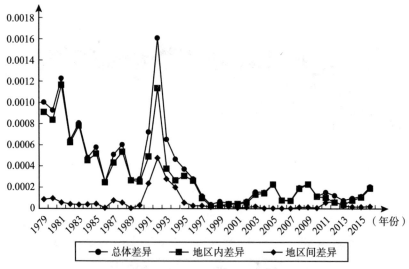

图 3－4　地方经济增长地区内差异和地区间差异的测算结果

① 具体测算结果见附录二。

的主导地位更加明显。整体来看，只有在 1990～1997 年之间，地区间差异较为突出，而且其他年份，地区间差异的影响均很小。从变动趋势来看，总体差异和地区内差异都大致经历了三轮先降后升的过程，第一轮下降和上升幅度都很大，第二轮则是下降幅度较大，上升幅度较小，第三轮下降和上升幅度均较小。以上结果表明，从整体来看，在前半段，地区经济增长差异较大，而到了后半段，差异则明显缩小。

根据图 3－5，在三大地区层面，没有哪个地区的总体差异始终保持最大值或最小值，存在明显的交替过程。在期初，东部、中部和西部的总体差异分别为 0.0004、0.0007 和 0.0016，而到了期末，三大地区总体差异分别变为 0.0004、0.0001 和 0.0001，由此可见，中部和西部地区的总体差异有所减小，东部地区之所以保持不变，主要是因为期末出现了一轮上升过程，与中部和西部地区相似，东部地区在后半段的差异水平相对于前半段有了明显缩小。从变动趋势来看，三大地区总体差异的变动并未呈现出明显的规律性，但总体来看，大致都经历了三轮先降后升的过程，这一点也与前面全国层面的分解结果相似。从各个地区总体差异对全国总体差异的影响来看，三大地区对全国总体差异均有不可忽视的影响，其中，东部地区在 1990～1995 年之间的波动是导致全国总体差异波动的主因。

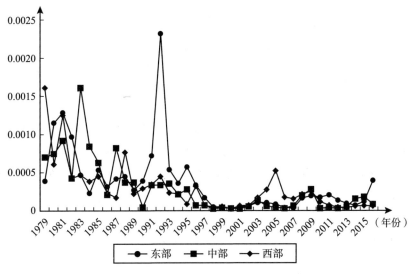

图 3－5　地方经济增长地区间差异的测算结果

以上分析结果表明，地区内差异是导致经济增长总体差异的主要原因，且近些年，地区内差异的主导地位越来越明显。三大地区总体差异的分析结果显示，三大地区对全国层面经济增长总体差异均有影响。

第五节　要素市场化配置改革与区域
经济增长互动效应分析

本节将利用 PVAR 模型分析要素价格扭曲与经济增长之间的互动关系，其中，要素价格扭曲直接使用第二章的测算结果，经济增长则用前文的国内生产总值指数来测度。为了保证数据的平稳性，在具体分析时，对相应的数据先取对数然后再差分处理。

一、模型设定

首先，对数据平稳性进行检验（见表 3 - 3）。为了保证检验结果的稳健性，采用了两种面板单位根检验方法。根据检验结果可知，所有检验都在 10% 的水平上拒绝了原假设，从而表明数据都是平稳的。

表 3 - 3　　　　　　　　　　数据单位根检验

变量	IPS	Fisher ADF
ddisw	0. 0000	0. 0000
ddisr	0. 0000	0. 0011
dgdpg	0. 0000	0. 0000

注：汇报的是相关检验所对应的 P 值；相关检验的原假设均为 "数据存在单位根"。

其次，对模型最优滞后阶数进行检验（见表 3 - 4）。根据最优滞后阶数检验判断标准，应选择检验值最小的滞后阶数。根据检验结果可知，劳动力价格扭曲与经济增长，以及资本价格扭曲与经济增长对应的模型，最优滞后阶数均为 3 阶。

表 3 - 4　　　　　　　　　模型最优滞后阶数检验

ddisw&dgdpg	MBIC	MAIC	MQIC
1	- 36. 4925 ***	22. 2800	- 0. 0686
2	- 21. 8591	17. 3226	2. 4235
3	- 22. 6023	- 3. 0115 ***	- 10. 4610 ***

ddisr&dgdpg	MBIC	MAIC	MQIC
1	3.6175	62.3900	40.0415
2	8.9584	48.1401	33.2411
3	−4.1227 ***	15.4681 ***	8.0186 ***

注：*** 表示最优滞后阶数。

最后，对变量之间的因果关系进行格兰杰（Granger）因果关系检验（见表3－5）。Granger 因果关系检验涉及的自由度由前面最优滞后阶数决定。根据表3－5，在10%的水平上，地区劳动力价格扭曲与经济增长，以及资本价格扭曲与经济增长之间都互为 Granger 因果原因。

表3－5　　　　　　　　　　　**Granger 因果关系检验**

因果变量	结果变量	原假设	检验值	自由度	P 值
ddisw&dgdpg	*ddisw*	*dgdpg* 不是 *ddisw* 的 Granger 原因	9.0300	3	0.0290
	dgdpg	*ddisw* 不是 *dgdpg* 的 Granger 原因	20.6380	3	0.0000
ddisr&dgdpg	*ddisr*	*dgdpg* 不是 *ddisr* 的 Granger 原因	49.2170	3	0.0000
	dgdpg	*ddisr* 不是 *dgdpg* 的 Granger 原因	14.4700	3	0.0020

注：Granger 因果检验的原假设为"不存在 Granger 因果关系"。

二、动态冲击分析

（一）劳动力价格扭曲与经济增长的脉冲响应

利用 PVAR 模型的脉冲响应分析法探讨劳动力价格扭曲与经济增长之间的互动关系（见图3－6）。从变量自身冲击对自身的影响来看，无论是劳动力价格扭曲，还是经济增长，其自身增加一个单位标准差所形成的冲击都将导致自身以向上波动为主。根据图3－6可知，从经济增长冲击对劳动力价格扭曲的影响来看，经济增长增加一个单位标准差所形成的冲击将导致劳动力价格扭曲向下波动，且波动幅度经历了先增后减的过程。从总的结果来看，冲击之后，劳动力价格扭曲程度有所减弱。从劳动力价格扭曲冲击对经济增长的影响来看，劳动力价格扭曲增加一个单位标准差所形成的冲击将导致经济增长向上波动，之后便向均衡值收敛。故从总的结果来看，冲击之后，经济增速将有所提高。以上分析结果表明，从相互影响来看，劳动力价格扭曲增加将会推动经济增长，而经济增长则会降低劳动力价格扭曲，因此，推动劳动力市场化配置改革与经济增长之间并不存在相互促进的循环累计因果关系。

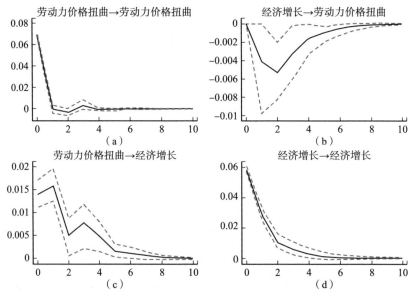

图 3-6　劳动力价格扭曲与经济增长的脉冲响应

注：图中的虚线为冲击对应的 95% 置信区间。

（二）资本价格扭曲与经济增长的脉冲响应

利用 PVAR 模型探讨资本价格扭曲与经济增长之间的互动关系（见图 3-7）。从变量自身冲击对自身的影响看，资本价格扭曲增加一个单位标准差将导致自身以向上波动为主。根据图 3-7 可知，从经济增长冲击对资本价格扭曲的影响来看，经济增长增加一个单位标准差所形成的冲击将导致资本价格扭曲向下波动，之后便向均衡值收敛，故从总的结果来看，冲击之后，资本价格扭曲程度有所减弱。从资本价格扭曲冲击对经济增长的影响来看，资本价格扭曲增加一个单位标准差所形成的冲击将导致经济增长以向上波动为主，且波动幅度大致经历了先升后降的过程，从总的结果来看，冲击之后，经济增速将有所提高。以上结果表明，从相互影响来看，资本价格扭曲增加将会推动经济增长，而经济增长则会降低资本价格扭曲，因此，推动资本市场化配置改革与经济增长之间并不存在相互促进的循环累计因果关系。

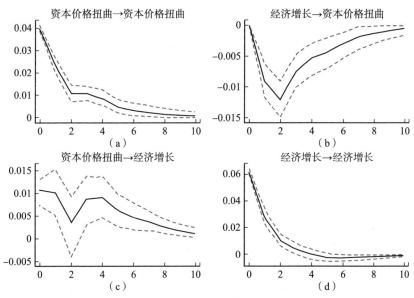

图 3 – 7　资本价格扭曲与经济增长的脉冲响应

注：图中的虚线为冲击对应的 95% 置信区间。

（三）劳动力价格扭曲与经济增长的脉冲响应

关于要素价格扭曲对经济增长的影响，部分研究发现存在负向影响，而这些研究主要利用进入 21 世纪以后的数据，因此，为了更好地对该问题进行分析，本部分将进一步对 2000 年以后的样本进行 PVAR 模型分析（见图 3 – 8）。从经济增长冲击对劳动力价格扭曲的影响来看，经济增长增加一个单位标准差所形成的冲击将导致劳动力价格扭曲先向下波动再短暂向上波动后又进入向下波动过程，以向下波动为主。从总的结果来看，冲击之后，劳动力价格扭曲程度有所减弱。从劳动力价格扭曲冲击对经济增长的影响来看，劳动力价格扭曲增加一个单位标准差所形成的冲击将导致经济增长先向上波动再向下波动后又进入向上波动过程，以向上波动为主，冲击之后，经济增速将有所提高。

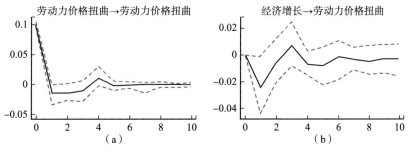

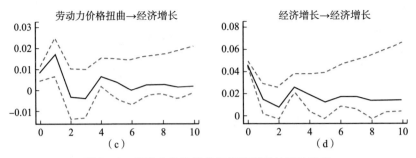

图3-8 劳动力价格扭曲与经济增长的脉冲响应

注：图中的虚线为冲击对应的95%置信区间。

（四）资本价格扭曲与经济增长的脉冲响应

下文将探讨资本价格扭曲与经济增长之间的互动关系（见图3-9）。从经济增长冲击对资本价格扭曲的影响来看，经济增长增加一个单位标准差所形成的冲击将导致资本价格扭曲向下波动，波动幅度经历了先增后降的过程，之后便向均衡值收敛，故从总的结果来看，冲击之后，资本价格扭曲程度有所减弱。从资本价格扭曲冲击对经济增长的影响来看，资本价格扭曲增加一个单位标准差所形成的冲击将导致经济增长先向上波动再向下波动后又进入向上波动过程，以向上波动为主，故从总的结果来看，冲

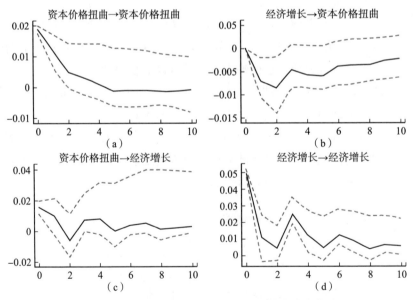

图3-9 资本价格扭曲与经济增长的脉冲响应

注：图中的虚线为冲击对应的95%置信区间。

击之后，经济增速将有所提高。值得注意的是，进入 21 世纪以来，劳动力价格扭曲和资本价格扭曲在短期内对经济增长具有推动作用，之后的影响并不显著，并且还会出现负向影响的情况，该结论一方面继续肯定了扭曲要素价格对经济短期增长的刺激作用，另一方面则表明进入 21 世纪以来，通过扭曲要素价格的途径推动经济增长的效果不具有持续性。

三、异质性分析

接下来将根据要素价格扭曲大小，将研究样本划分为低要素价格扭曲和高要素价格扭曲两种情形，然后进行异质性分析。与分地区层面的异质性分析相比，根据要素价格扭曲程度对样本进行划分可以更具有针对性地思考要素价格扭曲不同情形下，要素市场化配置改革与区域经济发展之间的互动关系。

首先，分析劳动力价格扭曲程度的不同情形。在低劳动力价格扭曲情形中（见图 3 - 10），经济增长冲击将导致劳动力价格扭曲向下波动，上述影响是不显著的，而劳动力价格扭曲冲击将导致经济增长向上波动，上述影响是显著的。

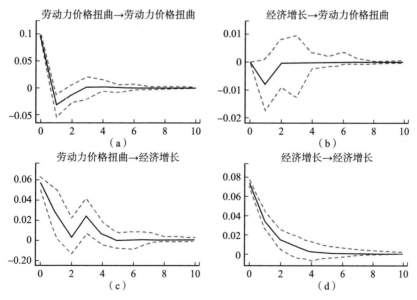

图 3 - 10　低劳动力价格扭曲与经济增长的脉冲响应

注：图中的虚线为冲击对应的 95% 置信区间。

在高劳动力价格扭曲情形中（见图3-11），经济增长冲击将导致劳动力价格扭曲向下波动，上述影响在短期是显著的，且经济增长冲击对劳动力价格扭曲的影响幅度大于低劳动力价格扭曲情形。劳动力价格扭曲冲击将导致经济增长向上波动，上述影响在短期是显著的，且劳动力价格扭曲冲击对经济增长的影响幅度小于低劳动力价格扭曲情形。

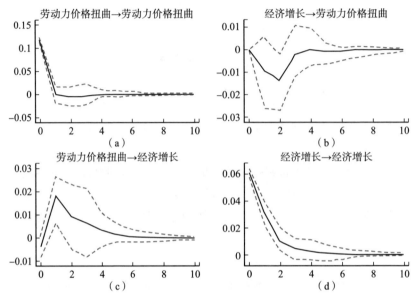

图3-11　高劳动力价格扭曲与经济增长的脉冲响应

注：图中的虚线为冲击对应的95%置信区间。

接下来将分析资本价格扭曲程度不同情形。在低资本价格扭曲情形中（见图3-12），经济增长冲击将导致资本价格扭曲向下波动，上述影响是显著的，而资本价格扭曲冲击将导致经济增长以向上波动为主，上述影响也是显著的。

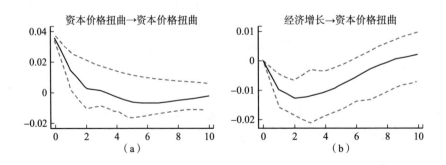

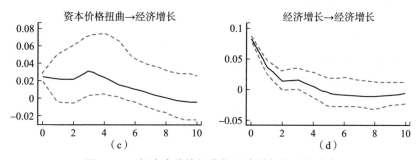

图 3 - 12　低资本价格扭曲与经济增长的脉冲响应

注：图中的虚线为冲击对应的 95% 置信区间。

高资本价格扭曲与经济增长的脉冲响应如图 3 - 13 所示。

在高资本价格扭曲情形中（见图 3 - 13），经济增长冲击将导致资本价格扭曲向下波动，上述影响是显著的，且经济增长冲击对资本价格扭曲的影响幅度大于低资本价格扭曲情形。资本价格扭曲冲击将导致经济增长先向上波动再向下波动，上述影响在短期是显著的，且资本价格扭曲冲击对经济增长的影响幅度小于低资本价格扭曲情形。

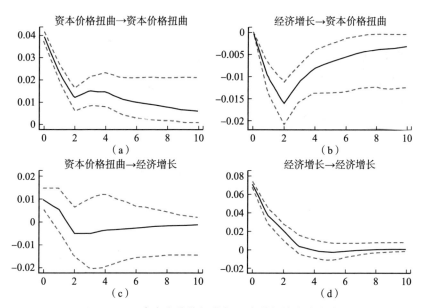

图 3 - 13　高资本价格扭曲与经济增长的脉冲响应

注：图中的虚线为冲击对应的 95% 置信区间。

四、稳健性分析

接下来将通过更换要素价格扭曲测算参数的方式对前面的脉冲响应分析所得结论进行稳健性分析。相较于发展中国家，发达国家的要素市场化程度更高，因此，借鉴已有研究，将生产函数的参数按照美国的估计值进行设定，即资本产出弹性和劳动力产出弹性的参数值设定为 0.3 和 0.7 （Hsieh & Klenow，2009）。

在劳动力价格扭曲的情形下（见图 3 - 14），经济增长冲击将导致劳动力价格扭曲向下波动，劳动力价格扭曲冲击将导致经济增长向上波动，从而表明前面的分析结论是稳健的。

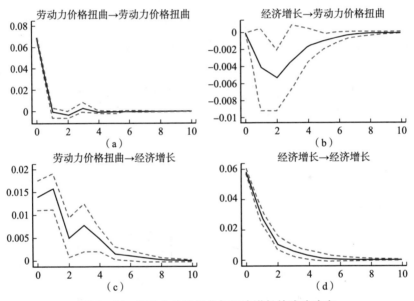

图 3 - 14　劳动力价格扭曲与经济增长的脉冲响应

注：图中的虚线为冲击对应的 95% 置信区间。

在资本价格扭曲的情形下（见图 3 - 15），经济增长冲击将导致资本价格扭曲向下波动，资本价格扭曲冲击将导致经济增长向上波动，从而表明前面的分析结论是稳健的。

综上所述，从要素价格扭曲与经济增长的相互影响来看，无论是推进劳动力市场化配置改革，还是推进资本市场化配置改革，都不可避免地对经济增速产生负面影响。然而，如果从经济增长的角度切入看，伴随经济增速的提高，劳动力价格扭曲和资本价格扭曲都会有所下降，从而有助于

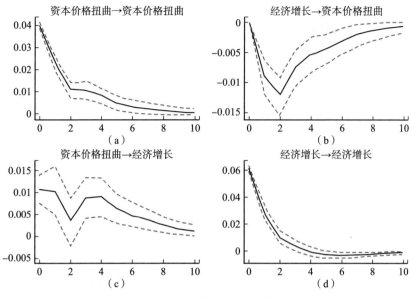

图3-15　资本价格扭曲与经济增长的脉冲响应

注：图中的虚线为冲击对应的95%置信区间。

推动要素市场化配置改革。异质性分析发现，在高要素价格扭曲的地区，加速经济增长对要素价格扭曲抑制作用更大，而降低要素价格扭曲对经济增长抑制作用更小。

第六节　本章小结

回顾改革开放以来中国区域经济增长与经济结构的变迁，一方面可以从区域经济发展层面考察改革开放所取得的成果；另一方面也可以从区域经济发展层面总结发展存在的问题，为下一步更好地推进区域经济发展提供建议。本章首先回顾了改革开放以来中国区域经济的发展阶段，勾勒出区域经济的变迁轨迹，之后对要素价格扭曲与经济增长之间的互动关系进行了多角度实证检验。研究结果表明：

第一，从改革开放到20世纪末，以非均衡发展为导向，中西部地区重点支持东部地区发展。从区域经济增长分析结果看，三大地区均实现了快速发展，但经济增长随时间的波动性明显，地区间的差异也较大。进入21世纪以来，随着区域经济逐步转向协调发展，区域经济增长的特征转变为稳定式增长，且随时间的波动程度有所减轻，地区间的差异也保持相对不变。

第二，通过经济增长协调度和泰尔指数的分析结果表明，改革开放以来，在进入 21 世纪之前，相邻省份在经济增长方面的差异性较大，但呈现缩小态势；而进入 21 世纪以来，相邻地区的差异性较小，且呈现稳定态势。地区内差异是导致经济增长总体差异的主要原因，且近些年，地区内差异的主导地位越来越明显。三大地区总体差异的分析结果显示，三大地区对全国层面经济增长总体差异均有影响。

第三，从要素市场化配置改革与经济增长的互动效应来看，无论是推进劳动力市场化配置改革，还是推进资本市场化配置改革，都不可避免地对经济增速产生负面影响。然而，进一步分析发现，进入 21 世纪以来，通过扭曲要素价格的途径推动经济增长越来越不具有持续性，且可能会对经济增长产生负向影响。从经济增长的角度切入，伴随经济增速的提高，劳动力价格扭曲和资本价格扭曲将有所下降，从而有助于推动要素市场化配置改革，因此，在推动要素市场化配置改革的过程中，要保证经济的稳定增长，发挥经济增长对要素价格扭曲的抑制作用。进一步异质性分析发现，在高要素价格扭曲的地区，加速经济增长对要素价格扭曲抑制作用更大，而降低要素价格扭曲对经济增长抑制作用更小。

第四章 要素市场化配置改革
与区域消费结构升级

第一节 研究背景

改革开放以来，在以出口驱动和投资驱动为导向的经济增长模式下，中国经济实现了快速发展，但随着国际和国内环境的变化，中国经济开始进入一轮新的转型发展时期。从国际环境来看，2008 年金融危机之后，国际贸易市场需求乏力，贸易保护主义有所抬头，尤其是发达国家与发展中国家之间的贸易摩擦加剧，削弱了出口对中国经济增长的驱动作用。从国内环境来看，过去投资驱动所导致的过度投资问题、产能过剩问题逐渐凸显，投资对经济增长的边际效应开始减弱，已经难以成为驱动中国经济稳步增长的动能。根据发达国家的发展经验，在完成工业化进程之后，其经济都将转向以消费为主导的增长模式，有学者根据第二次世界大战后 20 年间 101 个经济增长程度不同国家的统计资料，总结了在发展过程中经济结构的一般变化趋势，发现当人均 GDP 在 6000～12000 美元时，工业占比开始逐步回落，新兴服务业迎来快速发展，居民消费快速扩张，逐渐成为三大需求中的主力，而中国目前的人均 GDP 正处于该区间，且中国经济已开始呈现出消费主导的迹象（Chenery & Syrquin，1975）。根据国家统计局公布的数据，2018 年，我国最终消费支出、资本形成总额、货物和服务净出口对 GDP 增长贡献率分别为 76.2%、32.4% 和 - 8.6%，这是继 2000 年之后，最终消费支出对 GDP 增长贡献率再次超过 70%，可见消费的确正在成为推动经济增长的主力。① 消费需求受阻与家庭可支配收入增

---

① 资料来源：《2018 年国民经济和社会发展统计公报》，国家统计局，http：//www. stats. gov. cn/sj/zxfb/202302/t20230203_1900241. html。

速慢于经济增速有关，而要素价格扭曲是导致上述差异的重要因素。当要素市场存在要素价格扭曲现象时，家庭提供的劳动力和资本等生产要素无法获得与边际生产力对应的要素收入，进而抑制了可支配收入的增速，对消费结构升级产生影响。随着要素市场化配置改革的推进，探讨要素价格扭曲对消费结构升级的影响效应，有助于从市场化改革视角审视扩大内需战略。

尽管目前最终消费规模已超过资本形成总额的规模，但消费结构方面仍存在诸多需要改进的地方，比如家庭消费与政府消费之间的关系，中国政府消费占最终消费规模比重较大，而其作为财政支出的一部分，既可能促进，也可能抑制居民消费的作用（谢子远和杨义群，2006）。实现以家庭消费为主体的消费驱动增长模式，不仅需要消费规模的提升，还需要消费结构的升级。鉴于城镇家庭消费结构升级具有先动性，且随着城镇化水平的提升，城镇家庭在消费市场中的主导地位逐渐增强，所以我们重点关注要素市场化配置改革对城镇家庭消费结构升级的影响。本章首先回顾改革开放以来，中国地区城镇家庭消费结构的演变轨迹，总结经验并发现问题，并进一步从要素价格扭曲视角切入，考察要素市场化配置改革与消费结构升级之间的互动关系，从而将要素市场化配置改革与扩大内需发展战略相结合，寻找共同推进二者发展的途径。在具体分析过程中，综合考虑测算方法的代表性以及数据的可获得性，本章最终选择恩格尔系数作为衡量家庭消费结构的指标。恩格尔（Engel，1895）通过对 199 个比利时家庭预算样本的分析，发现食品消费支出和总消费支出之间呈负向关系，这一规律被称为恩格尔定律。尽管恩格尔当时使用的数据量很少，但上述关系在大多数国家和时间点都成立（Seale & Regmi，2006）。

第二节　机 制 分 析

从要素价格扭曲对消费结构升级的影响来看，无论是劳动力价格扭曲，还是资本价格扭曲，都将通过降低家庭可支配收入的途径对消费结构升级产生负向影响。根据凯恩斯（Keynes）的消费理论，可支配收入是影响消费的主因，之后发展的消费理论也都肯定了收入对消费的重要影响，包括杜森贝利（Duesenberry）的相对收入消费理论、弗里德曼（Friedmann）

的永久收入消费理论和莫迪利安尼（Modigliani）的生命周期消费理论。结合要素价格扭曲看，当要素市场存在价格扭曲时，意味着家庭部门向生产部门提供的劳动力和资本都没有得到其应该得到的支付，尤其是当要素市场存在价格负向扭曲时，两类要素得到的报酬都要低于其边际产出，所以，要素价格扭曲会降低家庭可支配收入，进而对消费产生影响。由于消费规模与消费结构之间存在相互影响，两者存在相互作用的循环累计因果关系。具体而言，消费规模增加会通过刺激生产活动多样化的渠道推动消费结构升级，而消费结构升级又会通过激发潜在消费需求的渠道推动消费规模增加，反之，消费规模减小会抑制消费结构升级，消费结构降级也会抑制消费规模增加。从要素价格扭曲视角来看，尽管其并不会对消费结构产生直接影响，但要素价格扭曲加剧将会通过对消费规模的负向影响阻碍消费结构升级。

从消费结构升级对要素价格扭曲的影响来看，由于同时存在市场规模效应和市场竞争效应，且两者对要素价格扭曲的影响方向相反，因此，消费结构升级对要素价格扭曲的影响存在不确定性。从市场规模效应来看，随着消费结构的不断升级，潜在的消费需求会被激发出来，市场规模将会逐渐扩大，越来越多的市场机遇被创造出来。市场机遇的多样化意味着企业创新创业活动的增多，要素拥有了更多流动的机会，不同技能水平的劳动力和不同技术含量的资本都能够拥有更多的流动选择，要素进入市场进行搜寻—匹配的效率便会随之提高，且出现短暂错配的要素也能够及时进行重新流动决策，由于信息不对称导致的要素价格扭曲程度逐渐减小。从市场竞争效应来看，市场机遇增加伴随着市场竞争程度增加，企业为了占领更多的市场份额，倾向于采用低价竞争策略，而企业在压低商品价格的同时也会相应压低要素价格，导致要素价格与要素边际产出之间出现偏离，要素价格扭曲程度逐渐增大。将上述两个效应结合可知，消费结构升级对要素价格扭曲的影响方向相反，所以消费结构升级对要素价格扭曲的影响方向存在不确定性，需要具体问题结合具体数据进行具体分析。

以上分析表明，要素价格扭曲与产业结构升级之间存在不对称的互动关系，要素价格扭曲增加对产业结构升级具有负向影响，因此，要素市场化配置改革能够推动经济增长，产业结构升级对要素价格扭曲则既可能是正向影响，也可能是负向影响，影响方向具有不确定性。

第三节 研究设计

本章使用的数据来自国泰安数据库。[①] 在数据整理过程中，由于我国重庆、西藏和新疆早期数据缺失比较多，故将其删除，香港、澳门和台湾地区数据不可得，因此主要整理其余 28 个省份的数据。另外，由于多数省份缺失 1978 年和 1979 年的数据，所以整理的数据从 1980 年开始。

区域家庭恩格尔系数协调度指数如下：

$$engc_{i,t} = \left(eng_{i,t} \times eng_{-i,t} \right) \Big/ \left(\frac{eng_{i,t} + eng_{-i,t}}{2} \right)^2 \qquad (4-1)$$

其中，$engc_{i,t}$ 表示地区 i 的城镇家庭恩格尔系数协调度，$eng_{i,t}$ 表示省份 i 的城镇家庭恩格尔系数，$eng_{-i,t}$ 表示省份 i 周边省份的城镇家庭恩格尔系数，此时，地区 i 的城镇家庭恩格尔系数协调度越接近于 1，意味着省份 i 的城镇家庭恩格尔系数与周边省份的城镇家庭恩格尔系数变动越具有同步性。

区域家庭恩格尔系数泰尔指数如下：

$$T = \frac{1}{n} \sum_{i=1}^{n} \left(\frac{eng_i}{enga} \times \ln \frac{eng_i}{enga} \right) \qquad (4-2)$$

$$T_j = \frac{1}{n_j} \sum_{i=1}^{n_j} \left(\frac{eng_{ij}}{enga_j} \times \ln \frac{eng_{ij}}{enga_j} \right) \qquad (4-3)$$

$$T = T_w + T_b = \sum_{j=1}^{3} \left(\frac{n_j}{n} \times \frac{enga_j}{enga} \times T_j \right) + \sum_{j=1}^{3} \left(\frac{n_j}{n} \times \frac{enga_j}{enga} \times \ln \frac{enga_j}{enga} \right) \qquad (4-4)$$

式（4-2）中，T 表示家庭消费结构的总体差异泰尔指数，其大小介于 $[0, 1]$ 之间，该值越小，表明家庭消费结构总体差异越小。式（4-3）中，T_j 分别表示三大地区（$j=1, 2, 3$）的家庭消费结构的总体差异泰尔指数。i 表示省份，n 表示全国省份总数，n_j 分别表示东部、中部和西部地区省份数量，eng_i 表示省份 i 的家庭消费结构，eng_{ij} 表示地区 j 内省份 i 的家庭消费结构，$enga$ 和 $enga_j$ 分别表示全国家庭消费结构的平均值和地区 j 家庭消费结构的平均值。式（4-4）中，家庭消费结构的泰尔指数进一步分解为地区内差异泰尔指数 T_w 和地区间差异泰尔指数 T_b。

---

① 国泰安数据库，https://cn.gtadata.com/。

为了考察要素价格扭曲与城镇家庭消费结构之间的互动关系，本章主要采用的是 PVAR 模型，其数学表达式为：

$$y_{i,t} = \alpha_i + \beta_0 + \sum_{j=1}^{p} \beta_j y_{i,t-j} + \sum_{\lambda=1}^{5} \beta_\lambda x_{i,t} + v_{i,t} + \mu_{i,t} \qquad (4-5)$$

其中，$y_{i,t}$ 是包含内生变量的向量，即要素价格扭曲和城镇家庭消费结构相关指标，假设每一个截面的基本结构相同，采用固定效应模型，引入反映个体异质性的变量 α_i。$x_{i,t}$ 是控制变量，主要从经济规模、经济结构、经济开放度、人口规模和政府干预等层面控制其他影响因素。$v_{i,t}$ 用于反映个体时点效应，以体现在同一时点的不同截面上可能受到的共同冲击。$\mu_{i,t}$ 是随机扰动项，假设服从正态分布。

第四节　区域消费结构的演变

关于中国家庭消费结构的演变，郭鹏（2007）认为改革开放以来，中国主要经历了四轮消费升级过程，即消费贫困型阶段（1978 年以前），以基本生活消费为主的初级阶段；消费温饱型阶段（1980～1990 年），以普及家用电器为主的购置生活必需品阶段；消费小康型阶段（1991～2000 年），以电子信息产品及服务性消费为主的购买选购品阶段；居民消费现代型阶段（2000 年至今），以住房、私人轿车为主的购买特殊品阶段。朱孟晓和胡小玲（2009）指出，在 20 世纪 70 年代末到 80 年代中期，我国经济处于以供给约束为主要特征的发展阶段，而 90 年代以来，我国经济却转为以需求约束为主要特征的发展阶段。毛中根和杨丽娇（2017）将中国家庭消费结构升级的表现形式归纳为四个方面：消费类别结构升级、消费类型结构升级、消费品质结构升级和消费品牌结构升级。随着研究的不断深入，分析消费结构演变的方法也越来越多样化，大致可以归为两类，一类利用计量模型，另一类利用统计指标。前者主要指扩展线性支出系统（ELES）模型（臧旭恒和孙文祥，2003；赵志坚和胡小娟，2007；赵婉男等，2016；尹碧波和李娜，2018）和几乎理想需求系统（AIDS）模型（臧旭恒和孙文祥，2003；同海梅等，2015；蔡兴和刘淑兰，2017；任慧玲，2018）。后者则以包含恩格尔系数等各类消费支出在总消费支出中所占比重的统计指标来衡量消费结构（厉以宁，1984；尹世杰，2007；田晖，2006）。

在具体分析过程中，首先从分时段切入，分析各省份分时段的家庭恩格尔系数均值和变异系数，然后从分地区切入，分析东部、中部和西部三大地区的家庭恩格尔系数的均值和变异系数，其中，三大地区的家庭恩格尔系数主要是通过对地区内所包含省份的数据取平均值得到。另外，分时段的变异系数属于空间固定的时间层面的变异系数，而分地区的变异系数则属于时间固定的空间层面的变异系数，前者强调的是时间层面波动的差异，而后者强调的是空间层面波动的差异。结合相关研究，根据中国改革开放以来经济发展的阶段性特征，本章将考察期划分为三个时间段，分别是1980~1992年、1993~2001年和2002~2016年，分别以"南方谈话"和加入WTO为分界点。

一、城镇家庭恩格尔系数测算结果分析

首先对各省份城镇家庭恩格尔系数均值进行比较分析（见表4-1）。根据表4-1可知，从均值的大小来看，第一个时间段内，大部分省份的均值在0.5~0.6之间，属于温饱阶段，而到了第三个时间段内，大部分省份的均值则在0.3~0.4之间，属于富裕阶段。具体来看，在整个时间段内，均值最大的是海南，为0.5352，最小的是内蒙古，为0.3996；在第一个时间段内，均值最大的是海南，为0.6482，最小的是内蒙古，为0.5058；在第二个时间段内，均值最大的是海南，为0.5546，最小的是山东，为0.4079；在第三个时间段内，均值最大的是海南，为0.4325，最小的是北京，为0.2950。从变动趋势来看，无论是比较第二个和第一个时间段，还是比较第三个和第二个时间段，所有省份的均值都呈下降趋势。由此可见，随着经济的快速发展，城镇家庭在食品方面消费所占比重有了较为明显的下降，值得注意的是，并不是经济发展程度越高的地区，城镇家庭恩格尔系数越小，比如广东地区所有阶段的均值都要大于山西。

表4-1　　　　　各省份城镇家庭恩格尔系数分时段测算结果

省份	均值				时间层面变异系数			
	1980~2016年	1980~1992年	1993~2001年	2002~2016年	1980~2016年	1980~1992年	1993~2001年	2002~2016年
北京	0.4127	0.5463	0.4290	0.2950	0.2872	0.0543	0.1124	0.1626
天津	0.4533	0.5682	0.4660	0.3528	0.2243	0.0488	0.1335	0.0634
河北	0.4117	0.5218	0.4146	0.3207	0.2343	0.0616	0.1159	0.1230
辽宁	0.4468	0.5516	0.4670	0.3503	0.2199	0.0541	0.1012	0.1346

省份	均值				时间层面变异系数			
	1980 ~ 2016 年	1980 ~ 1992 年	1993 ~ 2001 年	2002 ~ 2016 年	1980 ~ 2016 年	1980 ~ 1992 年	1993 ~ 2001 年	2002 ~ 2016 年
上海	0.4481	0.5567	0.4935	0.3344	0.2412	0.0383	0.0835	0.1431
江苏	0.4440	0.5460	0.4667	0.3484	0.2150	0.0455	0.0945	0.1247
浙江	0.4304	0.5437	0.4373	0.3344	0.2289	0.0523	0.1023	0.1059
福建	0.4984	0.6112	0.5395	0.3835	0.2223	0.0407	0.1256	0.0909
山东	0.4156	0.5400	0.4079	0.3189	0.2482	0.0664	0.1135	0.0807
广东	0.4594	0.5955	0.4424	0.3585	0.2416	0.0849	0.0928	0.0530
海南	0.5352	0.6482	0.5546	0.4325	0.1922	0.0522	0.0974	0.0756
山西	0.4022	0.5073	0.4302	0.3009	0.2487	0.0539	0.1289	0.1268
吉林	0.4275	0.5450	0.4554	0.3164	0.2524	0.0483	0.1000	0.1206
黑龙江	0.4291	0.5364	0.4444	0.3334	0.2264	0.0612	0.1088	0.1069
安徽	0.4825	0.5799	0.5054	0.3905	0.1896	0.0448	0.0780	0.1064
江西	0.4759	0.5788	0.4938	0.3823	0.1987	0.0389	0.1063	0.1009
河南	0.4270	0.5441	0.4403	0.3243	0.2421	0.0447	0.1338	0.0860
湖北	0.4469	0.5403	0.4389	0.3755	0.1802	0.0547	0.0934	0.0987
湖南	0.4403	0.5536	0.4388	0.3491	0.2193	0.0475	0.1176	0.0924
内蒙古	0.3996	0.5058	0.4147	0.3049	0.2378	0.0755	0.1235	0.0514
广西	0.4724	0.5790	0.4672	0.3887	0.1910	0.0350	0.1127	0.0792
四川	0.4641	0.5526	0.4728	0.3872	0.1731	0.0569	0.0990	0.0741
贵州	0.4696	0.5696	0.4894	0.3773	0.2016	0.0536	0.1131	0.1107
云南	0.4628	0.5526	0.4629	0.3898	0.1877	0.0783	0.0948	0.1499
陕西	0.4190	0.5149	0.4218	0.3394	0.2044	0.0467	0.1263	0.1096
甘肃	0.4393	0.5349	0.4611	0.3494	0.2054	0.0456	0.1277	0.0871
青海	0.4477	0.5474	0.4700	0.3542	0.2119	0.0484	0.1170	0.1190
宁夏	0.4079	0.5071	0.4160	0.3227	0.2211	0.0648	0.1073	0.1318

从城镇家庭恩格尔系数时间层面变异系数的大小来看，在整个时间段内，变异系数最大的是北京，为 0.2872，最小的是四川，为 0.1731；在第一个时间段内，变异系数最大的是广东，为 0.0849，最小的是广西，为 0.0350；在第二个时间段内，变异系数最大的是河南，为 0.1338，最小的

是安徽，为 0.0780；在第三个时间段内，变异系数最大的是北京，为 0.1626，最小的是内蒙古，为 0.0514。从变异系数变动趋势来看，比较第二个和第一个时间段，所有省份的变异系数均有所增加，比较第三个和第二个时间段，有 16 个省份的变异系数有所减少。从整个时间段来看，城镇家庭恩格尔系数时间层面变异系数没有始终下降的省份，而始终上升的则有 12 个省份，其中，东部地区有 6 个，中部和西部地区各有 3 个。由于时间层面变异系数主要反映的是某一省份城镇家庭恩格尔系数随时间波动的情况，故上述结果表明，多数省份城镇家庭恩格尔系数呈现波动程度加剧的态势，仅在进入 21 世纪以来，波动程度才有所缓解。

下面将进一步从分地区角度对城镇家庭恩格尔系数进行分析。从均值的大小来看（见图 4-1），没有哪个地区始终是最大值，早期东部地区均值最大，西部地区最小，末期则是西部地区均值最大，中部地区最小。从均值的变动趋势来看，三大地区的均值都呈下降态势，且三大地区之间的差异越来越小。

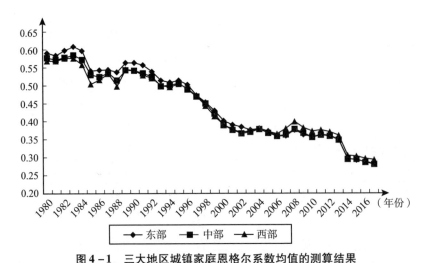

图 4-1 三大地区城镇家庭恩格尔系数均值的测算结果

注：图中三大地区恩格尔系数均值差值较小，为体现数据波动情况，故纵轴未从原点开始。

从空间层面变异系数大小来看（见图 4-2），同样没有哪个地区始终是最大值，早期西部地区变异系数最大，东部地区最小，末期则是东部地区变异系数最大，西部地区最小。从变异系数的变动趋势来看，1992 年之前，变异系数波动程度较大，1993 到 2001 年之间，大致经历了一轮先升后降的过程，2002 年之后则是经历了一轮先降后升的过程，且三大地区的期末值均高于起初值。根据前文对空间层面变异系数的说明，其主要反映的是地区内部各省份城镇家庭恩格尔系数的差异，所以上述结果表明，改革开放以来，三大地区内部各省份的城镇家庭恩格尔系数的差异都有所加剧。

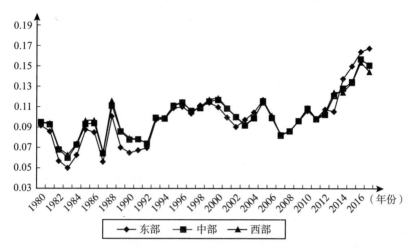

图4－2　三大地区城镇家庭恩格尔系数空间层面变异系数测算结果

注：图中三大地区恩格尔系数空间层面变异系数数值差值较小，为体现数据波动情况，故纵轴未从原点开始。

二、城镇家庭恩格尔系数协调度分析

下面将对各省份的城镇家庭恩格尔系数协调度进行分析（见表4－2）。在所有分时段情形中，协调度都在0.98～1.00之间，表明省份内部城镇家庭恩格尔系数的变动具有较高的同步性。从均值的大小来看，在整个时间段内，均值最大的是江苏，为0.9998，均值最小的是海南，为0.9924；在第一个时间段内，均值最大的是江苏，为0.9999，均值最小的是海南，为0.9976；在第二个时间段内，均值最大的是青海，为0.9999，均值最小的是海南，为0.9873；在第三个时间段内，均值最大的是贵州，为0.9998，均值最小的是海南，0.9911。从变动趋势来看，根据表4－2，比较第二个和第一个时间段，协调度均值上升的只有4个省份，其中，东中部地区有1个，西部地区有3个，比较第三个和第二个时间段，协调度均值上升的有12个省份，其中，东部地区有7个，中部地区有2个，西部地区有3个。从整个时间段来看，没有一个省份的协调度始终保持上升态势，始终下降的却有12个省份。以上结果表明，改革开放以来，中国多数省份城镇家庭恩格尔系数协调度均值呈逐渐下降的态势，结合前文对协调度的说明，该结果表明中国大多数省份城镇家庭与相邻省份城镇家庭在食品消费支出占比发面的变动先趋向于差异性。

表 4-2　　各省份城镇家庭恩格尔系数协调度分时段测算结果

省份	1980~2016 年	1980~1992 年	1993~2001 年	2002~2016 年
北京	0.9969	0.9998	0.9997	0.9930
天津	0.9959	0.9986	0.9974	0.9928
河北	0.9996	0.9997	0.9992	0.9997
辽宁	0.9979	0.9992	0.9980	0.9967
上海	0.9991	0.9998	0.9978	0.9993
江苏	0.9998	0.9999	0.9998	0.9998
浙江	0.9976	0.9991	0.9954	0.9975
福建	0.9973	0.9985	0.9930	0.9988
山东	0.9983	0.9997	0.9967	0.9982
广东	0.9981	0.9992	0.9963	0.9982
海南	0.9924	0.9976	0.9873	0.9911
山西	0.9990	0.9997	0.9998	0.9980
吉林	0.9995	0.9997	0.9997	0.9992
黑龙江	0.9991	0.9998	0.9997	0.9982
安徽	0.9972	0.9991	0.9959	0.9963
江西	0.9995	0.9999	0.9992	0.9994
河南	0.9996	0.9998	0.9998	0.9993
湖北	0.9994	0.9997	0.9992	0.9992
湖南	0.9989	0.9996	0.9989	0.9984
内蒙古	0.9984	0.9992	0.9990	0.9974
广西	0.9993	0.9995	0.9997	0.9989
四川	0.9990	0.9998	0.9997	0.9981
贵州	0.9996	0.9998	0.9989	0.9998
云南	0.9991	0.9994	0.9995	0.9987
陕西	0.9996	0.9997	0.9994	0.9996
甘肃	0.9997	0.9998	0.9993	0.9998
青海	0.9993	0.9995	0.9999	0.9989
宁夏	0.9991	0.9995	0.9995	0.9986

从三大地区的城镇家庭恩格尔系数协调度的均值大小来看（见图4-3），没有哪个地区始终是最大值，也没有哪个地区始终是最小值，但总体来看，西部地区处于最大值的时期最多，而东部地区处于最小值的时期最多。从期初值和期末值来看，在期初，东部、中部和西部三大地区城镇家庭恩格尔系数分别为0.9997、0.9998和0.9994，在期末，三大地区城镇家庭恩格尔系数变为0.9936、0.9983和0.9979，所有地区的期末值均小于期初值，且三大地区期末值之间的差异要明显大于期初值之间的差异，表明三大地区在城镇家庭恩格尔系数方面的差异有所拉大。从均值的变动趋势来看，东部地区前半段考察期呈下降趋势，之后的变动则缺乏规律性，经历了多轮先升后降的过程，每次向上波动之后，总会伴随向下波动的过程，且最后一轮下降幅度尤其明显，而中部和西部地区的均值都大致呈下降趋势。另外，三大地区的城镇家庭恩格尔系数在1992年之前的变动具有一致性，之后则呈现差异化变动，进而导致期末值差异明显。上述结果表明，改革开放以来，中国三大地区内部各省份之间在城镇家庭食品消费支出占比方面的变动趋向于差异性，尤其是东部地区。

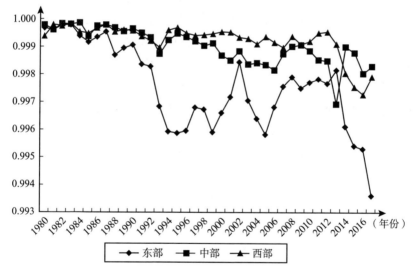

图4-3 城镇家庭恩格尔系数协调度分地区测算结果

注：图中城镇家庭恩格尔系数协调度分地区数值差值较小，为体现数据波动情况，故纵轴未从原点开始。

通过对城镇家庭恩格尔系数协调度的分析可知，相邻省份在城镇家庭消费结构方面更多的是表现出差异性的特征，且这种特征具有加剧的态势，该结果一方面与消费文化有关，另一方面与经济发展水平有关，而这两种因素是相互交织共同作用于家庭消费结构。不同地区在收入增加的过程中，受当地消费文化的影响，在消费结构调整方面自然会产生差异，而这种差异是长期积淀的结果，比如有些地区在收入增加的过程中，更注重投资而非消费，追求长期利益而非短期享受，这种情况最容易发生在经济发展已经处于较高水平的地区，对生活在这些地区的家庭而言，增加消费带来的幸福感增量或边际幸福感较小，他们更加重视如何使自己的收入保值增值。

三、城镇家庭恩格尔系数泰尔指数分析①

接下来将通过对城镇家庭恩格尔系数进行分解对城镇家庭恩格尔系数的地区差异进行分析，在具体分析过程中，首先从全国层面切入，将总体差异分解为地区内差异和地区间差异，其次从分地区层面切入，分析三大地区的总体差异。全国层面城镇家庭恩格尔系数总体差异代表全部省份之间的差异，三大地区城镇家庭恩格尔系数总体差异则是三大地区内部省份之间的差异，所以地区间差异就是三大地区之间的差异。

根据图 4 - 4 可知，在全国层面，从整个变动过程来看，总体差异主要是由于地区内差异所引起的，两者的变动轨迹几乎重合，且地区内差异在所有时点都是大于地区间差异的。在期初，总体差异为 0.0023，地区内差异为 0.0021，占比约为 93.58%，地区间差异为 0.0002，占比约为 6.42%，地区内差异与地区间差异在绝对水平上相差 0.0019，在相对水平上前者是后者的 14.59 倍，而到了期末，总体差异为 0.0083，地区内差异为 0.0082，占比扩大至 98.71%，地区间差异为 0.0001，占比缩小至 1.29%，地区内差异与地区间差异在绝对水平上相差 0.0081，在相对水平上前者是后者的 76.53 倍。由此可见，到了期末，地区内差异的主导地位有所增强。从变动趋势来看，总体差异与地区内差异的变动趋势更加接近，都大致呈现先升后降再升的趋势，尽管中间存在多次波动，但每次下降幅度都小于上升幅度，从而使得每次波动的期末值都要高于期初值，且在 2011 年之后，还经历了一轮持续的显著上升过程，对冲了之前连续几年下降的趋势。反观地区间差异，则始终在低水平徘徊，每次波动的上升幅度与下降幅度接近。由于泰尔指数上升表明地区差异扩大，所以上述结果表明，从全国层面来看，城镇家庭恩格尔系数的差异呈扩大的趋势，且主要是各地区内部的差异所致，与地区间的差异性关系不大，这可能与消

---

① 具体测算结果见附录三。

费活动的空间限制有关系，因为消费活动无法像投资活动那样受空间限制程度较小。

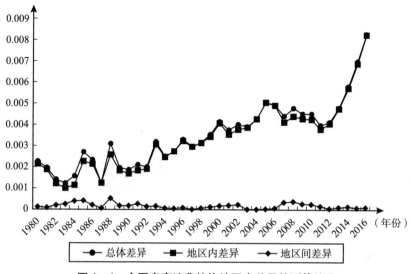

图 4 - 4 全国家庭消费结构地区内差异的测算结果

三大地区总体差异的变动过程与全国层面总体差异最为接近，都大致呈现先升后降再升态势（见图 4 - 5）。从三大地区总体差异的相对大小来看，中部和西部地区之间的差异较小，两者能够保持相对同步的变动，而东部地区与其他两大地区之间的差异则较大。从期初值和期末值来看，在期初，东部地区的总体差异为 0.0037，中部地区的总体差异为 0.0004，西部地区的总体差异为 0.0017，而在期末，东部地区的总体差异为 0.0121，中部地区的总体差异为 0.0061，西部地区的总体差异为 0.0054，所有地区的总体差异期末值都要大于期初值，中部地区总体差异有了明显扩大，东部和中部地区总体差异也有所扩大，但相对幅度较小。另外，无论是期初值还是期末值，西部地区都更加接近于中部地区。从变动趋势来看，尽管三大地区均大致呈先升后降再升态势，但中部和西部地区的变动相对平稳一些，而东部地区则相对复杂一些，每次波动的幅度都更大。上述结果表明，三大地区内部各省份在城镇家庭消费结构方面的差异随着改革的深入并没有相应缩小，反而有所扩大，尤其是 2012 年之后，差异进入快速上升轨道。但差异的扩大并非说明家庭从消费方面获得的满足感降低，因为在家庭通过消费提升幸福感的过程中，除了注重数量方面的增加，还有质量方面的提升，而后者就包括多样性消费，尽管本章采用的数据无法直接反映每个家庭在消费层面的多样性，但从地区差异的角度来看，包括前面对协调度的分析结果来看，宏观层面和总数据仍然间接反映了这种追求差异性消费的特征。

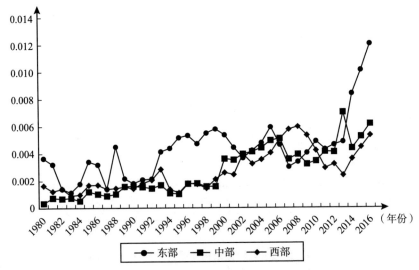

图 4 - 5　三大地区家庭消费结构地区内差异的测算结果

以上对城镇家庭消费结构演变过程的分析结果表明，改革开放以来，城镇家庭消费结构得到了明显的改善，具体表现在食品支出占总支出的比重持续下降。与此同时，不同地区的城镇家庭在消费结构方面的差异性却并未有所缩小，反而呈逐渐扩大的态势，这一方面是由地区间经济发展不平衡所致，另一方面则是由于消费升级过程中，对消费差异化追求所致。

第五节　要素市场化配置改革与区域消费结构升级互动效应分析

本节将利用 PVAR 模型，具体分析要素价格扭曲与城镇家庭消费结构升级之间的互动关系。其中，要素价格扭曲直接使用第二章的测算结果，城镇家庭消费结构则用前文的恩格尔系数来测度。

一、模型设定

首先，对数据平稳性进行检验（见表 4 - 3）。为了保证检验结果的稳健性，采用了两种面板单位根检验方法。

表 4 - 3 数据单位根检验

变量	IPS	Fisher ADF
ddisw	0. 0000	0. 0000
ddisr	0. 0000	0. 0019
deng	0. 0000	0. 0000

注：表中 IPS、ADF 检验汇报的均为相关检验所对应的 P 值；相关检验的原假设均为"数据存在单位根"。

根据表 4 - 3 可知，所有检验都在 10% 的水平上拒绝了原假设，从而表明数据都是平稳的。

其次，对模型最优滞后阶数进行检验（见表 4 - 4）。根据最优滞后阶数检验判断标准，应选择检验值最小的滞后阶数。

表 4 - 4 模型最优滞后阶数检验

ddisw&deng	MBIC	MAIC	MQIC
1	- 36. 4895 ***	20. 7048	- 1. 1817
2	- 33. 6030	4. 5266	- 10. 0645 ***
3	- 19. 1429	- 0. 0781 ***	- 7. 3736
ddisr&deng	MBIC	MAIC	MQIC
1	- 28. 1913 ***	29. 0030	7. 1165
2	- 27. 7750	10. 3545 ***	- 4. 2365 ***
3	- 2. 1226	16. 9422	9. 6467

注：*** 表示最优滞后阶数。

根据表 4 - 4 可知，劳动力价格扭曲与城镇家庭消费结构升级，以及资本价格扭曲与城镇家庭消费结构升级对应的模型，最优滞后阶数均为 2 阶。

最后，对变量之间的因果关系进行 Granger 因果关系检验（见表 4 - 5）。Granger 因果关系检验涉及的自由度由前面最优滞后阶数决定。

表4-5   Granger 因果关系检验

因果变量	结果变量	原假设	检验值	自由度	P 值
ddisw&deng	*ddisw*	*deng* 不是 *ddisw* 的 Granger 原因	4.2540	2	0.1190
	deng	*ddisw* 不是 *deng* 的 Granger 原因	3.1290	2	0.2090
ddisr&deng	*ddisr*	*deng* 不是 *ddisr* 的 Granger 原因	7.3570	2	0.0250
	deng	*ddisr* 不是 *deng* 的 Granger 原因	2.3350	2	0.3110

注：Granger 因果检验的原假设为"不存在 Granger 因果关系"。

根据表4-5可知，在15%的水平上，城镇家庭消费结构升级是劳动力价格扭曲的 Granger 因果原因，也是资本价格扭曲的 Granger 因果原因。

二、动态冲击分析

首先，利用 PVAR 模型的脉冲响应分析劳动力价格扭曲与城镇家庭消费结构升级之间的互动关系（见图4-6）。

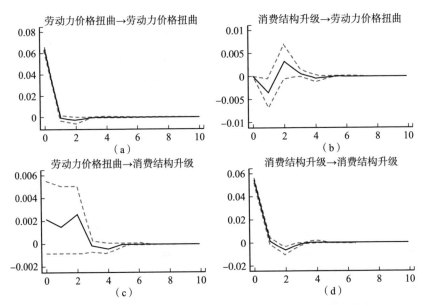

图4-6　劳动力价格扭曲与城镇家庭消费结构升级的脉冲响应

注：图中的虚线为冲击对应的95%置信区间。

从变量冲击对自身的影响来看，城镇家庭恩格尔系数增加一个单位标准差所形成的冲击将导致自身以向上波动为主。从城镇家庭消费结构升级冲击对劳动力价格扭曲的影响来看，城镇家庭恩格尔系数增加一个单位标准差所形成的冲击将导致劳动力价格扭曲先向下波动，而后进入向上波动过程，之后便向均衡值收敛，尽管向上波动和向下波动的幅度相似，但向下波动的影响是显著的，故从总的结果来看，冲击之后，劳动力价格扭曲有所减少。从劳动力价格扭曲冲击对城镇家庭消费结构升级的影响来看，劳动力价格扭曲增加一个单位标准差所形成的冲击将导致城镇家庭恩格尔系数先向上波动，而后进入向下波动过程，之后便开始向均衡值收敛，向上波动的幅度大于向下波动幅度，故从总的结果来看，冲击之后，城镇家庭恩格尔系数有所增加，由于恩格尔系数减小意味着消费结构升级，所以降低劳动力价格扭曲有助于推动城镇家庭消费结构升级。以上结果表明，从相互影响来看，推动劳动力市场化配置改革，降低劳动力价格扭曲有助于加速城镇家庭消费结构升级，但城镇家庭消费结构升级，恩格尔系数减少将会在短期内加剧劳动力价格扭曲，因此，劳动力市场化配置改革与城镇家庭消费结构升级并不存在相互推动的循环累计因果关系。

接下来，将利用 PVAR 模型的脉冲响应分析资本价格扭曲与城镇家庭消费结构升级之间的互动关系（见图 4-7）。

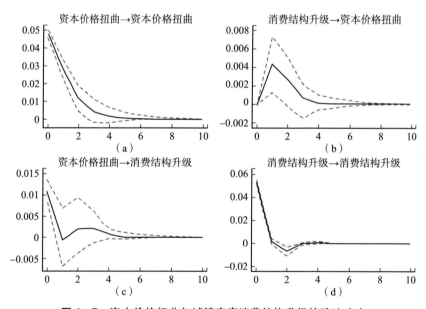

图 4-7　资本价格扭曲与城镇家庭消费结构升级的脉冲响应

注：图中的虚线为冲击对应的 95% 置信区间。

根据图 4-7 可知，从城镇家庭消费结构升级冲击对资本价格扭曲的影响来看，城镇家庭恩格尔系数增加一个单位标准差所形成的冲击将导致资本价格扭曲向上波动，波动幅度经历了先增后减的过程，之后便向均衡值收敛，故从总的结果来看，冲击之后，资本价格扭曲有所增加。从资本价格扭曲冲击对城镇家庭消费结构升级的影响来看，资本价格扭曲增加一个单位标准差所形成的冲击将导致城镇家庭恩格尔系数向上波动，故从总的结果来看，冲击之后，城镇家庭恩格尔系数有所增加，由于恩格尔系数减小意味着消费结构升级，所以降低资本价格扭曲有助于推动城镇家庭消费结构升级。以上结果表明，从相互影响来看，推动资本市场化配置改革，降低资本价格扭曲有助于加速城镇家庭消费结构升级，且城镇家庭消费结构升级，恩格尔系数减少将会降低资本价格扭曲，因此，资本市场化配置改革与城镇家庭消费结构升级存在相互推动的循环累计因果关系。

三、异质性分析

接下来将根据要素价格扭曲大小，把研究样本划分为低要素价格扭曲和高要素价格扭曲两种情形，然后进行异质性分析。

首先，分析劳动力价格扭曲程度的不同情形。在低劳动力价格扭曲情形中（见图4-8），城镇家庭消费结构升级冲击将导致劳动力价格扭曲先向下波动后向上波动，以向下波动为主，但上述影响是不显著的，而劳动力价格扭曲冲击将导致城镇家庭恩格尔系数先向下波动后向上波动，以向下波动为主，且上述影响是显著的。

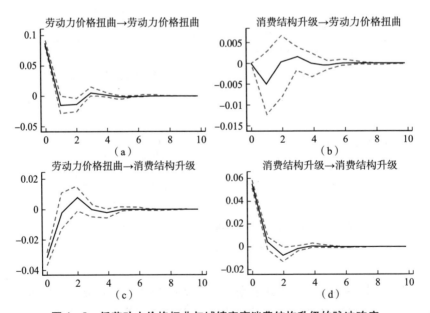

图4-8 低劳动力价格扭曲与城镇家庭消费结构升级的脉冲响应

注：图中的虚线为冲击对应的95%置信区间。

在高劳动力价格扭曲情形中（见图4-9），城镇家庭消费结构升级冲击将导致劳动力价格扭曲先向下波动后向上波动，以向上波动为主，但上述影响是不显著的，与低劳动力价格扭曲情形相比，城镇家庭消费结构升级冲击对劳动力价格扭曲的影响幅度更大。劳动力价格扭曲冲击将导致城镇家庭恩格尔系数先向下波动后向上波动，以向上波动为主，且上述影响是显著的，与低劳动力价格扭曲情形相比，劳动力价格扭曲冲击对经济增长的影响幅度更小。与全国层面的结果对比可知，在高劳动力价格扭曲情形中，劳动力价格扭曲与消费结构升级之间的互动关系主导了全国层面的互动关系。

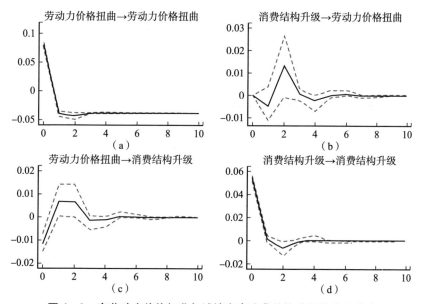

图4-9 高劳动力价格扭曲与城镇家庭消费结构升级的脉冲响应

注：图中的虚线为冲击对应的95%置信区间。

接下来将分析资本价格扭曲程度的不同情形。在低资本价格扭曲情形中（见图4-10），无论是城镇家庭消费结构升级冲击对资本价格扭曲的影响，还是资本价格扭曲冲击对城镇家庭消费结构升级的影响，都是不显著的。

在高资本价格扭曲情形中（见图4-11），城镇家庭消费结构升级冲击将导致资本价格扭曲向上波动，上述影响是显著的。资本价格扭曲冲击将导致城镇家庭恩格尔系数先向下波动再向上波动，但上述影响是不显著的。与全国层面的结果对比可知，在高资本价格扭曲情形中，资本价格扭曲与消费结构升级之间的互动关系同样主导了全国层面的互动关系。

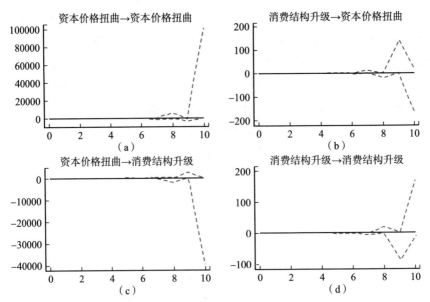

图4-10　低资本价格扭曲与城镇家庭消费结构升级的脉冲响应

注：图中的虚线为冲击对应的95%置信区间。

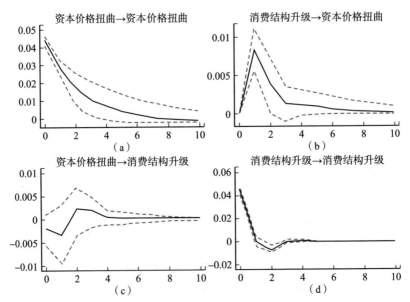

图4-11　高资本价格扭曲与城镇家庭消费结构升级的脉冲响应

注：图中的虚线为冲击对应的95%置信区间。

四、稳健性分析

接下来将采用与第三章同样的方法对前面的脉冲响应分析所得结论进行稳健性分析，即借鉴已有研究，将生产函数的参数按照美国的估计值进行设定，即资本产出弹性和劳动力产出弹性的参数值设定为0.3和0.7（Hsieh & Klenow，2009）。

在劳动力价格扭曲情形下（见图4-12），城镇家庭消费结构升级冲击将导致劳动力价格扭曲先向下波动再向上波动，劳动力价格扭曲冲击将导致城镇家庭恩格尔系数先向上波动再向下波动，从而表明前面的分析结论是稳健的。

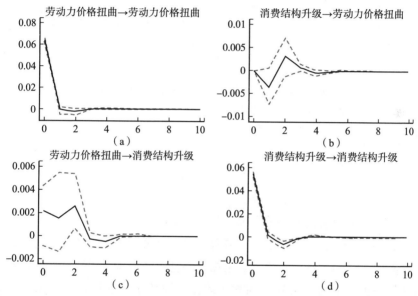

图4-12 劳动力价格扭曲与城镇家庭消费结构升级的脉冲响应

注：图中的虚线为冲击对应的95%置信区间。

在资本价格扭曲情形下（见图4-13），城镇家庭消费结构升级冲击将导致资本价格扭曲向上波动，资本价格扭曲冲击将导致城镇家庭恩格尔系数向上波动，从而表明前面的分析结论是稳健的。

综上可知，从要素市场化配置改革与城镇家庭消费结构升级的相互影响来看，劳动力市场化配置改革有助于推动城镇家庭消费结构升级，而资本市场化配置改革与城镇家庭消费结构升级之间存在相互促进的互动效应。异质性分析发现，在高要素价格扭曲的地区，加速消费结构升级对要素价格扭曲抑制作用更大，且降低要素价格扭曲对消费结构升级的促进作用也更大。

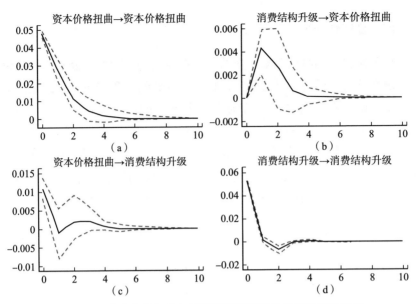

图 4 – 13 资本价格扭曲与城镇家庭消费结构升级的脉冲响应

注：图中的虚线为冲击对应的 95% 置信区间。

第六节 本 章 小 结

创新驱动与消费驱动是中国经济未来实现稳定增长的关键，两者相辅相成，创新驱动从供给端发力，消费驱动从需求端发力，两者正好可以形成具有内生性的经济增长模式。根据罗斯托（Rostow, 1991）经济成长阶段论，一国经济增长可划分为六个阶段，即传统社会阶段、准备起飞阶段、起飞阶段、走向成熟阶段、大众消费阶段和超越大众消费阶段，其中，最后两个阶段均具有消费驱动的特征，可见其将步入消费型社会视为一国经济发展的最终目标。本章利用恩格尔系数，结合 1980～2017 年省级层面城镇和农村的相关数据，对中国改革开放以来家庭消费结构的演变轨迹进行了系统分析，并利用 PVAR 模型，从要素价格扭曲视角切入，探讨了要素市场化配置改革与消费结构之间的互动关系，得到的主要结论如下：

第一，从城镇家庭恩格尔系数的测算结果来看，改革开放以来，城镇家庭恩格尔系数呈现明显的下降趋势。然而，恩格尔系数随时间波动的程度却有所加剧，表明影响家庭食品消费方面的支出不确定有所增加。另外，尽管三大地区的城镇家庭恩格尔系数呈下降趋势，但地区内各省份之间的差异却越来越明显。城镇家庭恩格尔系数协调度和泰尔指数的分析结果均表明，在地区间城镇家庭消费结构方面更多的是表现出差异性的特征，且这种特征具有加剧的态势。

第二，从要素市场化配置改革和城镇家庭恩格尔系数之间的互动效应来看，劳动力价格扭曲降低有助于推动城镇家庭消费结构升级，而资本价格扭曲降低与城镇家庭消费结构升级之间存在相互促进的循环累计因果关系。总体来看，推动要素市场化配置改革有助于加速城镇家庭消费结构升级。

转向消费驱动的经济增长模式是一个系统性工程，个人主义者认为消费行为是个人选择的结果，但从现实来看，消费行为的塑造并非绝对自由，消费是在一个社会与文化的框架内决定的，消费者无法自由选择消费（Douglas & Isherwood，1996）。通过回顾改革开放以来中国家庭消费结构的演变，一个简单的结论就是，随着经济发展，中国家庭消费结构在改善，但在这一结论背后，还有社会发展大环境的演变。所以，本书认为推动消费结构升级，是一个系统的工程，需要经济发展，但不仅仅需要经济发展。

第五章　要素市场化配置改革
与区域产业结构升级

第一节　研　究　背　景

伴随经济总量的增长和质量的提升，中国产业结构也步入了服务业快速发展阶段，然而，由于服务业自身对经济增长的带动作用相对较弱，怎样能更好地推动产业结构升级仍面临诸多挑战。在中国产业结构演变过程中（见图5-1），在改革开放之前，中国产业结构已经历了第二产业超越第一产业的过程，即工业化快速发展阶段，而且在改革开放之后的很长一段时间里，第二产业一直都是 GDP 占比最高的产业，直到 2012 年，第三产业超过第二产业，成为 GDP 占比最高的产业。中国第三产业，尤其是服务业近些年发展迅速，数据显示，2016 年，中国服务业实际使用外资885.6 亿美元，占比达 70%，同比增长 14.7%；中国对外直接投资中服务业投资占比超过 70%；服务贸易总额达到 6575 亿美元，规模居世界第二位。[①] 尽管目前中国已经步入了第三产业占比超过第二产业占比的发展阶段，但相较于发达国家，甚至一些发展中国家，中国第三产业占比依然较低。2015 年，中国第三产业增加值占 GDP 比重为 50.26%，同期，英国为79.94%、俄罗斯为 62.65%、印度为 52.97%。[②] 以上数据表明，中国产业结构升级仍有较大的成长空间，且市场化改革以来，产业结构升级态势稳健，随着要素市场化配置改革成为市场化改革下一步的重点，探讨要素市场化配置改革对产业结构升级的影响便具有重要的现实意义。

[①]　资料来源：《中国服务业开放"好戏连台"》，中国政府网，http：//www. gov. cn/xinwen/2017 - 06/06/content_5200107. htm。

[②]　资料来源：世界银行经济与增长数据库，https：//data. worldbank. org. cn/topic/economy-and-growth？view = chart。

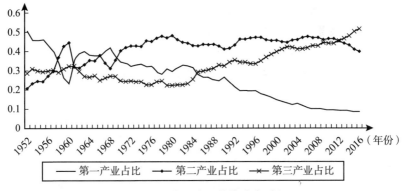

图 5 - 1　中国产业结构演变过程

资料来源：中国经济社会大数据研究平台—国内生产总值类别，https：//data. cnki. net/v3/ YearData/Analysis。

现有研究主要从定性分析角度，对改革开放以来中国区域产业结构发展阶段及其特征进行了系统的分析，但缺乏定量方面的系统分析。关于要素价格扭曲与经济增长之间的关系，也主要研究进入 21 世纪的情形，而较少从改革开放的视角切入。为了弥补上述不足，本章首先从均值和变异系数的角度对改革开放以来区域产业结构的轨迹进行描述，其次结合协调度和泰尔指数分析，从相邻省份和地区差异两个角度进一步解释区域产业结构的特征。为了探讨要素市场化配置改革与产业结构之间的互动关系，本章将利用 PVAR 模型，从要素价格扭曲视角切入，分析要素价格扭曲与产业结构之间的互动效应。

第二节　机 制 分 析

从要素价格扭曲对产业结构升级的影响来看，无论是劳动力价格扭曲，还是资本价格扭曲，都将通过降低要素配置效率的途径抑制产业结构升级。要素的合理配置是推动产业结构升级的关键，因为产业结构升级的过程就是要素在不同产业之间进行配置的结果，而市场价格机制在上述配置过程中起到了重要的信号传递作用。当要素市场存在价格扭曲时，要素流动所依据的价格信号便失去了其指导作用，主要表现为技术含量高的要素可能会流入技术含量低的产业，而这些要素是否能够流入合适的产业是推动产业结构升级的主力。具体来看，为了推动产业结构不断升级，地方政府可能会采取过度的补贴政策，即对相关产业的要素价格进行"补贴"，吸引更多的企业和劳动力流入，企业就会利用这类政策高薪引进技术含量高的要素，但这些企业所需要的技术与这些要素所供给的技术并不完全匹配。长期来看，由于价格扭曲所引起的上述错配不仅可能不利于本产业生产效率的提升，也将不利于其他产业生产效率的提升，因为这些要素如果流向与其技术水平匹配的产业中去，可以提高其他产业的生产效率。除此之外，要素价格扭曲也会影响技术含量低的要素流入，因为这些要素并不具有推动产业结构升级的直接效应，所以，地方政府并不会对这些要素的流入进行补贴，但从产业结构升级的过程来看，不仅需要高技术含量要素的引导，还需要低技术含量要素的辅助，只有高低技能要素之间相互配合，才能推动产业结构持续升级。由此可见，要素价格扭曲所导致的要素错配阻碍了要素的自由流动，对产业结构升级产生抑制作用。

从产业结构升级对要素价格扭曲的影响来看，由于同时存在集聚效应和拥挤效应，产业结构升级对要素价格扭曲的影响存在不确定性。从集聚效应的角度来看，产业结构升级伴随着产业集聚现象，出现这一现象的原因在于，产业具有关联性的企业会集聚到一起，能够降低交易成本，并提高沟通效率。当产业集聚到一定规模后，要素便可以更加准确地获得市场信息，然后结合自身生产潜力做出是否流动的决策，搜寻—匹配效率随之提高，要素将会配置到与其生产潜力更加合适的市场机会中去，从而降低了要素价格扭曲。从拥挤效应的角度来看，在产业结构升级的过程中，尤其是在产业开始集聚时，政府为了进一步加速升级进程，可能会采取扭曲要素价格的举措，比如为了吸引更多相关的企业进入，政府会对这些企业的部分税费进行减免，为了吸引更多相关技能水平的劳动力进入，政府的这种定向扶持政策有可能会扭曲企业或劳动力流动决策，导致相关企业或劳动力过多流入，产生拥挤效应，搜寻—匹配效率随之降低，要素难以配置到预期生产潜力更加匹配的市场机会中去，从而加剧了要素价格扭曲。由此可见，产业结构升级对要素价格扭曲的影响方向是不确定的。

以上分析表明，要素价格扭曲与产业结构升级之间存在不对称的互动关系，要素价格扭曲增加对产业结构升级具有负向影响，因此，要素市场化配置改革能够推动产业结构升级，而产业结构升级对要素价格扭曲则既可能是正向影响，也可能是负向影响，影响方向具有不确定性。

第三节　研究设计

关于产业结构（stru），本章将使用第三产业占比来衡量，数据主要来自国家统计局①和《新中国六十年统计资料汇编》，研究样本为我国 30 个省份（不包括西藏、香港、澳门和台湾地区），时间跨度为 1978~2016 年。区域产业结构协调度指数如下：

$$struc_{i,t} = (stru_{i,t} \times stru_{-i,t}) \Big/ \left(\frac{stru_{i,t} + stru_{-i,t}}{2}\right)^2 \qquad (5-1)$$

其中，$struc_{i,t}$ 表示地区 i 的产业结构协调度，$stru_{i,t}$ 表示地区 i 的经济变量取值，$stru_{-i,t}$ 表示地区 i 相邻地区的经济变量取值。当 $stru_{i,t} = stru_{-i,t}$ 时，产业结构协调度得到最大值 1，表明地区 i 的产业结构与其相邻省份的产业结构的变动相一致。协调度越偏离 1，表明二者的偏差越大，意味着区域间产业结构的差异越大。

区域产业结构泰尔指数如下：

$$T = \frac{1}{n} \sum_{i=1}^{n} \left(\frac{stru_i}{strua} \times \ln \frac{stru_i}{strua}\right) \qquad (5-2)$$

$$T_j = \frac{1}{n_j} \sum_{i=1}^{n_j} \left(\frac{stru_{ij}}{strua_j} \times \ln \frac{stru_{ij}}{strua_j}\right) \qquad (5-3)$$

$$T = T_w + T_b = \sum_{j=1}^{3} \left(\frac{n_j}{n} \times \frac{strua_j}{strua} \times T_j\right) + \sum_{j=1}^{3} \left(\frac{n_j}{n} \times \frac{strua_j}{strua} \times \ln \frac{strua_j}{strua}\right) \qquad (5-4)$$

式（5-2）中，T 表示产业结构的总体差异泰尔指数，其大小介于 [0，1] 之间，该值越小，表明产业结构总体差异越小。式（5-3）中，T_j 分别表示三大地区（$j = 1，2，3$）的产业结构的总体差异泰尔指数。i 表示省份，n 表示全国省份总数，n_j 分别表示东北、东部、中部和西部地区省份数量，$stru_i$ 表示省份 i 的产业结构，$stru_{ij}$ 表示地区 j 内省份 i 的产业结构，$strua$ 和 $strua_j$ 分别表示全国产业结构的平均值和地区 j 产业结构的平均值。式（5-4）中，产业结构的泰尔指数进一步分解为地区内差异泰尔指数 T_w 和地区间差异泰尔指数 T_b。

---

① 包括地区数据—分省年度数据—国民经济核算，https：//data. stats. gov. cn/easyquery. htm？cn = E0103。

本章使用的 PVAR 模型的数学表达式为：

$$y_{i,t} = \alpha_i + \beta_0 + \sum_{j=1}^{p} \beta_j y_{i,t-j} + \sum_{\lambda=1}^{5} \beta_\lambda x_{i,t} + v_{i,t} + \mu_{i,t} \qquad (5-5)$$

其中，$y_{i,t}$ 是包含内生变量的向量，要素价格扭曲和产业结构相关指标，假设每一个截面的基本结构相同，采用固定效应模型，引入反映个体异质性的变量 α_i。$x_{i,t}$ 是控制变量，主要从经济规模、经济结构、经济开放度、人口规模和政府干预等层面控制其他影响因素。$v_{i,t}$ 用于反映个体时点效应，以体现在同一时点的不同截面上可能受到的共同冲击。$\mu_{i,t}$ 是随机扰动项，假设服从正态分布。

第四节 区域产业结构的演变

在具体分析过程中，首先从分时段切入，分析各省份分时段的家庭恩格尔系数均值和变异系数，其次从分地区切入，分析东部、中部和西部三大地区的家庭恩格尔系数的均值和变异系数，其中，三大地区的家庭恩格尔系数主要是通过对地区内所包含省份的数据取平均值得到。另外，分时段的变异系数属于空间固定的时间层面的变异系数，而分地区的变异系数则属于时间固定的空间层面的变异系数，前者强调的是时间层面波动的差异，而后者强调的是空间层面波动的差异。结合相关研究，并根据中国改革开放以来经济发展的阶段性特征，本章将考察期划分为三个时间段，分别是 1978～1991 年、1992～2001 年和 2002～2016 年，分别以"南方谈话"和加入 WTO 为分界点。在以上测算的基础上，进一步对产业结构协调度和泰尔指数进行分析。

一、产业结构测算结果分析

首先对各省份产业结构均值进行比较分析（见表 5 - 1）。根据表 5 - 1 可知，从均值的大小来看，第一个时间段内，大部分省份的均值在 0.2～0.3 之间，而到了第三个时间段内，大部分省份的均值则在 0.4～0.5 之间，第三产业对经济发展的重要性日益增加。具体来看，在整个时间段内，均值最大的是北京，为 0.5624，最小的是河南，为 0.2848；在第一个时间段内，均值最大的是北京，为 0.3272，最小的是江苏，为 0.2064；在第二个时间段内，均值最大的是北京，为 0.6216，最小的是河南，为 0.2950；在第三个时间段内，均值最大的是北京，为 0.7425，最小的是河南，为 0.3271。由此可见，均值最大的北京，第三产业在改革开放之初就占据了主导地位，而均值最小的地区，在进入 21 世纪之后的这段时期，其第三产业占比依然较低。换句话说，地区之间的差异是显著的，部分地区已经进入了服务业时代，而部分地区还处于制造业时代。

表 5-1　　　　　　　　　　各省份产业结构分时段测算结果

省份	均值				时间层面变异系数			
	1978～2016 年	1978～1991 年	1992～2001 年	2002～2016 年	1978～2016 年	1978～1991 年	1992～2001 年	2002～2016 年
北京	0.5624	0.3272	0.6216	0.7425	0.3565	0.1741	0.2180	0.0554
天津	0.3812	0.2700	0.4133	0.4634	0.2478	0.1234	0.1071	0.0861
河北	0.3108	0.2514	0.3268	0.3556	0.1818	0.1886	0.0416	0.0694
辽宁	0.3379	0.2329	0.3760	0.4105	0.2771	0.2983	0.0481	0.0914
上海	0.4316	0.2549	0.4570	0.5797	0.3558	0.1875	0.1470	0.1067
江苏	0.3154	0.2064	0.3278	0.4088	0.3096	0.1919	0.0867	0.1239
浙江	0.3421	0.2439	0.3395	0.4355	0.2698	0.2042	0.0660	0.0894
福建	0.3523	0.2897	0.3685	0.3998	0.1715	0.1982	0.0447	0.0296
山东	0.3044	0.2154	0.3247	0.3739	0.2764	0.2677	0.0608	0.1330
广东	0.3903	0.2975	0.4105	0.4633	0.2146	0.1577	0.1243	0.0571
海南	0.3960	0.2911	0.4455	0.4609	0.2237	0.1461	0.0488	0.0980
山西	0.3594	0.2669	0.4092	0.4126	0.2444	0.2002	0.1193	0.1415
吉林	0.3188	0.2326	0.3459	0.3811	0.2445	0.2224	0.1337	0.0591
黑龙江	0.3076	0.2152	0.3028	0.3971	0.3091	0.2747	0.0768	0.1558
安徽	0.3052	0.2193	0.3219	0.3744	0.2482	0.1684	0.0966	0.0843
江西	0.3109	0.2346	0.3476	0.3576	0.2177	0.1655	0.1240	0.0751
河南	0.2848	0.2321	0.2950	0.3271	0.2003	0.2054	0.0538	0.1295
湖北	0.3146	0.2092	0.3273	0.4046	0.2898	0.1863	0.1082	0.0518
湖南	0.3271	0.2172	0.3444	0.4182	0.2897	0.2025	0.1111	0.0509
内蒙古	0.3525	0.2985	0.3715	0.3902	0.1631	0.1814	0.0993	0.0666
广西	0.3350	0.2714	0.3553	0.3808	0.1730	0.1523	0.0701	0.0615
四川	0.3477	0.2235	0.4026	0.4270	0.3051	0.2096	0.1376	0.1101
贵州	0.3216	0.2406	0.3408	0.3844	0.2267	0.1520	0.1029	0.0953
云南	0.3273	0.2092	0.3179	0.4437	0.3294	0.1522	0.1144	0.0788

省份	均值				时间层面变异系数			
	1978 ~ 2016 年	1978 ~ 1991 年	1992 ~ 2001 年	2002 ~ 2016 年	1978 ~ 2016 年	1978 ~ 1991 年	1992 ~ 2001 年	2002 ~ 2016 年
陕西	0.3277	0.2256	0.3456	0.4111	0.2720	0.2303	0.0710	0.0575
甘肃	0.3390	0.2500	0.3967	0.3836	0.2318	0.2084	0.1076	0.0660
青海	0.3481	0.2637	0.3614	0.4180	0.2267	0.1697	0.1104	0.0936
宁夏	0.3639	0.3199	0.3986	0.3818	0.1330	0.1054	0.0870	0.0977

从变动趋势来看,无论是比较第二个和第一个时间段,还是比较第三个和第二个时间段,绝大多数省份的均值都呈上升趋势。在第二个时间段,全部省份的均值都要高于第一个时间段,其中,变动幅度最大的是北京,为 89.99%,变动幅度最小的是内蒙古,为 24.46%,而在第三个时间段,也有 28 个省份的均值高于第二个时间段,出现均值下降的省份是陕西和青海,变动幅度最大的是贵州,为 39.58%,变动幅度最小的是山西,为 0.82%。进一步从期初值和期末值来看,所有省份的第三产业占比均有所提高,其中,变动幅度最大的是上海,为 275.03%,变动幅度最小的是广西,为 57.68%。由此可见,改革开放以来,尽管在早期发展战略中更加注重制造业的发展,但服务业也取得了相应的发展,产业结构因此不断升级。

接下来将对各省份产业结构时间层面变异系数进行比较分析。根据表 5-1 可知,从变异系数的大小来看,在整个时间段内,变异系数最大的是北京,为 0.3565,最小的是宁夏,为 0.1330;在第一个时间段内,变异系数最大的是辽宁,为 0.2983,最小的是宁夏,为 0.1054;在第二个时间段内,变异系数最大的是北京,为 0.2180,最小的是河北,为 0.0416;在第三个时间段内,变异系数最大的是黑龙江,为 0.1558,最小的是福建,为 0.0296。从变异系数变动趋势来看,比较第二个和第一个时间段,除了北京,其他省份的变异系数均有所减少,比较第三个和第二个时间段,也有 19 个省份的变异系数有所减少。从整个时间段来看,产业结构时间层面变异系数始终下降的省份有 18 个,而没有始终上升的省份。由于时间层面变异系数主要反映的是某一省份产业结构随时间波动的情况,故上述结果表明,多数省份产业结构呈现波动程度减轻的态势,尽管进入 21 世纪以来,部分省份随时间的波动程度有所增加。结合前面对省级层面均值的分析，改革开放以来，多数省份不仅第三产业占比不断提升，其随时间的波动程度也有所下降，表明产业结构升级的进程相对平稳。

下面将进一步从分地区角度对产业结构进行分析。从三大地区产业结构均值的大小来看（见图 5－2），西部地区在改革开放之初是均值最大的地区，而在 1988 年之后，东部地区便取代西部地区，成为均值最大的地区，与之相对应，中部地区一直都是均值最小的地区。从均值的变动趋势来看，三大地区的均值都呈先升后降再升态势，且由于两轮上升过程的幅度更大，所以期末值要明显高于期初值，第一轮上升期为在 20 世纪末截止，第二轮上升期则在 2010 年之后开启。在期初，东部、中部和西部三大地区的均值分别为 0.2040、0.1824 和 0.2058，而到了期末，三大地区的均值分别上升至 0.5421、0.4588 和 0.4519。然而，东部地区与其他两大地区之间的差异却有所扩大，成为唯一的一个第三产业占比超过 50% 的地区。

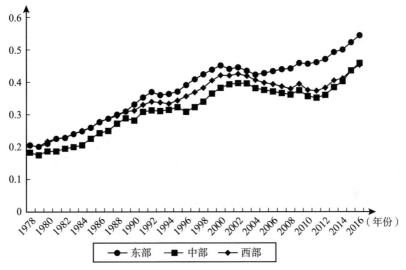

图 5－2　三大地区产业结构均值的测算结果

从空间层面变异系数大小来看（见图 5－3），同样没有哪个地区始终是最大值或最小值，但在多数时期内，东部地区都是变异系数最大的地区，而中部地区在早期是变异系数最小的地区，西部地区在后期是变异系数最小的地区。从变异系数的变动趋势来看，三大地区的变动未呈现明显的规律性，东部和西部地区经历了三个先升后降的过程，中部地区则是经历了四个先升后降的过程。在改革开放之初，东部和西部地区的变异系数接近，大于中部地区，而到了期末，中部和西部地区的变异系数更加接近，且都小于东部地区。在期初，东部、中部和西部三大地区的变异系数分别为 0.1817、0.0946 和 0.1778，而到了期末，三大地区的变异系数分别变为 0.2111、0.1248 和 0.0705，由此可见，只有西部地区的变异系数的期末值小于期初值。根据前文对空间层面变异系数的说明，其主要反映的是地区内部各省份产业结构的差异，所以上述结果表明，改革开放以来，除了西部地区，其他两大地区内部各省份的产业结构的差异都有所加剧。进一步结合前文三大地区的均值分析，改革开放以来，尽管三大地区产业结构不断升级，但东部和中部地区内部各省份之间的差异却有所加剧，尤其是东部地区，在快速升级的同时却也伴随差异的快速加剧，只有西部地区在产业结构升级的同时，各省份之间的差异有所缩小，这可能与发展条件有关，西部地区本身就是重点发展旅游产业，而该产业属于第三产业，所以从产业结构升级的角度来看，西部地区具有比较优势，而旅游产业相对来说具有区域性，很难形成地方保护主义发展模式，所以，地区之间在产业结构升级方面的那种割据式竞争在西部地区不会像东部和中部地区那样明显。

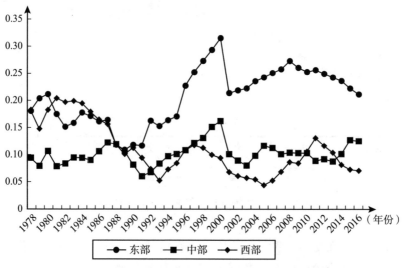

图 5 - 3　三大地区产业结构空间层面变异系数测算结果

二、产业结构协调度分析

从均值的大小来看（见表 5 - 2），在整个时间段内，均值最大的是江苏，为 0.9987，均值最小的是贵州，为 0.9845；在第一个时间段内，均值最大的是河北，为 0.9996，均值最小的是海南，为 0.9880；在第二个时间段内，均值最大的是北京，为 0.9997，均值最小的是贵州，为 0.9713；在最后一个时间段内，均值最大的是辽宁，为 0.9986，均值最小的是湖南，为 0.9831。从变动趋势来看，比较第二个和第一个时间段，协调度均值上升的有 17 个省份，东部地区就有 5 个，中部地区仅有 5 个，西部地区 7 个，其中，变动幅度最大的是北京，为 −5.18%，变动幅度最小的是安徽和江西，均为 0.01%。比较第三个和第二个时间段，协调度均值上升的有 16 个省份，东部地区有 5 个，中部地区有 5 个，西部地区有 6 个。变动幅度最大的是北京，为 −2.12%，变动幅度最小的是上海和河南，均为 0.01%。从整个时间段来看，协调度均值始终上升的只有江苏、福建、黑龙江、湖南、青海和宁夏这 6 个省份，始终下降的只有北京、天津和河北这 3 个省份。在所有分时段情形中，协调度都在 0.91 ~ 1.00 之间，表明省份内部城镇家庭和农村家庭恩格尔系数的变动具有较高的同步性。以上结果表明，改革开放以来，中国多数省份与其相邻省份在产业结构变动方面同时经历了异质性和差异性的过程，只有少数省份能够保持同步性。

表 5 - 2　　　　　　　　各省份产业结构协调度分时段测算结果

省份	1978 ~ 2016 年	1978 ~ 1991 年	1992 ~ 2001 年	2002 ~ 2016 年
北京	0.9977	0.9975	0.9997	0.9967
天津	0.9969	0.9943	0.9979	0.9985
河北	0.9974	0.9996	0.9934	0.9978
辽宁	0.9979	0.9988	0.9953	0.9986
上海	0.9928	0.9905	0.9952	0.9933
江苏	0.9987	0.9992	0.9993	0.9980
浙江	0.9983	0.9985	0.9978	0.9984
福建	0.9977	0.9993	0.9993	0.9954
山东	0.9944	0.9985	0.9864	0.9957
广东	0.9910	0.9989	0.9921	0.9838
海南	0.9879	0.9880	0.9801	0.9922
山西	0.9908	0.9973	0.9835	0.9898
吉林	0.9950	0.9983	0.9923	0.9939
黑龙江	0.9930	0.9883	0.9904	0.9983

省份	1978~2016 年	1978~1991 年	1992~2001 年	2002~2016 年
安徽	0.9952	0.9994	0.9821	0.9992
江西	0.9950	0.9990	0.9919	0.9934
河南	0.9931	0.9994	0.9861	0.9919
湖北	0.9918	0.9968	0.9818	0.9933
湖南	0.9880	0.9988	0.9811	0.9831
内蒙古	0.9885	0.9920	0.9831	0.9886
广西	0.9930	0.9978	0.9862	0.9928
四川	0.9896	0.9946	0.9838	0.9889
贵州	0.9845	0.9900	0.9713	0.9875
云南	0.9894	0.9926	0.9794	0.9923
陕西	0.9947	0.9965	0.9888	0.9965
甘肃	0.9911	0.9950	0.9847	0.9916
青海	0.9907	0.9942	0.9804	0.9937
宁夏	0.9916	0.9950	0.9814	0.9946

从三大地区的产业结构协调度的均值大小来看（见图 5 - 4），没有哪个地区始终是最大值或最小值，早期中部地区均值最大，西部地区最小，大约在 1990 年之后，西部地区在多数年份都是均值最大的地区，而东部地区则始终是均值最小的地区。从均值的变动趋势来看，三大地区的均值变动并未呈现出明显的规律性，但在 1990~2000 年之间，三大地区的均值都经历了下降的过程，尤其是东部地区，正是因为次轮下降过程，导致东部地区在后期始终是均值最小的地区，尽管在刚进入 21 世纪之初出现了一轮显著的上升过程，但仍难以对冲前期下降的幅度。在期初，东部、中部和西部地区的均值分别为 0.9944、0.9973 和 0.9902，到了期末，三大地区的均值分别变为 0.9889、0.9945 和 0.9978，由此可见，只有西部地区的协调度均值有所上升。上述结果表明，改革开放以来，随着产业结构的不断升级，各省份与其相邻省份在产业结构变动方面并未呈现出明显的同步性，而是在同步性与异步性之间徘徊。另外，尽管中部和西部地区产业结构升级水平不如东部地区，但其同步性更高。

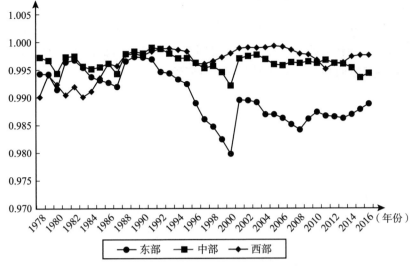

图 5 - 4   三大地区产业结构协调度测算结果

注：图中三大地区产业结构协调度数值差值较小，为体现数据波动情况，故纵轴未从原点开始。

三、产业结构泰尔指数分析①

接下来将通过对产业结构泰尔指数进行分解对产业结构的地区差异进行分析，在具体分析过程中，首先从全国层面切入，将总体差异分解为地区内差异和地区间差异，其次从分地区层面切入，分析三大地区的总体差异。全国层面产业结构总体差异代表全部省份之间的差异，三大地区产业结构总体差异则是三大地区内部省份之间的差异，所以地区间差异就是三大地区之间的差异。

在全国层面，地区内差异在所有时点都是大于地区间差异的，且地区内差异与总体差异变动的契合度更高（见图 5 - 5）。在期初，总体差异为 0.0134，地区内差异为 0.0121，占比约为 90.41%，地区间差异为 0.0013，占比约为 9.59%，而到了期末，总体差异为 0.0139，地区内差异为 0.0102，占比缩小至 73.38%，地区间差异为 0.0037，占比扩大至 26.62%。由此可见，早期阶段，地区内差异的主导地位明显，但在后期阶段，地区内差异的影响逐渐减弱，而地区间差异的影响逐渐增强。从变动趋势来看，所有层面的差异都大致经历了三轮先升后降的过程，值得注意的是在第一轮下降过程结束后的一段时期内，地区内差异与地区间差异

① 具体测算结果见附录四。

在水平值上的差异有了明显缩小。另外值得关注的一点是，进入21世纪以来，地区间差异在总体差异中的占比稳步增加，而地区内差异在总体差异中的占比则相应减少，表明地区之间在产业结构方面的差异有所扩大，单纯由地区本身发展所导致的差异则有所缩小。

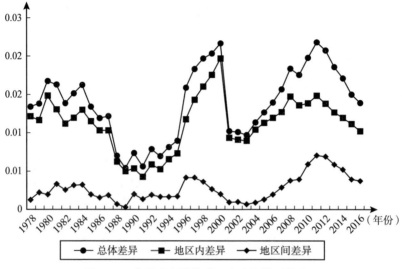

图5-5　全国产业结构地区内差异的测算结果

从三大地区总体差异的大小来看，在1990年之前，东部和西部地区的地区交替成为差异最大的地区，而中部地区则始终是差异最小的地区，在1990年之后，东部地区始终是差异最大的地区，而西部地区在大多数时期都是差异最小的地区（见图5-6）。在期初，东部、中部和西部的总体差异分别为0.0157、0.0039和0.0139，而到了期末，三大地区总体差异分别变为0.0190、0.0066和0.0023，由此可见，只有西部地区的总体差异有所减小。从变动趋势来看，三大地区总体差异的变动并未呈现出明显的规律性，但总体来看，大致都经历了三轮先升后降的过程，这一点也与前面全国层面的分解结果相似。其中，东部地区第二轮先升后降的变动幅度显著，尤其是上升过程，使其在之后的年份一直都是差异最大的地区，中部地区尽管也是第二轮先升后降的变动幅度较大，但相较于东部地区来说，还是相对平缓，西部地区则是第一轮先升后降的变动幅度较大，但也明显小于东部地区第二轮的变动幅度。从各个地区总体差异对全国总体差异的影响来看，在改革开放之初，东部和西部地区对全国总体差异的影响相似，且都大于中部地区，而在1990年之后，东部地区成为影响全国总体差异的主导地区，中部地区在整个过程中的影响都是相对较小且稳定的。

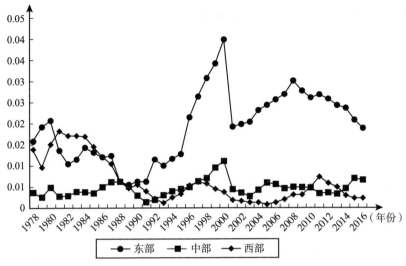

图5-6 三大地区产业结构地区内差异的测算结果

以上分析结果表明，地区内差异是导致产业结构总体差异的主要原因，但近些年，地区间差异有扩大的趋势，而地区内差异则有缩小的趋势。三大地区总体差异的分析结果显示，东部地区对全国层面产业结构总体差异的影响程度最大，西部地区的影响程度逐渐缩小，而中部地区的影响幅度保持在较低水平。因此，下一步在推进产业结构升级的过程中，需要特别关注地区间差异问题以及东部地区产业结构差异问题。

第五节　要素市场化配置改革与区域产业结构升级互动效应分析

本节将利用PVAR模型分析要素价格扭曲与产业结构升级之间的互动关系，其中，要素价格扭曲直接使用第二章的测算结果，产业结构升级则用前文的第三产业占比来测度。为了保证数据的平稳性，在具体分析时，对相应的数据先取对数然后再差分处理。

一、模型设定

首先，为了保证检验结果的稳健性，采用了两种面板单位根检验方法

（见表5－3）。根据表5－3的检验结果，所有检验都在10%的水平上拒绝了原假设，从而表明数据都是平稳的。

表5－3　　　　　　　　　　　　　单位根检验结果

变量	IPS	Fisher ADF
ddisw	0. 0000	0. 0000
ddisr	0. 0000	0. 0011
dstru	0. 0000	0. 0000

注：汇报的是相关检验所对应的P值；相关检验的原假设均为"数据存在单位根"。

　　其次，对模型最优滞后阶数进行检验（见表5－4）。根据最优滞后阶数检验判断标准，应选择检验值最小的滞后阶数。根据表5－4可知，劳动力价格扭曲与产业结构升级对应的模型，其最优滞后阶数为1阶，而资本价格扭曲与产业结构升级对应的模型，其最优滞后阶数为3阶。

表5－4　　　　　　　　　　　　模型最优滞后阶数检验

ddisw&dstru	MBIC	MAIC	MQIC
1	− 55. 5812 ***	3. 1184	− 19. 2090 ***
2	− 41. 4447	− 2. 3117	− 17. 1966
3	− 25. 6394	− 6. 0729 ***	− 13. 5153
ddisr&dstru	MBIC	MAIC	MQIC
1	− 37. 1910 ***	21. 5086	− 0. 8188
2	− 35. 5302	3. 6028	− 11. 2821
3	− 25. 0426	− 5. 4761 ***	− 12. 9186 ***

注：*** 表示最优滞后阶数。

　　最后，对变量之间的因果关系进行Granger因果关系检验（见表5－5）。Granger因果关系检验涉及的自由度由前面最优滞后阶数决定。根据表5－5可知，在10%的水平上，劳动力价格扭曲是产业结构升级的Granger因果原因，在15%的水平上，资本价格扭曲与产业结构升级之间互为Granger因果原因。

表 5 – 5   **Granger 因果关系检验**

因果变量	结果变量	原假设	检验值	自由度	P 值
ddisw&dstru	ddisw	dstru 不是 ddisw 的 Granger 原因	0.1240	1	0.7250
	dstru	ddisw 不是 dstru 的 Granger 原因	18.1110	1	0.0000
ddisr&dstru	ddisr	dstru 不是 ddisr 的 Granger 原因	5.9590	3	0.1140
	dstru	ddisr 不是 dstru 的 Granger 原因	10.0770	3	0.0180

注：Granger 因果检验的原假设为"不存在 Granger 因果关系"。

二、动态冲击分析

首先利用 PVAR 模型的脉冲响应分析法探讨劳动力价格扭曲与产业结构升级之间的互动关系（见图 5 – 7）。从变量自身冲击对自身的影响来看，无论是劳动力价格扭曲，还是产业结构升级，其自身增加一个单位标准差所形成的冲击都将导致自身以向上波动为主。从产业结构升级冲击对劳动力价格扭曲的影响来看，第三产业占比增加一个单位标准差所形成的冲击将导致劳动力价格扭向下波动，且波动幅度经历了先增后减的过程，故从总的结果看，冲击之后，劳动力价格扭曲有所减少，但产业结构升级冲击对劳动力价格扭曲的影响并不显著。从劳动力价格扭曲冲击对产业结构升级的影响来看，劳动力价格扭曲增加一个单位标准差所形成的冲击将导致产业结构升级先向下波动再向上波动，但以向下波动为主，故从总的结果看，冲击之后，第三产业占比有所减少，与产业结构升级冲击对劳动力价格扭曲的影响不同，劳动力价格扭曲冲击对产业结构升级的影响是显著的。以上结果表明，从相互影响来看，劳动力价格扭曲增加将会显著抑制产业结构升级，而产业结构升级对劳动力价格扭曲的影响则是不显著的，因此，两者之间也并不存在相互促进的循环累计因果关系，但推进劳动力市场化配置改革有助于推动产业结构升级。

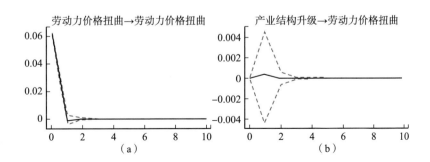

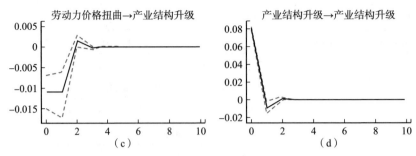

图 5 - 7 劳动力价格扭曲与产业结构升级的脉冲响应

注：图中的虚线为冲击对应的95%置信区间。

接下来将利用 PVAR 模型探讨资本价格扭曲与产业结构升级之间的互动关系（见图 5 - 8）。从产业结构升级冲击对资本价格扭曲的影响看，第三产业占比增加一个单位标准差所形成的冲击将导致资本价格扭曲先向上波动再向下波动，之后便向均衡值收敛，且以向上波动为主，从总的结果看，冲击之后，资本价格扭曲有所增加，但上述影响是不显著的。从资本价格扭曲冲击对产业结构升级的影响看，资本价格扭曲增加一个单位标准差所形成的冲击将导致第三产业占比先向上波动，之后进入长期向下波动过程，且以向下波动为主，从总的结果来看，冲击之后，第三产业占比有所减少，上述影响是显著的。以上结果表明，从相互影响来看，资本价格

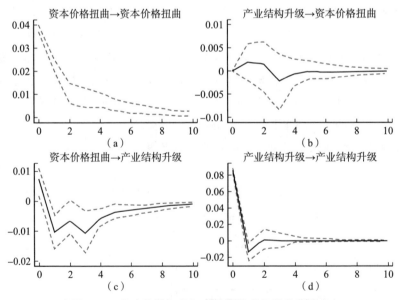

图 5 - 8 资本价格扭曲与产业结构升级的脉冲响应

注：图中的虚线为冲击对应的95%置信区间。

扭曲增加将会抑制产业结构升级，而产业结构升级将会加剧资本价格扭曲，但后者的影响并不显著，因此，资本价格扭曲与产业结构升级之间也不存在相互推动的循环累计因果关系，但推进资本市场化配置改革有助于推动产业结构升级。

三、异质性分析

接下来根据要素价格扭曲大小，将研究样本划分为低要素价格扭曲和高要素价格扭曲两种情形，然后进行异质性分析。

首先，分析劳动力价格扭曲程度的不同情形。在低劳动力价格扭曲情形中（见图 5-9），产业结构升级冲击将导致劳动力价格扭曲以向下波动为主，上述影响是不显著的，而劳动力价格扭曲冲击将导致产业结构升级以向下波动为主，上述影响是显著的。

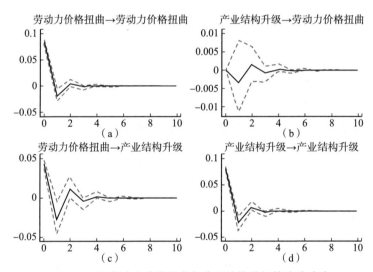

图 5-9　低劳动力价格扭曲与产业结构升级的脉冲响应

注：图中的虚线为冲击对应的 95% 置信区间。

在高劳动力价格扭曲情形中（见图 5-10），产业结构升级冲击将导致劳动力价格扭曲以向下波动为主，上述影响是不显著的，且产业结构升级冲击对劳动力价格扭曲的影响幅度小于低劳动力价格扭曲情形。劳动力价格扭曲冲击将导致产业结构升级向下波动，上述影响是显著的，且劳动力价格扭曲冲击对产业结构升级的影响幅度与低劳动力价格扭曲情形相似。与全国层面的结果对比可知，在高劳动力价格扭曲情形中，劳动力价格扭曲与产业结构升级之间的互动关系主导了全国层面的互动关系。

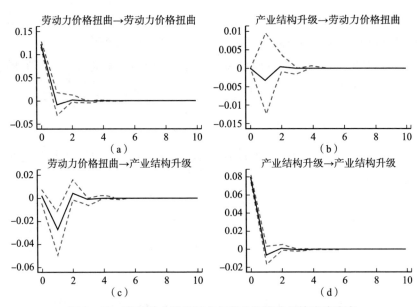

图 5 - 10   高劳动力价格扭曲与产业结构升级的脉冲响应

注：图中的虚线为冲击对应的95%置信区间。

接下来将分析资本价格扭曲程度不同情形。在低资本价格扭曲情形中（见图 5 - 11），无论是产业结构升级冲击对资本价格扭曲的影响，还是资本价格扭曲冲击对产业结构升级的影响，都是不显著的。

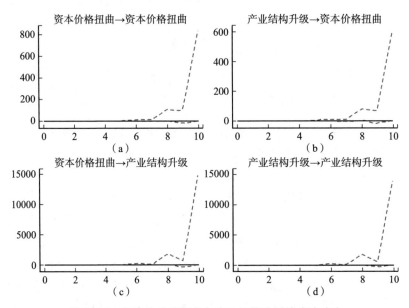

图 5 - 11   低资本价格扭曲与产业结构升级的脉冲响应

注：图中的虚线为冲击对应的95%置信区间。

在高资本价格扭曲情形中（见图5－12），产业结构升级冲击将导致资本价格扭曲先向上波动后向下波动，上述影响是不显著的。资本价格扭曲冲击将导致产业结构升级向下波动，上述影响是不显著的。与全国层面的结果对比可知，在高资本价格扭曲情形中，资本价格扭曲与产业结构升级之间的互动关系主导了全国层面的互动关系。

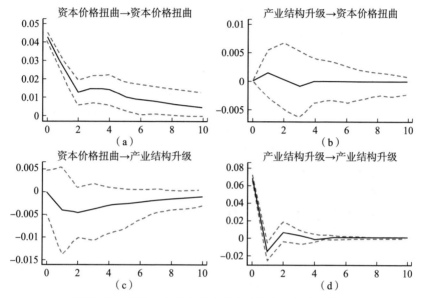

图5－12　高资本价格扭曲与产业结构升级的脉冲响应

注：图中的虚线为冲击对应的95%置信区间。

四、稳健性分析

接下来将采用与第三章同样的方法对前面的脉冲响应分析所得结论进行稳健性分析，即借鉴已有研究，将生产函数的参数按照美国的估计值进行设定，即资本产出弹性和劳动力产出弹性的参数值设定为0.3和0.7（Hsieh & Klenow，2009）。

在劳动力价格扭曲的情形下（见图5－13），产业结构升级冲击将导致劳动力价格扭曲向下波动，但影响也是不显著的，而劳动力价格扭曲冲击将导致产业结构升级向下波动，且影响是显著的，从而表明前面的分析结论是稳健的。

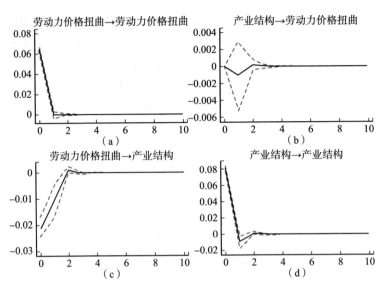

图 5-13 劳动力价格扭曲与产业结构升级的脉冲响应

注：图中的虚线为冲击对应的95%置信区间。

在资本价格扭曲的情形下（见图 5-14），产业结构升级冲击将导致资本价格扭曲先向上波动再向下波动，但影响是不显著的，而资本价格扭曲冲击将导致产业结构升级先向上波动再向下波动，且以向下波动为主，从而表明前面的分析结论是稳健的。

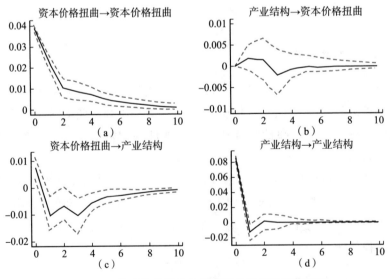

图 5-14 资本价格扭曲与产业结构升级的脉冲响应

注：图中的虚线为冲击对应的95%置信区间。

综上可知，从要素价格扭曲与产业结构升级的相互影响来看，推进劳动力市场化配置改革或资本市场化配置改革有助于推动产业结构升级，而产业结构升级并不会起到降低要素价格扭曲，以及推动生产要素市场化配置改革的作用。异质性分析发现，在高要素价格扭曲的地区，降低要素价格扭曲对产业结构升级促进作用更大。

第六节　本 章 小 结

回顾改革开放以来中国区域经济结构的变迁，一方面是从区域经济结构层面考察改革开放所取得的成果，另一方面也是从区域经济结构升级层面总结发展存在的问题，为下一步更好地推进区域经济发展提供建议。本章首先回顾了改革开放以来，中国区域经济结构的发展阶段，勾勒出区域经济结构的变迁轨迹；其次结合协调度和泰尔指数分析方法，从更加多元的视角，对中国东部、中部和西部三大地区改革开放以来的经济结构变迁进行了分析；最后，利用 PVAR 模型，对要素价格扭曲与产业结构升级之间的互动关系进行了探讨，为要素市场化配置改革和产业结构升级战略寻找契合点。本章研究结果表明：

第一，改革开放以来，多数省份不仅第三产业占比不断提升，其随时间的波动程度也有所下降，表明产业结构升级的进程相对平稳。尽管三大地区产业结构不断升级，但东部和中部地区内部各省份之间的差异却有所加剧，尤其是东部地区，在快速升级的同时却也伴随差异的快速加剧，只有西部地区在产业结构升级的同时，各省份之间的差异也有所缩小。进一步对产业结构协调度进行分析的结果表明，改革开放以来，随着产业结构的不断升级，各省份与其相邻省份在产业结构变动方面并未呈现出明显的同步性，而是在同步性与异步性之间徘徊。另外，尽管中部和西部地区产业结构升级水平不如东部地区，但其同步性更高。

第二，产业结构泰尔指数的分析结果表明，地区内差异是导致产业结构总体差异的主要原因，但近些年，地区间差异有扩大的趋势，而地区内差异则有缩小的趋势。三大地区总体差异的分析结果显示，东部地区对全国层面产业结构总体差异的影响程度最大，西部地区的影响程度逐渐缩小，而中部地区的影响幅度保持在较低水平。

第三，从要素市场化配置改革与产业结构升级的互动效应看，降低要素价格扭曲有助于推动产业结构升级，而产业结构升级并不会起到降低要素价格扭曲的作用。因此，推动要素市场化配置改革能够推动产业结构升级。

第六章　要素市场化配置改革
与区域全要素生产率

第一节　研究背景

改革开放以来，中国成功完成了经济起飞，实现了持续40年GDP年均近9.5%的经济增长，稳居世界第二大经济体而令全球瞩目。[①] 随着中国经济步入新常态发展阶段，转换经济发展模式，即从投资驱动向创新驱动发展模式转换，提高技术对经济发展的推动作用成为推动经济进一步发展的重要战略。根据经济增长基本理论，资本、劳动和全要素生产率是经济增长最重要的源泉，即 $Y = TFPf(K, L)$，TFP 表示全要素生产率，K 表示资本存量，L 表示劳动力投入，通过进一步对经济增长率进行分解可知，影响经济增长的因素可以归纳为两类，一类是要素数量投入的增长，另一类则是要素生产率的增长。改革开放以来，以丰富的劳动力资源为基础，依托高投资和出口导向型发展模式，中国经济发展取得显著成就，增长速度远远超过其他发展中大国。但是，随着老龄化问题的逐渐加剧，人口红利将逐渐消失，而资本形成和出口即使是要维持现有的水平都已经是非常困难，何况还要进一步快速增长（杨汝岱，2015）。在要素资源日益稀缺的情况下，通过提升要素生产率来实现增加产出的集约发展模式正被提到更加重要的位置。在上述转变过程中，越来越多的研究开始关注全要素生产率方面的研究，测算全要素生产率的相关研究也逐渐增加（孙传旺等，2010；童长凤，2012；田友春等，2017）。全要素生产率又称索洛余量，衡量的是经济增长中要素投入增加所不能解释的部分，比如生产技术

---

① 资料来源：《波澜壮阔四十载　民族复兴展新篇》，中国政府网，http://www.gov.cn/xinwen/2018－08/27/content_5319209.htm。

进步或管理能力改善所带来的经济增长。关于全要素生产率的影响因素，现有研究大多支持 R&D 溢出、产业集聚、基础设施等诸多实体经济因素都会对全要素生产率产生影响，但是影响的程度和方向并没有一个统一的结论（Bernstein & Nadiri，1991；黄先海和石东楠，2005；范剑勇等，2014；刘秉镰等，2010；张浩然和衣保中，2012）。

本章将从三大地区层面出发分析要素生产率的演变，进一步从协调度和泰尔指数的角度，对全要素生产率的变迁进行分析，前者侧重于收敛性分析，后者侧重于区域差异分析。近年来，越来越多的学者开始关注要素市场扭曲抑制了要素配置效率，进而对要素生产率产生负面影响，而且通过比较研究，他们均认为发展中国家的要素市场不够发达、行政干预较多等导致其要素市场扭曲（Hsieh & Klenow，2009；Restuccia & Rogerson，2017）。本章首先利用数据包络分析法和增长核算法相结合的方式对省级层面全要素生产率进行测度，并从均值、时间层面变异系数和空间层面变异系数的角度入手，揭示区域全要素生产率的演变。其次，利用协调度和泰尔指数两种分析方法，从地区收敛和地区差异角度切入，进一步揭示全要素生产率的变动特征。最后，利用 PVAR 模型，从要素价格扭曲视角切入，探讨要素市场化配置改革与全要素生产率之间的互动关系。

第二节　理论分析

从要素价格扭曲对全要素生产率的影响来看，要素价格扭曲对全要素生产率既可能产生推动作用，也可能产生抑制作用。现有研究认为要素价格扭曲的存在会降低资源配置效率进而对全要素生产率产生负向影响，最终表现在收入水平的差异。然而，上述分析忽略了经济发展的动态维度，将市场化程度高且经济发展水平较高的样本与市场化程度低且经济发展水平较低的样本进行对比分析，一方面可以为后者寻找推动经济发展的方式，另一方面也可能会忽略掉前者在发展初期所采用的一些举措，而这些举措在前者经济发展到一定规模后就被取消了。根据发展经济学的相关理论，要素积累是实现经济增长的前提，而在要素积累的过程中，要素之间的互动便会成为推动全要素生产率提升的力量。从企业发展的角度来看，随着要素的不断积累，企业生产活动会逐渐进入规模经济状态，此时，不需要过多的研发投入或技术改造，劳动力分工便会推动全要素生产率的提升。当要素积累使得企业生产逐渐从规模经济转向规模不经济时，企业也会相应地进行研发投入或者技术改进，从而推动全要素生产率的提升。因此，尽管通过要素积累的途径实现经济增长存在边际效果递减的问题，且不利于企业早期就进行研发投入，但在经济发展到一定规模之前，要素积累依然会对全要素生产率产生推动作用。基于以上分析可知，在经济发展的初期阶段，要素价格扭曲将通过加速要素积累的渠道对全要素生产率产生促进作用。需要注意的是，根据发达国家目前的发展情况可以初步判断，在经济发展到一定规模后，即在经济增长模式转变的时期，继续扭曲要素价格将会对全要素生产率产生抑制作用，必须让市场机制发挥资源配置的决定性作用。

从全要素生产率对要素价格扭曲的影响来看，其作用机制与经济增长对要素价格扭曲的影响相似，全要素生产率提高将通过推动政府治理能力建设和扩大市场交易信息两个渠道对要素价格扭曲产生抑制作用，从而加速要素市场化配置改革。现有研究表明，地方政府对要素市场定价机制的干预行为以及市场信息的搜寻匹配低效是导致要素价格扭曲的主因，且两者都会阻碍要素的有效配置。从政府对要素市场的干预行为角度来看，全要素生产率提高意味着经济效率提高，释放的市场活力要求市场机制的逐步完善，而且相较于经济增长，经济效率对市场价格机制的依赖更强。随着市场化改革的不断推进，市场价格机制对要素配置过程的指导作用越来越具有决定性，从而对政府治理能力建设进程形成压力，为了保证市场机制对经济增长的推动作用，政府治理模型将逐步从"干预型治理模式"转向"服务型治理模式"，对要素市场定价机制的干预程度会逐渐降低。从市场信息的搜寻匹配角度来看，伴随经济效率的不断提高和市场机制的不断完善，企业家群体愈发活跃，更加前沿且多样的市场机遇被挖掘出来，加之信息技术的加速推进，信息传递成本快速下降，劳动力和资本可以获得更加准确且多元化的市场信息，搜寻匹配效率也会相应提高，市场供求趋向平衡，进而使得劳动力和资本的边际产出与支付价格趋同，要素价格扭曲程度逐渐减小。基于以上分析可知，全要素生产率提高有助于降低要素价格扭曲并推动要素市场化配置改革。

以上分析表明，要素价格扭曲与全要素生产率之间存在不对称的互动关系，在经济发展到一定阶段之前，要素价格扭曲对全要素生产率具有正向影响，即扭曲要素价格能够推动全要素生产率提高，全要素生产率提高对要素价格扭曲则具有负向影响，即推动全要素生产率提高有助于降低要素价格扭曲，推动要素市场化配置改革。正是由于推动全要素生产率提高会显著降低要素价格扭曲，所以采用扭曲要素价格的方式提高全要素生产率不具有可持续性。

第三节 研 究 设 计

全要素生产率的估算一般均是从对生产函数的假定开始，也即生产函数的设定形式本身就决定了全要素生产率的相应估计方法。根据不同估算全要素生产率的方法进行了总结分类，可以细分为前沿方法与非前沿方法两大类（Massimo et al.，2011）（见表6－1）。全要素生产率测算方面的研究可以追溯到索洛（Solow，1957）关于经济增长的开创性研究，其首次准确量化定义了全要素生产率概念，其经济学含义为经济增长中无法由要素投入所解释的部分。部分提出了非前沿分析中的增长核算法，对全要素生产率的来源做了详细分解（Denison，1962）。在此基础上，针对柯布—道格拉斯生产函数，现实生活中大部分企业无法达到理想的投入—产出最大前沿面，这意味着用于增长核算与全要素生产率测度的柯布—道格拉斯生产函数设定其实存在着改进空间（Farrell，1957）。基于该思想，学者发展出了前沿分析生产函数，加入随机扰动项的函数设定，更为精细地刻画了现实中企业生产所需面临的无效管理、制度漏洞等技术非效率问题，与实际情况更为匹配（Aigner & Chu，1968）。前沿生产函数又可以细分为非参化的确定性方法与参数化的随机方法两类。

表6－1　　　　　　　　全要素生产率估计方法分类

全要素生产率估计方法		前沿方法	非前沿方法
确定性分析		数据包络分析（DEA）	增长核算分析
计量分析	参数法	随机前沿分析（SFA）	生产函数回归分析
	非参数法	—	代理变量法

资料来源：Massimo D G，Adriana D L，Carmelo P. Measuring Productivity [J]. Journal of Economic Surveys，2011，25（5）：952－1008.

本章主要利用 DEA 方法对全要素生产率进行测算，国内生产总值、资本存量和劳动力存量的数据处理方式与第二章测算要素价格扭曲的数据处理方式相同，由于曼奎斯特（Malmquist）指数是全要素生产率的变动率，在测算出全要素生产率 Malmquist 指数后，为了兼顾期初各地区全要素生产率之间的差异，利用增长核算法测算 1978 年的全要素生产率，然后以 1978 年的全要素生产率作为基期，将变动率数据转换为水平值数据。增长核算法过程中生产函数参数的设定取自要素价格扭曲测算过程中的估计结果。

区域全要素生产率协调度指数如下：

$$tfpc_{i,t} = \left(tfp_{i,t} \times tfp_{-i,t}\right) \Big/ \left(\frac{tfp_{i,t} + tfp_{-i,t}}{2}\right)^2 \qquad (6-1)$$

其中，$tfp_{i,t}$ 表示省份 i 的全要素生产率，$tfp_{-i,t}$ 表示省份 i 相邻省份的全要素生产率。当 $tfp_{i,t} = tfp_{-i,t}$ 时，协调度 $tfpc_{i,t}$ 得到最大值 1，表明地区 1 的要素生产率与其周围地区的要素生产率达到最优协调度，$tfpc_{i,t}$ 值越偏离 1，表明二者的偏差越大。

区域全要素生产率泰尔指数如下：

$$T = \frac{1}{n} \sum_{i=1}^{n} \left(\frac{tfp_i}{tfpa} \times \ln \frac{tfpe_i}{tfpa}\right) \qquad (6-2)$$

$$T_j = \frac{1}{n_j} \sum_{i=1}^{n_j} \left(\frac{tfp_{ij}}{tfpa_j} \times \ln \frac{tfp_{ij}}{tfpa_j}\right) \qquad (6-3)$$

$$T = T_w + T_b = \sum_{j=1}^{3} \left(\frac{n_j}{n} \times \frac{tfpa_j}{tfpa} \times T_j\right) + \sum_{j=1}^{3} \left(\frac{n_j}{n} \times \frac{tfpa_j}{tfpa} \times \ln \frac{tfpa_j}{tfpa}\right) \qquad (6-4)$$

式（6-2）中，T 表示全要素生产率的总体差异泰尔指数，其大小介于 [0，1] 之间，该值越小，表明全要素生产率总体差异越小。式（6-3）中，T_j 分别表示三大地区（$j=1$，2，3）的全要素生产率的总体差异泰尔指数。i 表示省份，n 表示全国省份总数，n_j 分别表示东部、中部和西部地区省份数量，tfp_i 表示省份 i 的全要素生产率，tfp_{ij} 表示地区 j 内省份 i 的全要素生产率，$tfpa$ 和 $tfpa_j$ 分别表示全国全要素生产率的平均值和地区 j 全要素生产率的平均值。式（6-4）中，全要素生产率的泰尔指数进一步分解为地区内差异泰尔指数 T_w 和地区间差异泰尔指数 T_b。

本章使用的 PVAR 模型的数学表达式为：

$$y_{i,t} = \alpha_i + \beta_0 + \sum_{j=1}^{p} \beta_j y_{i,t-j} + \sum_{\lambda=1}^{5} \beta_\lambda x_{i,t} + v_{i,t} + \mu_{i,t} \qquad (6-5)$$

其中，$y_{i,t}$ 是包含内生变量的向量，要素价格扭曲和全要素生产率相关指标，假设每一个截面的基本结构相同，采用固定效应模型，引入反映个体异质性的变量 α_i。$x_{i,t}$ 是控制变量，主要从经济规模、经济结构、经济开放度、人口规模和政府干预等层面控制其他影响因素。$v_{i,t}$ 用于反映个体时点效应，以体现在同一时点的不同截面上可能受到的共同冲击。$\mu_{i,t}$是随机扰动项，假设服从正态分布。

第四节　区域全要素生产率的演变

本节将对中国不同时间段和不同地区要素生产率的变迁进行分析。在具体分析过程中，将分析对象集中于东部、中部和西部三大地区的要素生产率均值和变异系数。三大地区的要素生产率主要是通过对地区内所有省份的数据取平均值得到，而关于变异系数则需要进一步说明：这里测算的变异系数可以理解为是地区层面的变异系数，根据本章对三大地区要素生产率的定义，与之对应可以得到每一年三大地区内部的变异系数，即用每一年三大地区内部所有省份要素生产率的均值和标准差求得，用于衡量三大地区内部要素生产率的差异。根据中国市场化改革和对外开放的阶段性特征，将考察期划分为三个时间段，分别是 1978~1991 年、1992~2001 年和 2002~2016 年，其中第一阶段属于市场化改革和对外开放探索期，第二阶段则属于市场化改革和对外开放初建期，以"南方谈话"为分界点，第三阶段则属于市场化改革和对外开放加速期，以中国加入 WTO 为分界点。

一、全要素生产率测算结果分析

从全要素生产率均值的大小来看，在每个时间段内，均值最大的省份和最小的省份都主要在东部地区（见表 6-2）。在整个时间段内，均值最大的是北京，为 3.5804，最小的是贵州，为 0.5588；在第一个时间段内，均值最大的是上海，为 0.9374，最小的是贵州，为 0.2057；在第二个时间段内，均值最大的是上海，为 2.6719，最小的是贵州，为 0.5366；在第三个时间段内，均值最大的是北京，为 7.8061，最小的是贵州，为 0.9032。从均值的变动趋势来看，比较第二个和第一个时间段，所有省份的全要素生产率均值都有所上升，比较第三个和第二个时间段，同样所有省份的全要素生产率均值都有所上升。将不同时间段联系起来看，所有省份的全要素生产率均值都始终保持上升趋势。根据上述结果可知，改革开放以来，全要素生产率上升势头明显，是推动经济增长的重要因素。

表 6 - 2 各省份全要素生产率的分时段测算结果

省份	均值				时间层面变异系数			
	1978～2016 年	1978～1991 年	1992～2001 年	2002～2016 年	1978～2016 年	1978～1991 年	1992～2001 年	2002～2016 年
北京	3.5804	0.4717	1.5939	7.8061	1.0880	0.1533	0.4168	0.3903
天津	1.9629	0.5347	1.5368	3.5799	0.7452	0.1388	0.2604	0.2384
河北	1.3982	0.2990	1.1863	2.5655	0.7558	0.3811	0.2794	0.1943
辽宁	1.4893	0.4570	1.3219	2.5643	0.6618	0.2024	0.2569	0.1873
上海	3.5170	0.9374	2.6719	6.4880	0.7728	0.1025	0.2534	0.2724
江苏	1.3083	0.3494	1.0175	2.3970	0.7871	0.1677	0.2381	0.3196
浙江	1.3213	0.6446	1.1791	2.0478	0.5062	0.2450	0.0976	0.1859
福建	1.5159	0.3630	1.6102	2.5292	0.6709	0.4768	0.2017	0.2079
山东	1.8273	0.3280	1.4241	3.4954	0.8257	0.3681	0.3067	0.2390
广东	1.6884	0.4077	1.4923	3.0144	0.7096	0.4179	0.2455	0.1596
海南	1.5524	0.3941	1.5030	2.6664	0.6738	0.3335	0.1634	0.1844
山西	0.9288	0.2843	0.8640	1.5737	0.6382	0.2598	0.2301	0.1548
吉林	1.2463	0.3470	1.1094	2.1769	0.6720	0.3164	0.2674	0.1350
黑龙江	1.2751	0.3678	1.1855	2.1815	0.6539	0.1879	0.2889	0.1433
安徽	0.9813	0.3701	1.0955	1.4755	0.5419	0.3255	0.2099	0.1864
江西	0.9663	0.2382	0.8314	1.7358	0.7640	0.3556	0.2475	0.2981
河南	0.7131	0.2669	0.7923	1.0767	0.5340	0.3181	0.1855	0.1549
湖北	1.4192	0.3603	1.1590	2.5810	0.7881	0.3287	0.2318	0.3288
湖南	0.9125	0.3332	0.9578	1.4230	0.5850	0.3485	0.1695	0.2510
内蒙古	1.3148	0.2894	0.8926	2.5532	0.8759	0.3190	0.2823	0.3344
广西	0.7431	0.2710	0.8867	1.0879	0.5310	0.4796	0.1431	0.1629
重庆	0.8857	0.2333	0.8210	1.5378	0.7473	0.4154	0.1881	0.3447
四川	0.7934	0.2773	0.9336	1.1816	0.5785	0.3837	0.1908	0.2662
贵州	0.5588	0.2057	0.5366	0.9032	0.6643	0.4023	0.1362	0.3707
云南	0.8102	0.2620	0.8955	1.2650	0.5938	0.5226	0.1547	0.2111
陕西	0.8973	0.2408	0.7161	1.6307	0.7687	0.2932	0.2188	0.3005

省份	均值				时间层面变异系数			
	1978 ~ 2016 年	1978 ~ 1991 年	1992 ~ 2001 年	2002 ~ 2016 年	1978 ~ 2016 年	1978 ~ 1991 年	1992 ~ 2001 年	2002 ~ 2016 年
甘肃	0.7432	0.2392	0.7396	1.2159	0.6198	0.3563	0.2329	0.1957
青海	0.9694	0.2511	0.8032	1.7505	0.7421	0.4014	0.2185	0.2463
宁夏	1.1735	0.2350	0.8453	2.2683	0.8516	0.3774	0.2868	0.2869
新疆	1.1591	0.2760	0.9610	2.1153	0.7581	0.3663	0.2366	0.2435

接下来将对全要素生产率的时间层面变异系数进行比较分析。根据表 6 - 2 可知，从变异系数的大小来看，在整个时间段内，变异系数最大的是北京，为 1.0880，最小的是浙江，为 0.5062；在第一个时间段内，变异系数最大的是云南，为 0.5226，最小的是上海，为 0.1025；在第二个时间段内，变异系数最大的是北京，为 0.4168，最小的是浙江，为 0.0976；在第三个时间段内，变异系数最大的是北京，为 0.3903，最小的是吉林，为 0.1350。从变异系数变动趋势来看，比较第二个和第一个时间段，下降的有 24 个省份，超过半数，比较第三个和第二个时间段，下降的只有 12 个省份，没有超过半数。将不同时间段联系起来看，全要素生产率时间层面变异系数始终下降的省份有 8 个，而始终上升的省份则有 2 个。由于时间层面变异系数主要反映的是某一省份全要素生产率随时间波动的情况，故上述结果表明，大多数省份全要素生产率呈现波动程度先减弱后加剧的态势，结合前文对全要素生产率均值的分析结果，改革开放以来至进入 21 世纪之前，中国多数省份的全要素生产率不仅有所提升，而且稳定性逐渐增强，进入 21 世纪以来，中国多数省份的全要素生产率提升的同时波动加剧。

下面将进一步从东部、中部和西部三大地区的角度对全要素生产率进行分析。从全要素生产率均值的大小来看，东部地区的均值一直是最大的，而西部地区的均值一直都是最小的（见图 6 - 1）。随着改革开放的推进，东部地区的全要素生产率均值与中部地区的差距有所增加，而与西部地区的差距有所缩小。1978 年，东部地区的均值分别是中部和西部地区的 1.8255 倍和 2.6634 倍，而到了 2016 年，上述比值上升为 2.2558 倍和 2.3609 倍。比较初始值和期末值，三大地区的全要素生产率得到了改善，东部地区从 0.3887 降低至 4.8632，中部地区从 0.2130 上升至 2.1558，西部地区从 0.1460 上升至 2.0599。从均值的变动趋势来看，东部地区呈现逐渐上升态势，中部和西部地区则呈现先升后降再升态势。

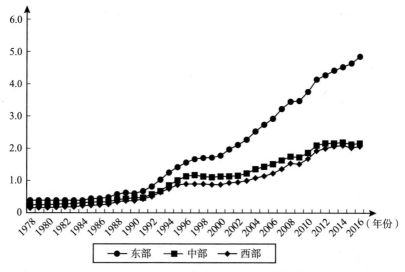

图 6-1　三大地区全要素生产率均值的测算结果

从空间层面变异系数大小来看，东部地区的变异系数一直是最大的，西部地区在早期是变异系数最小的地区，中部地区在后期是变异系数最小的地区（见图 6-2）。在改革开放初期和考察期末，东部地区的变异系数要明显大于中部和西部地区，而在中间阶段，东部地区与中部和西部地区的差异则较小，1978 年，东部地区的变异系数分别是中部和西部地区的 2.1044 倍和 3.2937 倍，而到了 2016 年，上述比值下降为 1.9674 倍和 1.8994 倍。比较初始值和期末值，三大地区的变异系数都变大了，其中，东部地区从 0.6129 上升至 0.6921，中部地区从 0.2913 上升至 0.3518，西部地区从 0.1861 上升至 0.3644。从变异系数的变动趋势来看，三大地区都经历了先降后升的态势。根据前文对空间层面变异系数的说明，其主要反映的是地区内部各省份生产要素价格扭曲的差异，所以上述结果表明，改革开放以来，三大地区内部各省份的全要素生产率的差异先有所缩小后再有所扩大，且同样是进入 21 世纪以来差异有所增加。结合前文三大地区均值的分析结果，三大地区在均值上升的同时地区内部各省份之间的差异并没有明显缩小，反而有所扩大。

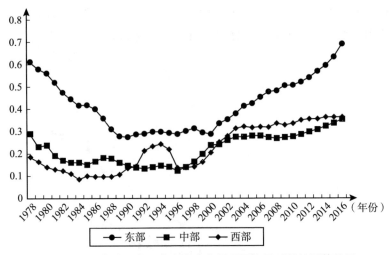

图 6-2　三大地区全要素生产率空间层面变异系数的测算结果

综合以上分析，三大地区全要素生产率在改革开放之后取得了显著提升，全要素生产率已经成为推动经济增长的重要因素。在全要素生产率稳步上升的同时，全要素生产率随时间变动程度先减弱后增强，与此同时，地区内部各省份之间的差异也是先缩小后扩大。

二、全要素生产率协调度分析

接下来将利用前文测算得到的全要素生产率，结合空间权重矩阵，构建全要素生产率协调度指数，并主要对其不同时段的均值进行分析。

从全要素生产率协调度均值的大小来看，无论是从整个时间段看，还是分时间段看，绝大多数省份的协调度均值都处于 0.9 以上，表明省份与其相邻省份全要素生产率的变动具有较高的一致性（见表 6-3）。在整个时间段内，均值最大的是海南，为 0.9966，均值最小的是上海，为 0.8287；在第一个时间段内，均值最大的是安徽，为 0.9986，均值最小的是上海，为 0.8978；在第二个时间段内，均值最大的是吉林，为 0.9998，均值最小的上海，为 0.8318；在第三个时间段内，均值最大的是江苏和重庆，为 0.9994，均值最小的是上海，为 0.7622。

表 6-3　　　各省份全要素生产率协调度的分时段测算结果

省份	1978~2016 年	1978~1991 年	1992~2001 年	2002~2016 年
北京	0.9264	0.9883	0.9907	0.8258
天津	0.9754	0.9695	0.9933	0.9689

省份	1978～2016 年	1978～1991 年	1992～2001 年	2002～2016 年
河北	0.9863	0.9766	0.9996	0.9865
辽宁	0.9790	0.9539	0.9871	0.9972
上海	0.8287	0.8978	0.8318	0.7622
江苏	0.9535	0.9426	0.9501	0.9660
浙江	0.9732	0.9689	0.9837	0.9702
福建	0.9858	0.9830	0.9732	0.9969
山东	0.9580	0.9974	0.9741	0.9106
广东	0.9689	0.9857	0.9828	0.9440
海南	0.9966	0.9978	0.9969	0.9953
山西	0.9932	0.9971	0.9990	0.9858
吉林	0.9964	0.9946	0.9998	0.9958
黑龙江	0.9902	0.9838	0.9923	0.9947
安徽	0.9837	0.9986	0.9983	0.9600
江西	0.9557	0.9266	0.9554	0.9830
河南	0.9465	0.9934	0.9754	0.8834
湖北	0.9622	0.9840	0.9789	0.9307
湖南	0.9915	0.9924	0.9985	0.9859
内蒙古	0.9921	0.9973	0.9962	0.9846
广西	0.9805	0.9940	0.9940	0.9589
重庆	0.9948	0.9872	0.9984	0.9994
四川	0.9888	0.9938	0.9742	0.9938
贵州	0.9599	0.9790	0.9365	0.9575
云南	0.9935	0.9980	0.9923	0.9901
陕西	0.9944	0.9950	0.9882	0.9980
甘肃	0.9787	0.9973	0.9924	0.9523
青海	0.9957	0.9980	0.9951	0.9939
宁夏	0.9928	0.9960	0.9982	0.9861
新疆	0.9832	0.9943	0.9879	0.9697

从协调度均值的变动趋势来看，比较第二个和第一个时间段，全要素生产率协调度均值上升的有 13 个省份，比较第三个和第二个时间段，全要素生产率协调度均值上升的有 8 个省份。将不同时间段联系起来看，全

要素生产率协调度均值始终上升的有 5 个省份，始终下降的则有 14 个省份。以上结果表明，改革开放以来，全要素生产率协调度呈现先增加后减少的态势，根据前文对全要素生产率扭曲协调度的说明，该结果表明中国多数省份与其相邻省份的全要素生产率的变动先趋向于一致性后趋向于异质性。

　　下面将从三大地区的角度对全要素生产率协调度进行分析。从全要素生产率协调度均值的大小来看，西部地区在大多数年份都是协调度均值最大的地区，而东部地区则始终是协调度均值最小的地区（见图 6 - 3）。改革开放以来，三大地区协调度均值之间的差异经历了先缩小后扩大的过程，1978 年，西部地区的均值分别是东部地区和中部地区的 1. 0394 倍和 1. 0140 倍，而到了 2016 年，上述比值上升为 1. 0588 倍和 1. 0305 倍。比较初始值和期末值，所有地区的均值都有所降低，东部地区从 0. 9510 下降至 0. 9219，中部地区从 0. 9749 下降至 0. 9472，西部地区从 0. 9885 下降至 0. 9761，东部地区的下降幅度最大。从均值的变动趋势来看，东部和中部地区大致经历了先升后降的过程，西部地区则大致经历了两轮先升后降的过程，且以第一轮的上升过程和第二轮的下降过程为主。上述结果进一步表明，改革开放以来，中国多数省份与其相邻省份的全要素生产率的变动先趋向于一致性，后趋向于异质性。

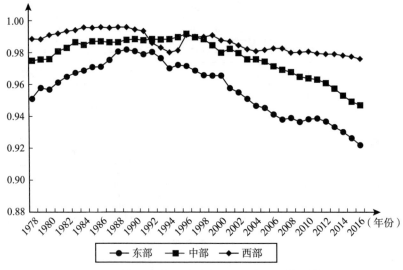

图 6 - 3　三大地区全要素生产率协调度均值的测算结果

　　注：图中三大地区全要素生产率协调度均值数值差值较小，为体现数据波动情况，故纵轴未从原点开始。

三、全要素生产率泰尔指数分析①

接下来将利用全要素生产率泰尔指数对全要素生产率的地区差异进行分析。在具体分析过程中，首先从全国层面切入，将总体差异分解为地区内差异和地区间差异；其次从分地区层面切入，分析三大地区的总体差异。全国层面全要素生产率总体差异代表全部省份之间的差异，三大地区全要素生产率总体差异则是三大地区内部省份之间的差异，所以地区间差异就是三大地区之间的差异。

从全国层面的测算结果来看，全要素生产率的地区差异呈先缩小后扩大的态势，且地区内差异和地区间差异接近（见图 6 - 4）。在期初，总体差异为 0.1799，地区内差异为 0.0922，占比约为 51.28%，地区间差异为 0.0876，占比约为 48.72%，而到了期末，总体差异上升至 0.2103，地区内差异上升至 0.1229，占比约为 58.45%，地区间差异略微缩小至 0.0874，占比约为 41.55%。由此可见，到了期末，地区内差异的主导地位有所增强，但地区间差异在 1995 ~ 2009 年间要大于地区内差异，占据主导地位。从变动趋势来看，总体差异和地区内差异都大致经历了先降后升的过程，地区间差异则大致经历了两轮先降后升的过程，第一轮变动幅度明显大于第二轮变动幅度。以上结果表明，改革开放以来，全要素生产率的地区差异不仅体现在地区内部省份之间的差异，还体现在三大地区之间的差异。另外，进入 21 世纪以来，全要素生产率的地区差异呈现逐渐扩大的态势。

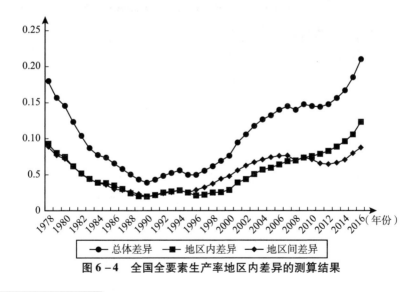

图 6 - 4　全国全要素生产率地区内差异的测算结果

---

① 具体测算结果见附录五。

从三大地区层面看，东部地区始终是总体差异最大的地区，西部地区在早期是总体差异最小的地区，之后中部地区成为总体差异最小的地区（见图6-5）。在期初，东部、中部和西部的总体差异分别为0.1439、0.0348和0.0156，而到了期末，三大地区总体差异分别升至0.1743、0.0504和0.0567，由此可见，三大地区的总体差异都有所增加，其中，变动幅度最大的是西部地区，变动幅度最小的是东部地区。从变动趋势来看，三大地区的总体差异大致都经历了先降后升的过程，且中部和西部地区以上升过程为主，这一点也与前面全国层面的分析结果相似。从各个地区总体差异对全国总体差异的影响看，东部地区的影响是最大的，其在期初和期末的总体差异水平都要明显大于中部和西部地区的总体差异。

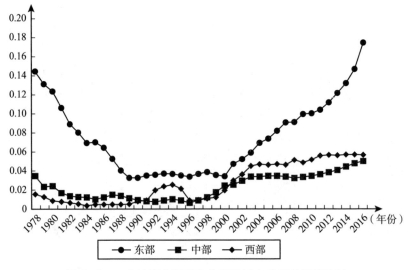

图6-5　三大地区全要素生产率地区内差异的测算结果

以上分析结果表明，改革开放以来，地区全要素生产率方面的差异并未呈现稳定的缩小态势，且进入21世纪以来差异逐渐扩大。结合地区层面的分析结果来看，东部地区总体差异的变动是导致全国层面总体差异的主因，尤其是进入21世纪以来，作为经济发展的先行地区，东部地区在实现快速发展的同时，其内部经济效率差异呈现扩大态势，这与市场竞争的波动性有关，随着竞争程度的加剧，要素集聚会导致先发地区的优势逐渐增强，但也正是因为存在市场竞争，新的竞争者也会不断出现，成为推动经济效率提高的动力。

第五节　要素市场化配置改革与区域全要素生产率互动效应分析

本节将利用 PVAR 模型分析要素市场化配置改革与全要素生产率之间的互动关系。其中，要素价格扭曲直接使用第二章的测算结果。为了保证数据的平稳性，在具体分析时，对相应的数据先取对数然后再进行差分处理。

一、模型设定

首先，为了保证检验结果的稳健性，采用了两种面板单位根检验方法。根据表 6 – 4 的检验结果，所有检验都在 10% 的水平上拒绝了原假设，从而表明数据都是平稳的。

表 6 – 4　　　　　　　　　　　单位根检验结果

变量	IPS	Fisher ADF
ddisw	0.0000	0.0000
ddisr	0.0000	0.0011
dtfp	0.0000	0.0000

注：汇报的是相关检验所对应的 P 值；相关检验的原假设均为"数据存在单位根"。

其次，对模型最优滞后阶数进行检验。根据最优滞后阶数检验判断标准，应选择检验值最小的滞后阶数。根据表 6 – 5 可知，劳动力价格扭曲与全要素生产率，以及资本价格扭曲与全要素生产率对应的模型，其最优滞后阶数均为 3 阶。

表 6 – 5　　　　　　　　　模型最优滞后阶数检验

ddisw&dtfp	MBIC	MAIC	MQIC
1	– 43. 0387 ***	15. 7338	– 6. 6148
2	– 20. 7788	18. 4029	3. 5038
3	– 24. 6950	– 5. 1042 ***	– 12. 5537 ***

ddisr&dtfp	MBIC	MAIC	MQIC
1	2.4581	61.2306	38.8821
2	-2.6098	36.5719	21.6728
3	-18.1359 ***	1.4550 ***	-5.9945 ***

注: *** 表示最优滞后阶数。

最后, 对变量之间的因果关系进行 Granger 因果关系检验。Granger 因果关系检验涉及的自由度由前面最优滞后阶数决定。根据表 6 - 6 可知, 在 10% 的水平上, 劳动力价格扭曲和全要素生产率, 以及资本价格扭曲与全要素生产率之间互为 Granger 因果原因。

表 6 - 6 　　　　　　　　　　 Granger 因果关系检验

因果变量	结果变量	原假设	检验值	自由度	P 值
ddisw&dtfp	ddisw	dtfp 不是 ddisw 的 Granger 原因	14.7290	3	0.0020
	dtfp	ddisw 不是 dtfp 的 Granger 原因	10.4380	3	0.0150
ddisr&dtfp	ddisr	dtfp 不是 ddisr 的 Granger 原因	24.8480	3	0.0000
	dtfp	ddisr 不是 dtfp 的 Granger 原因	17.9520	3	0.0000

注: Granger 因果检验的原假设为 "不存在 Granger 因果关系"。

二、动态冲击分析

首先利用 PVAR 模型的脉冲响应分析法探讨劳动力价格扭曲与全要素生产率之间的互动关系 (见图 6 - 6)。从变量自身冲击对自身的影响来看, 无论是劳动力价格扭曲, 还是全要素生产率, 其自身增加一个单位标准差所形成的冲击都将导致自身以向上波动为主。从全要素生产率冲击对劳动力价格扭曲的影响来看, 全要素生产率增加一个单位标准差所形成的冲击将导致劳动力价格扭向下波动, 且波动幅度经历了先增后减的过程, 故从总的结果来看, 冲击之后, 劳动力价格扭曲有所减少, 且上述影响是显著的。从劳动力价格扭曲冲击对全要素生产率的影响来看, 劳动力价格扭曲增加一个单位标准差所形成的冲击将导致全要素生产率向上波动, 故从总的结果来看, 冲击之后, 全要素生产率有所提高, 且上述影响是显著的。以上结果表明，从相互影响来看，劳动力价格扭曲增加将会推动全要素生产率，而全要素生产率提高则会抑制劳动力价格扭曲，因此，劳动力市场化配置改革与提高全要素生产率之间并不存在相互推动的循环累计因果关系。

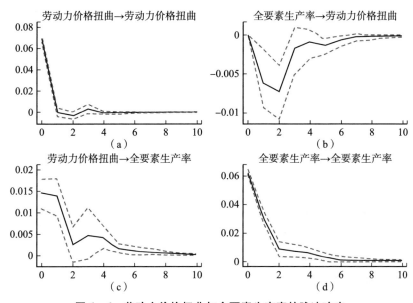

图6-6 劳动力价格扭曲与全要素生产率的脉冲响应

注：图中的虚线为冲击对应的95%置信区间。

接下来将利用PVAR模型探讨资本价格扭曲与全要素生产率之间的互动关系（见图6-7）。从全要素生产率冲击对资本价格扭曲的影响来看，全要素生产率增加一个单位标准差所形成的冲击将导致资本价格扭曲向下波动，且波动幅度经历了先增后降的过程，从总的结果来看，冲击之后，资本价格扭曲有所减小，且上述影响是显著的。从资本价格扭曲冲击对全要素生产率的影响来看，资本价格扭曲增加一个单位标准差所形成的冲击将导致全要素生产率向上波动，从总的结果来看，冲击之后，全要素生产率有所提高，且上述影响是显著的。以上结果表明，从相互影响来看，资本价格扭曲增加将会推动全要素生产率，而全要素生产率提高则会抑制资本价格扭曲，因此，资本市场化配置改革与提高全要素生产率之间并不存在相互推动的循环累计因果关系。

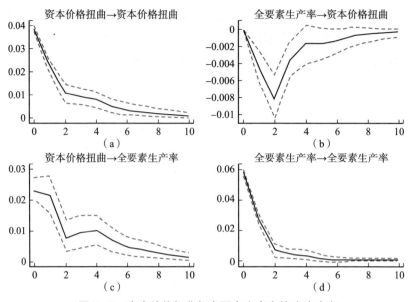

图 6-7　资本价格扭曲与全要素生产率的脉冲响应

注：图中的虚线为冲击对应的95%置信区间。

　　关于要素价格扭曲对全要素生产率的影响，与经济增长问题研究类似，部分研究发现存在负向影响，而这些研究主要利用进入21世纪以后的数据，因此，为了更好地对该问题进行分析，本章进一步对2000年以后的样本进行PVAR模型分析。首先分析劳动力价格扭曲与全要素生产率之间的互动关系（见图6-8）。从全要素生产率冲击对劳动力价格扭曲的影响来看，全要素生产率增加一个单位标准差所形成的冲击将导致劳动力价格扭曲经历了两轮先向下后向上波动的过程，以向下波动为主，从总的结果来看，冲击之后，劳动力价格扭曲程度有所减弱。从劳动力价格扭曲冲击对全要素生产率的影响来看，劳动力价格扭曲增加一个单位标准差所形成的冲击将导致全要素生产率先向上波动再向下波动后又进入向上波动过程，以向上波动为主，冲击之后，全要素生产率有所提高。值得注意的是，进入21世纪以来，劳动力价格扭曲在短期内对全要素生产率具有推动作用，之后的影响并不显著，并且还会出现负向影响的情况。该结论一方面继续肯定了扭曲要素价格对全要素生产率短期增长的刺激作用，另一方面则表明进入21世纪以来，通过扭曲要素价格的途径推动全要素生产率的效果不具有持续性。

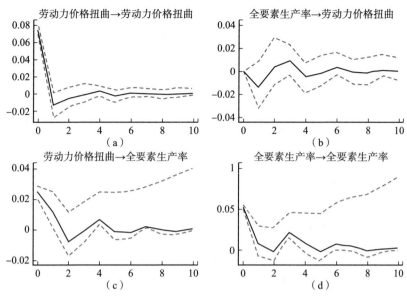

图 6 - 8　劳动力价格扭曲与全要素生产率的脉冲响应

注：图中的虚线为冲击对应的 95% 置信区间。

其次探讨资本价格扭曲与全要素生产率之间的互动关系（见图 6 - 9）。从全要素生产率冲击对资本价格扭曲的影响来看，全要素生产率增加一个单位标准差所形成的冲击将导致资本价格扭曲向下波动，波动幅度经历了先增后降的过程，之后便向均衡值收敛，故从总的结果来看，冲击之后，资本价格扭曲程度有所减弱。从资本价格扭曲冲击对全要素生产率的影响来看，资本价格扭曲增加一个单位标准差所形成的冲击将导致全要素生产率经历了两轮先向上后向下的波动过程，以向上波动为主，故从总的结果来看，冲击之后，全要素生产率将有所提高。与前面进入 21 世纪以来劳动力价格扭曲的分析结论相似，此时，通过扭曲资本价格的途径推动全要素生产率同样不具有持续性。

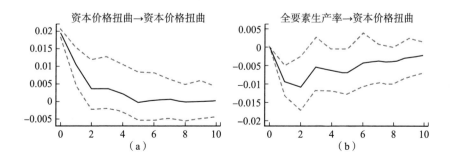

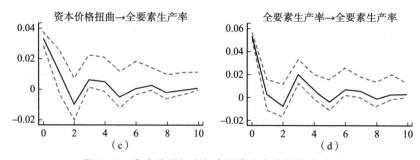

图 6-9 资本价格扭曲与全要素生产率的脉冲响应

注：图中的虚线为冲击对应的95%置信区间。

三、异质性分析

接下来将根据要素价格扭曲大小，将研究样本划分为低要素价格扭曲和高要素价格扭曲两种情形，然后进行异质性分析。

首先，分析劳动力价格扭曲程度不同情形。在低劳动力价格扭曲情形中（见图 6-10），全要素生产率冲击将导致劳动力价格扭曲先向下波动后向上波动，以向上波动为主，但上述影响并不显著，而劳动力价格扭曲冲击将导致全要素生产率向上波动，且上述影响是显著的。

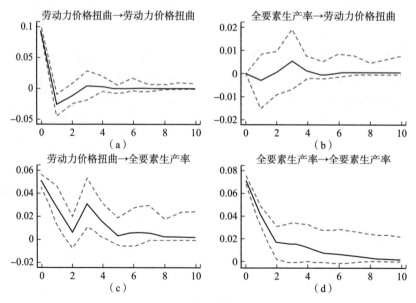

图 6-10 低劳动力价格扭曲与城镇家庭消费结构升级的脉冲响应

注：图中的虚线为冲击对应的95%置信区间。

在高劳动力价格扭曲情形中（见图6-11），全要素生产率冲击将导致劳动力价格扭曲向下波动，但上述影响是不显著的，与低劳动力价格扭曲情形相比，全要素生产率冲击对劳动力价格扭曲的影响幅度更大。劳动力价格扭曲冲击将导致全要素生产率先向上波动后向下波动，以向上波动为主，且上述影响是显著的，与低劳动力价格扭曲情形相比，劳动力价格扭曲冲击对全要素生产率的影响幅度更小。与全国层面的结果对比可知，在高劳动力价格扭曲情形中，劳动力价格扭曲与全要素生产率之间的互动关系主导了全国层面的互动关系。

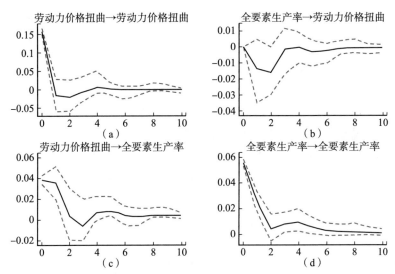

图6-11　高劳动力价格扭曲与城镇家庭消费结构升级的脉冲响应

注：图中的虚线为冲击对应的95%置信区间。

其次，分析资本价格扭曲程度的不同情形。在低资本价格扭曲情形中（见图6-12），全要素生产率冲击将导致资本价格扭曲先向下波动后向上波动，以向下波动为主，且上述影响是显著的，而资本价格扭曲冲击将导致全要素生产率先向上波动后向下波动，且上述影响是显著的。

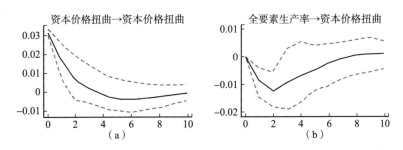

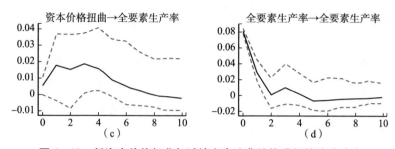

图 6-12　低资本价格扭曲与城镇家庭消费结构升级的脉冲响应

注：图中的虚线为冲击对应的 95% 置信区间。

在高资本价格扭曲情形中（见图 6-13），城镇家庭消费结构升级冲击将导致资本价格扭曲向下波动，上述影响是显著的，与低资本价格扭曲情形相比，全要素生产率冲击对资本价格扭曲的影响幅度更小。资本价格扭曲冲击将导致全要素生产率向上波动，且上述影响在短期是显著的，与低资本价格扭曲情形相比，资本价格扭曲冲击对全要素生产率的影响幅度更大。与全国层面的结果对比可知，在高资本价格扭曲情形中，资本价格扭曲与全要素生产率之间的互动关系同样主导了全国层面的互动关系。

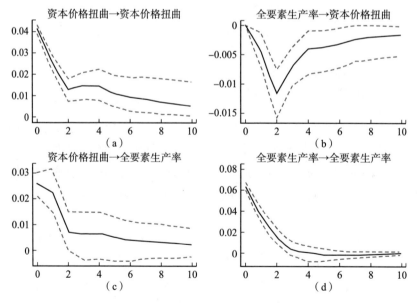

图 6-13　高资本价格扭曲与城镇家庭消费结构升级的脉冲响应

注：图中的虚线为冲击对应的 95% 置信区间。

四、稳健性分析

接下来将采用与第三章同样的方法对前面的脉冲响应分析所得结论进行稳健性分析，即借鉴已有研究，将生产函数的参数按照美国的估计值进行设定，即资本产出弹性和劳动力产出弹性的参数值设定为 0.3 和 0.7（Hsieh & Klenow，2009）。

在劳动力价格扭曲的情形下（见图 6-14），全要素生产率冲击将导致劳动力价格扭曲向下波动，但影响是不显著的，而劳动力价格扭曲冲击将导致全要素生产率向上波动，且影响是显著的，从而表明前面的分析结论是稳健的。

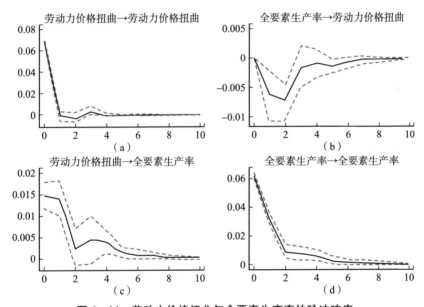

图 6-14 劳动力价格扭曲与全要素生产率的脉冲响应

注：图中的虚线为冲击对应的 95% 置信区间。

在资本价格扭曲的情形下（见图 6-15），全要素生产率冲击将导致资本价格扭曲向下波动，但影响是不显著的，而资本价格扭曲冲击将导致全要素生产率向上波动，且以向下波动为主，从而表明前面的分析结论是稳健的。

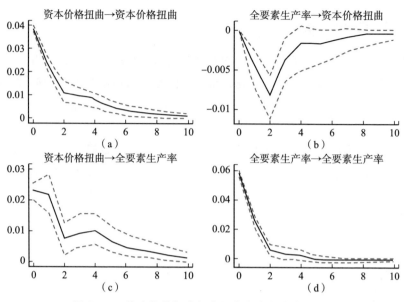

图 6 - 15　资本价格扭曲与全要素生产率的脉冲响应

注：图中的虚线为冲击对应的95%置信区间。

　　综上所述，从要素价格扭曲与全要素生产率的相互影响来看，无论是推进劳动力市场化配置改革，还是推进资本市场化配置改革，都不可避免地对全要素生产率产生负面影响。然而，如果从全要素生产率的角度切入来看，伴随全要素生产率的提高，劳动力价格扭曲和资本价格扭曲都会有所下降，从而有助于推动要素市场化配置改革。通过异质性分析发现，全国层面要素价格扭曲与全要素生产率之间的互动关系主要是由高要素价格扭曲情形的互动关系主导的。

第六节　本章小结

　　改革开放开启了中国经济新的发展阶段，无论从经济规模上，还是从经济效率上，中国经济都实现了突破。然而，在取得成功的同时，却也带来了诸多发展隐患，为了解决这些隐患，也为了实现新时期中国经济发展的目标，主要对策之一就是要激活整个社会创新活力，培育以创新驱动为核心的新动能。在上述背景下，提高全要素生产率已经成为中国经济由高速度发展转向高质量发展的内在要求。本章从多元的视角揭示全要素生产率的演变过程，又进一步分析了要素价格扭曲与全要素生产率之间的互动效应，以更好地理解要素市场化战略和创新驱动战略两者之间的联系。本章得到以下几个主要结论：

首先，从全要素生产率的测算结果来看，东部地区的全要素生产率高于中部和西部地区。改革开放之后，所有地区的全要素生产率都取得了突破，且保持着稳定的上升态势。另外，东部地区与中部和西部地区之间的差距在改革开放之后的一段时间内有所扩大，但随后便进入了缩小的阶段，表明地区间全要素生产率发展正在趋向更加平衡的发展。从全要素生产率协调度来看，在大部分时间里，东部地区是最低的，但近些年，东部地区则实现了反超，成为最高的地区。改革开放之后，所有地区的全要素生产率协调度均呈先升后降的态势，表明这些地区的全要素生产率协调度在后期有所恶化。

其次，全要素生产率泰尔指数的分析结果表明，全要素生产率泰尔指数有所下降，地区全要素生产率方面的差异有所下降。其中，地区内差异几乎始终保持下降趋势，而地区间差异则在后期出现了上升趋势，由于地区间差异在后期对总体差异的影响占据主导地位，使得总体差异在后期并没有出现明显的缩小，而是在一个水平值上下徘徊。地区层面的分析结果表明，只有东部地区的总体差异实现了明显的缩小，其他两大地区变动幅度均较小，西部地区的总体差异更是出现了上升趋势。另外，从绝对值的角度看，东部地区的总体差异要高于中部和西部地区，尽管前者与后两者之间的差异在后期有所缩小，但差异始终存在。

最后，从要素市场化配置改革与全要素生产率的互动效应来看，无论是推进劳动力市场化配置改革，还是推进资本市场化配置改革，都不可避免地对全要素生产率产生负面影响。然而，进一步分析发现，进入 21 世纪以来，通过扭曲要素价格的途径推动全要素生产率越来越不具有持续性，且可能会对全要素生产率产生负向影响。伴随全要素生产率的提高，劳动力价格扭曲和资本价格扭曲将有所下降，从而有助于推动要素市场化配置改革。因此，在推动要素市场化配置改革的过程中，要保证全要素生产率的稳定增长，发挥经济效率改进对要素价格扭曲的抑制作用。

第七章　要素市场化配置改革与区域
地方政府税收努力

第一节　研究背景

　　1994 年分税制改革以来，税权逐渐上收，支出责任逐渐下放，导致地方政府财政收入与支出责任之间失衡，在这一背景下，转移支付成为平衡上述失衡的关键措施，但转移支付也带来了效率与公平之间的权衡问题。减轻地方政府收支失衡程度有两个渠道，即收入渠道和支出渠道，在税收努力成为地方政府竞争元素的背景下，提高税收努力成为从收入渠道减轻失衡程度的主要手段。分税制改革至今，我国的税收收入一直呈现快速增长的趋势，1994 年，全国税收总额为 5126.9 亿元，2017 年达 14.436 万亿元，增加了 27 倍，1994 年到 2017 年 GDP 增加了 16 倍。在一些年份，税收增幅是 GDP 增幅的两倍，2007 年的税收增幅达到了 31.1%。[1] 税收努力指地方为了完善当地的基础服务设施，而在通过征税以筹措资金当中所做的主观努力。税收努力的水平对于税收的征集有着重要的作用，地方税收努力水平较高，则说明地方政府部门通过征税筹措资金将付出更多的努力，进而筹集更多资金，对完善当地基础设施建设有着至关重要的作用。中国目前仍然是发展中国家，为改善人民群众的生活，完善基础设施建设，加速经济发展对政府公共支出需求更大，这就需要筹集更多税收才能满足发展的需求。从地方政府的角度来看，改变税收努力水平和干预要素市场配置都是其参与地方经济的主要方式，前者属于正规渠道的竞争方式，后者则属于非正规渠道的竞争方式，对两者之间互动关系的分析，将有助于更好地理解地方政府的行为。

---

　　① 资料来源：《中国统计年鉴（2008）》，国家统计局，http://www.stats.gov.cn/sj/ndsj/2008/indexch.htm。

关于地方政府税收努力的研究主要集中在测算和影响因素分析。相关研究使用的测算方法主要有代表性税制法（Purohit，2006；杨得前，2014）和税柄法（Lotz & Morss，1967；Bahl，1971，1972；Mkandawire，2010；Urhoghide & Asemota，2013），两种方法的主要差异在于对潜在税收收入的测算方面。代表性税制法由美国政府间关系顾问委员会提出，其核心思想是利用一个国家或地区的代表性税基与代表性税率的乘积测算各地潜在税收收入。利用代表性税制法对我国增值税税收努力和企业所得税税收努力进行了估计。税柄法由国际货币基金组织的经济学家提出，其核心思想是通过比较实际税收比率（实际税收收入/GDP）与潜在税收比率（潜在税收收入/GDP）的偏离度来反映税收努力程度。关于地方政府税收能力的影响因素，相关研究主要从经济环境因素和政府自身因素展开分析。关于经济环境因素，杨得前（2014）的研究表明经济越发达的地区，税收努力越小。关于政府自身因素，范子英（2015）认为1994年分税制改革后，巨大的财政压力迫使地方政府努力追求财政收入的增加，税收作为政府组织财政收入的最主要形式，是增加财政收入的主要依靠。周黎安和陶婧（2011）认为在分税制预留的巨大征管空间下，税收努力对税收收入有正向激励作用。申珍妮（2018）研究发现，财政压力对税务部门整体税收努力存在显著正效应，财政压力的增加会提高税务部门的税收努力程度。储德银等（2019）的研究表明财政纵向失衡通过直接作用渠道显著降低或抑制了地方政府税收努力。

本章首先揭示改革开放以来，中国地方政府税收努力的区域差异性和收敛性，并进一步考察要素市场化配置改革与地方政府税收努力之间的互动关系。基于1978～2016年省级层面的相关数据，利用税柄法和随机前沿面板模型对地方政府税收努力进行测算，并在此基础上，利用泰尔指数分解分析方法对地方政府税收努力地区差异进行分析，利用协调度分析方法对地方政府税收努力地区收敛性进行分析。最后，探讨要素市场化配置改革与地方政府税收努力之间的互动关系，由于要素价格扭曲和地方政府税收努力之间可能存在较强的内生性问题，两者都与地方政府行为密切相关，所以，采用PVAR模型展开分析。

第二节 机制分析

由于扭曲要素价格和提高税收努力水平都是地方政府推动经济增长的手段，因此，两者之间既可能存在互补关系，也可能存在替代关系。当存在互补关系时，地方政府扭曲要素价格将会相应地提高税收努力水平，且地方政府提高税收努力水平也将会相应地扭曲要素价格，两者之间存在相互推动的作用关系。具体来看，地方政府通过扭曲要素价格的途径可以在招商引资的竞争格局中获得比较优势，尤其是在资本短缺的情况下，对流入资本进行补贴可以在短期内吸引资本流入，随着资本的流入，劳动力为了找到更多的就业机会也会随之流入。从推动经济增长的角度来看，经过上述过程，要素积累的目标初步实现，但能否留住这些要素是将要素积累转换为长期经济增长的重要环节。由于完善的基础设施是吸引或者留住要素的有效手段，地方政府为了实现长期经济增长，便会通过提高税收努力水平的途径，完善基础设施建设，为流入的要素提供持续发展的基础，这不仅有助于释放流入要素的生产潜力，也有助于增强对要素的吸引力。从相反的角度来看，地方政府通过提高税收努力水平的途径优化了地方基础设施建设，增强了地区要素吸引力，随着要素的不断流入，为了进一步吸引更多要素流入，尤其是与已经流入的要素相互关联的要素，地方政府可能会采用扭曲要素价格的策略。基于上述分析可知，当存在互补效应时，推动要素市场化配置改革会对地方政府税收努力水平产生负向影响。

当扭曲要素价格行为与提高税收努力行为之间存在替代关系时，地方政府扭曲要素价格将会相应地降低税收努力水平，且地方政府提高税收努力水平将相应地减少扭曲要素价格的行为，两者之间存在相互抑制的作用关系。具体来看，从地方政府的角度来说，扭曲要素价格和提高税收努力水平都能够成为吸引要素流入的手段，但两者之间还是存在差异的，扭曲要素价格对要素流动的影响是直接的，因为其针对的对象就是要素本身，而提高税收努力对要素流动的影响是间接的，其先影响基础设施建设，再影响要素流动。因此，扭曲要素价格可以在短期内通过加速要素积累的方式推动经济增长，而提高税收努力水平则在短期内无法有效加速要素积累，对经济增长的推动作用并不显著。由于存在上述差异，地方政府就会在不同的经济增长目标设定模式下采用不同的手段，假如地方政府更加重视短期经济增长，其会倾向于采用扭曲要素价格的途径，而非提高税收努力水平；随着要素价格扭曲程度的增加，地方政府上述倾向增强，便会对地方政府税收努力水平产生负向影响。与之相对，假如地方政府更加重视经济增长的持续性，其会倾向于采用提高税收努力水平的途径，而非扭曲要素价格，随着基础设施对经济增长推动作用的显现，地方政府上述倾向也会增加，从而对要素价格扭曲产生负向影响。基于上述分析可知，当存在替代关系时，推动要素市场化配置改革会增强地方政府对提高税收努力行为的倾向，进而对地方政府税收努力水平产生正向影响。

以上分析表明，要素价格扭曲与地方政府税收努力之间的互动关系并不明确，当存在互补关系时，两者之间会形成相互推动的关系，而当存在替代关系时，两者之间并不存在相互推动的关系。因此，具体问题需要结合具体数据进行具体分析。

第三节 研究设计

参考黄夏岚等（2012）学者的做法采用税柄法，即采用线性回归分析的方法测算实际税收比率与潜在税收比率的偏离度，实际税收比率可以通过实际税收与地区生产总值的比值获得，税柄法主要是测算潜在税收比率，潜在税收比率通过构建影响潜在税收比率因素的线性方程得出：

$$taxg_{i,t} = c + \beta^1 secg_{i,t} + \beta^2 thig_{i,t} + \beta^3 trag_{i,t} + \beta^4 \ln pop_{i,t} + \beta^5 \ln pgdp_{i,t} + \gamma_{i,t} + \varepsilon_{i,t}$$

$$(7-1)$$

其中，$taxg_{i,t}$ 是指实际税收收入除以地区生产总值得到的比率，这里的税收收入是省级区域的税收，是产生于当地的税收；$secg_{i,t}$ 为第二产业增加值占地区生产总值的比值；$thig_{i,t}$ 为第三产业占地区生产总值的比值；$trag_{i,t}$ 为包含进口和出口的地区外贸交易总额按当年汇率换算后的值除以地区生产总值得到的比率；$pop_{i,t}$ 为地区人口规模对数，单位是每平方千米/万人；$pgdp_{i,t}$ 为人均地区生产总值，单位是元。

区域地方政府税收努力协调度指数如下：

$$taxec_i = \left(taxe_i \times taxe_{-i} \right) \bigg/ \left(\frac{taxe_i + taxe_{-i}}{2} \right)^2 \qquad (7-2)$$

其中，$taxec_i$ 表示省份 i 劳动力—资本价格扭曲协调度，满足 $taxec_i \in [0,1]$，$taxec_i$ 越大表明省份 i 税收努力的同步性越高，反之越低。从收敛性角度来看，如果税收努力协调度指数逐渐增加，则地方政府在税收努力方面呈现收敛态势。

区域地方政府税收努力泰尔指数如下：

$$T = \frac{1}{n} \sum_{i=1}^{n} \left(\frac{taxe_i}{taxea} \times \ln \frac{taxe_i}{taxea} \right) \qquad (7-3)$$

$$T_j = \frac{1}{n_j} \sum_{i=1}^{n_j} \left(\frac{taxe_{ij}}{taxea_j} \times \ln \frac{taxe_{ij}}{taxea_j} \right) \qquad (7-4)$$

$$T = T_w + T_b = \sum_{j=1}^{3} \left(\frac{n_j}{n} \times \frac{taxea_j}{taxea} \times T_j \right) + \sum_{j=1}^{3} \left(\frac{n_j}{n} \times \frac{taxea_j}{taxea} \times \ln \frac{taxea_j}{taxea} \right)$$

$$(7-5)$$

式 (7-3) 中，T 表示地方政府税收努力的总体差异泰尔指数，其大小介于 [0, 1] 之间，该值越小，表明地方政府税收努力总体差异越小。式 (7-4) 中，T_j 分别表示三大地区 ($j=1$, 2, 3) 的地方政府税收努力的总体差异泰尔指数。i 表示省份，n 表示全国省份总数，n_j 分别表示东部、中部和西部地区省份数量，$taxe_i$ 表示省份 i 的地方政府税收努力，$taxe_{ij}$ 表示地区 j 内省份 i 的地方政府税收努力，$taxea$ 和 $taxea_j$ 分别表示全国地方政府税收努力的平均值和地区 j 地方政府税收努力的平均值。式 (7-5) 中，地方政府税收努力的泰尔指数进一步分解为地区内差异泰尔指数 T_w 和地区间差异泰尔指数 T_b。

在考察要素价格扭曲与地方政府税收努力之间的互动关系时，主要采用的是 PVAR 模型。本章使用的 PVAR 模型的数学表达式为：

$$y_{i,t} = \alpha_i + \beta_0 + \sum_{j=1}^{p} \beta_j y_{i,t-j} + \sum_{\lambda=1}^{5} \beta_\lambda x_{i,t} + v_{i,t} + \mu_{i,t} \qquad (7-6)$$

其中，$y_{i,t}$ 是包含内生变量的向量，即要素价格扭曲和地方政府税收努力相关指标，假设每一个截面的基本结构相同，采用固定效应模型，引入反映个体异质性的变量 $\alpha_{i,t}$。$x_{i,t}$ 是控制变量，主要从经济规模、经济结构、经济开放度、人口规模和政府干预等层面控制其他影响因素。$v_{i,t}$ 用于反映个体时点效应，以体现在同一时点的不同截面上可能受到的共同冲击。$\mu_{i,t}$ 是随机扰动项，假设服从正态分布。

第四节　区域地方政府税收努力的演变

本节将对中国地方政府税收努力的测算进行比较分析。首先从省级层面视角切入，对分时段均值进行分析。其次从东部、中部和西部三大地区视角切入，对地区均值进行分析。各省份的变异系数属于空间固定的时间层面的变异系数，而三大地区的变异系数则属于时间固定的空间层面的变异系数，前者强调的是时间层面波动的差异，而后者强调的是空间层面波动的差异（李言等，2018）。根据中国税制改革的阶段性特征，本节将1994 年分税制改革和 2001 年所得税分享改革作为分界点，通过这两次改革，税权逐渐上收。将考察期划分为三个时间段，分别是 1978~1993 年、

1994～2001 年、2002～2016 年。

一、地方政府税收努力测算结果分析

从地方政府税收努力均值的大小来看，在整个时间段内，地方政府税收努力均小于1，多数省份的地方政府税收努力都小于0.5，表明实际税收收入明显低于潜在税收收入（见表7-1）。具体从均值的大小来看，在整个时间段内，均值最大的是山东，为0.9590，最小的是福建，为0.2206；在第一个时间段内，均值最大的是山东，为1.2407，最小的是福建，为0.2080；在第二个时间段内，均值最大的是北京，为0.5426，最小的是青海，为0.1428；在第三个时间段内，均值最大的是上海，为0.9318，最小的是青海，为0.2271。从均值的变动趋势来看，比较第二个和第一个时间段，地方政府税收努力均值上升的只有海南、内蒙古和新疆3个省份，其他省份的均值均有所下降，其中，变动幅度最大的是天津，为－61.60％，变动幅度最小的是福建，为－2.45％。比较第三个和第二个时间段，地方政府税收努力均值上升的有29个省份，只有内蒙古的均值有所下降，变动幅度最大的是江苏，为155.57％，变动幅度最小的是江西，为7.94％。综合来看，地方政府税收努力均值始终上升的只有2个省份，即海南和新疆，没有省份均值始终下降。

表7-1 各省份地方政府税收努力测算结果

省份	均值				时间层面变异系数			
	1978～2016 年	1978～1993 年	1994～2001 年	2002～2016 年	1978～2016 年	1978～1991 年	1992～2001 年	2002～2016 年
北京	0.6810	0.6506	0.5426	0.7872	0.2175	0.0906	0.1351	0.2166
天津	0.4853	0.6836	0.2625	0.3927	0.3853	0.1152	0.1707	0.1756
河北	0.4354	0.5704	0.2366	0.3975	0.3761	0.2114	0.0961	0.2757
辽宁	0.5492	0.7134	0.3077	0.5028	0.3178	0.1075	0.0297	0.1978
上海	0.7920	0.8367	0.4404	0.9318	0.2868	0.0830	0.0162	0.2173
江苏	0.6027	0.6530	0.2818	0.7202	0.3525	0.1546	0.3036	0.2461
浙江	0.5359	0.5579	0.3054	0.6353	0.2820	0.0790	0.3169	0.1843
福建	0.2206	0.2080	0.2029	0.2436	0.1848	0.1012	0.1160	0.2187
山东	0.9590	1.2407	0.5187	0.8934	0.3839	0.2807	0.1932	0.1834
广东	0.6958	0.6103	0.5036	0.8896	0.3039	0.0865	0.2475	0.2274

省份	均值				时间层面变异系数			
	1978～2016 年	1978～1993 年	1994～2001 年	2002～2016 年	1978～2016 年	1978～1991 年	1992～2001 年	2002～2016 年
海南	0.2777	0.2153	0.2273	0.3711	0.4151	0.1854	0.0621	0.3714
山西	0.4268	0.5126	0.2572	0.4257	0.2895	0.1673	0.0503	0.2183
吉林	0.3562	0.4894	0.2200	0.2868	0.3498	0.0925	0.0841	0.2130
黑龙江	0.4030	0.5406	0.2655	0.3295	0.3203	0.1222	0.0786	0.1397
安徽	0.4242	0.4748	0.2760	0.4492	0.2697	0.0961	0.1397	0.2850
江西	0.3901	0.3973	0.3662	0.3952	0.2081	0.0601	0.0701	0.3253
河南	0.4513	0.5908	0.2729	0.3975	0.3249	0.1283	0.0833	0.2306
湖北	0.4245	0.5620	0.2338	0.3797	0.3418	0.0930	0.1842	0.2467
湖南	0.3869	0.5381	0.2092	0.3204	0.3628	0.0516	0.0533	0.1888
内蒙古	0.3692	0.3814	0.4020	0.3388	0.1600	0.1161	0.0719	0.2124
广西	0.3671	0.4660	0.2445	0.3271	0.2717	0.0886	0.2122	0.1482
重庆	0.3166	0.3058	0.1986	0.3911	0.4568	0.5524	0.1510	0.2768
四川	0.5017	0.5847	0.3054	0.5178	0.3075	0.1981	0.1583	0.2652
贵州	0.4431	0.5083	0.2910	0.4547	0.2563	0.1454	0.1730	0.2161
云南	0.5630	0.6867	0.4083	0.5134	0.2640	0.1825	0.0471	0.1861
陕西	0.3890	0.4624	0.2533	0.3830	0.2433	0.0616	0.1045	0.2083
甘肃	0.3839	0.5327	0.2488	0.2971	0.3724	0.1623	0.0372	0.2019
青海	0.2333	0.2843	0.1428	0.2271	0.2833	0.0972	0.0184	0.2544
宁夏	0.2578	0.2905	0.1901	0.2590	0.2331	0.1597	0.1568	0.2190
新疆	0.2551	0.1771	0.2066	0.3641	0.5537	0.8349	0.0931	0.2680

接下来将对各省份分时段测算的地方政府税收努力的时间层面变异系数进行比较分析。根据表7－1可知，从变异系数的大小来看，在整个时间段内，变异系数最大的是新疆，为0.5537，最小的是内蒙古，为0.1600；在第一个时间段内，变异系数最大的是新疆，为0.8349，最小的是湖南，为0.0516；在第二个时间段内，变异系数最大的是浙江，为0.3169，最小的是上海，为0.0162；在第三个时间段内，变异系数最大的是海南，为0.3714，最小的是黑龙江，为0.1397。从变异系数变动趋势来看，比较第二个和第一个时间段，上升的有13个省份，不超过半数，比较第三个和第二个时间段，上升省份增加到25个，超过了半数。从整

个时间段来看，劳动力价格扭曲时间层面变异系数始终上升的有9个省份，其中，东部地区有3个，中部地区有4个，西部地区有2个。由于时间层面变异系数主要反映的是某一省份地方政府税收努力随时间波动的情况，故上述结果表明，大多数省份地方政府税收努力随时间波动程度呈现加剧的态势，结合前文对均值的分析结果可知，改革开放以来，中国多数省份的地方政府税收努力有所提高，但却更加具有波动性。

下面将进一步从东部、中部和西部地区的角度对地方政府税收努力进行分析。从均值的大小来看，东部地区的均值一直都是最大的，西部地区的均值在大多数年份都是最小的，但1994年之后，中部和西部地区的税收努力均值相差无几（见图7-1）。在改革开放初期，地方政府税收努力均值从大到小的顺序依次为东部地区、中部地区和西部地区，均值分别为0.7560、0.5764和0.3964，到2016年，上述三大地区的均值变为0.7615、0.4572和0.4306，且东部地区的均值要明显高于其他地区，比较初始值和期末值，东部和西部地区的地方政府税收努力有所提升，提升幅度分别为0.72%和8.64%，中部地区的地方政府税收努力有所下降，下降幅度为20.68%。从均值的变动趋势来看，总体而言，三大地区地方政府税收努力大致经历了两轮先降后升的过程，第一轮先降后升过程的变动幅度较小。具体来看，1993～1994年，三大地区均经历了一轮明显的下降过程，之后三大地区的地方政府税收努力保持上升趋势直到2014年前后，正是这一轮上升过程，显著提升了三大地区的地方政府税收努力均值，尤其是东部地区。

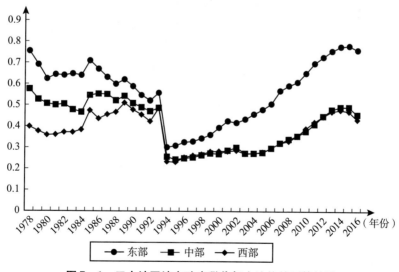

图7-1　三大地区地方政府税收努力均值的测算结果

从空间层面变异系数大小来看（见图7-2），东部地区的变异系数在多数年份都是最大的，而中部地区的变异系数则始终是最小的。在改革开放初期，东部和西部地区的变异系数要明显大于中部地区，近些年，中部和西部地区的差异有所缩小，东部地区则与这两个地区的差异有所扩大。比较初始值和期末值，东部和西部地区的变异系数在缩小，其中，东部地区从0.6093下降至0.4181，西部地区从0.5761下降至0.2492，而中部地区的变异系数则变大了，从0.1796上升至0.2068。从变异系数的变动趋势来看，三大地区在1994年之前都经历了一轮明显的下降趋势，在1994年之后，东部和西部地区大致呈现上升趋势，而中部地区则继续呈现下降趋势。根据前文对空间层面变异系数的说明，其主要反映的是地区内部地方政府税收努力的差异，所以上述结果表明，改革开放以来，东部和西部地区内部各省份的地方政府税收努力的差异在减小，中部地区内部各省份的地方政府税收努力的差异则在扩大。结合前文三大地区均值的分析结果，相较于中部地区，东部和西部地区的地方政府税收努力有所提升，而且地区内部各省份的差异也在缩小。

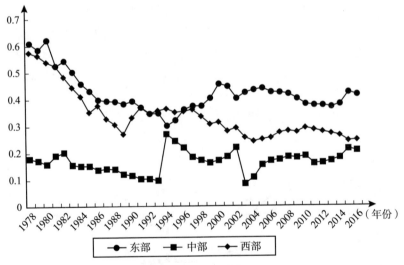

图7-2　三大地区地方政府税收努力空间层面变异系数的测算结果

以上分析结果表明，1994年的分税制改革是导致地方政府税收努力转变的重要事件，改革之后，地方政府的财权出现了明显缩小，财政收支之间的失衡问题成为改革必须解决的问题。在此背景下，中央政府开始通过建设转移支付制度、税收分成制度等方式解决地方政府财政收支失衡问题，但在改革之初，这些措施并未显著提升地方政府税收努力，地方政府税收努力依然明显低于改革之前的水平，直到进入 21 世纪，地方政府税收努力才步入快速上升阶段，除了东部地区，中部和西部地区的地方政府税收努力水平已接近改革开放之初的水平，东部地区的地方政府税收努力水平更是已经超过了改革开放之初的水平。各省份地方政府税收努力的变动更加具有波动性，但省份间的差异却有所缩小，表明地方政府税收努力受到越来越多的不确定性影响，但这些因素主要是全局层面的，所以省份间的差异有所缩小。

二、地方政府税收努力协调度分析

从地方政府税收努力协调度均值的大小来看（见表 7-2），在整个时间段内，多数省份地方政府税收努力协调度均大于 0.9，表明相邻地方政府之间在税收努力方面的变动具有较高的同步性。具体从均值的大小来看，在整个时间段内，均值最大的是江苏，为 0.9992，最小的是广东，为 0.7888，在第一个时间段内，均值最大的是陕西，为 0.9980，最小的是海南，为 0.8021；在第二个时间段内，均值最大的是陕西，为 0.9983，最小的是新疆，为 0.6122；在第三个时间段内，均值最大的是陕西，为 0.9986，最小的是海南，为 0.8574。从均值的变动趋势来看，比较第一个和第二个时间段，地方政府税收努力均值上升的有 15 个省份，其中，变动幅度最大的是新疆，为 62.76%，变动幅度最小的是甘肃，为 0.02%。比较第二个和第三个时间段，税收努力均值上升的有 18 个省份，超过半数，其中，变动幅度最大的是广东，为 11.10%，变动幅度最小的是贵州，为 0.04%。综合来看，地方政府税收努力协调度均值始终上升的有 5 个省份。上述结果表明，地方政府税收努力始终保持收敛趋势的省份较少，多数省份都同时经历了收敛和发散的过程。

表 7-2　　　　　　　各省份地方政府税收努力测算结果

省份	1978~1993 年	1994~2001 年	2002~2016 年	1978~2016 年
北京	0.9274	0.9948	0.8642	0.8894
天津	0.9719	0.9905	0.9568	0.9601
河北	0.9690	0.9752	0.9483	0.9735
辽宁	0.9663	0.9598	0.9982	0.9563
上海	0.9651	0.9701	0.9384	0.9739

省份	1978～1993 年	1994～2001 年	2002～2016 年	1978～2016 年
江苏	0.9895	0.9913	0.9677	0.9992
浙江	0.9939	0.9980	0.9875	0.9928
福建	0.8241	0.8134	0.8925	0.7992
山东	0.8910	0.8689	0.8993	0.9103
广东	0.8697	0.9368	0.8873	0.7888
海南	0.8021	0.7644	0.8574	0.8127
山西	0.9938	0.9925	0.9958	0.9941
吉林	0.9803	0.9963	0.9612	0.9734
黑龙江	0.9908	0.9845	0.9920	0.9968
安徽	0.9794	0.9711	0.9901	0.9824
江西	0.9828	0.9876	0.9781	0.9803
河南	0.9943	0.9977	0.9981	0.9886
湖北	0.9935	0.9891	0.9922	0.9989
湖南	0.9754	0.9943	0.9598	0.9635
内蒙古	0.9755	0.9742	0.9428	0.9942
广西	0.9625	0.9851	0.9615	0.9390
重庆	0.9132	0.7998	0.9815	0.9978
四川	0.9744	0.9640	0.9908	0.9766
贵州	0.9967	0.9964	0.9967	0.9971
云南	0.9777	0.9741	0.9603	0.9907
陕西	0.9980	0.9983	0.9986	0.9974
甘肃	0.9809	0.9628	0.9974	0.9915
青海	0.9377	0.9552	0.9216	0.9275
宁夏	0.9585	0.9458	0.9427	0.9804
新疆	0.8301	0.6122	0.9964	0.9738

下面将从三大地区的角度对地方政府税收努力协调度均值进行分析。从均值的大小来看，在绝大多数时期，中部地区的均值最大，与之相对应，在绝大多数时期，东部地区是均值最小的地区（见图7-3）。在改革开放初期，三大地区的协调度水平具有明显差异，到2016年，西部地区更加接近中部地区。1978年，地方政府税收努力协调度均值由大到小依次为中部地区、东部地区和西部地区，具体数值为 0.9869、0.9214 和

0.8006，2016 年，均值由大到小依次为中部地区、西部地区和东部地区，具体数值为 0.9888、0.9742 和 0.9186，三大地区均值变动幅度由大到小依次为西部地区、东部地区和中部地区，具体数值为 21.69%、-0.31%和 0.19%，由此可见，除了东部地区，其他三大地区的期末值均高于期初值。从均值的变动趋势来看，在分税制改革之前和所得税分享改革之后，四大地区的均值变动以上升态势为主。以上对地方政府税收努力协调度分析的结果表明，三大地区内部地方政府税收努力趋向于收敛，而在分税制改革之后到所得税分享改革之前，三大地区的均值既有上升阶段，也有下降阶段，表明在这一阶段三大地区内部并未趋向于收敛。

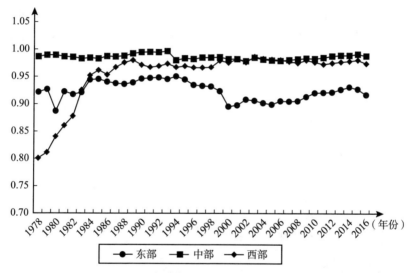

图 7-3　三大地区地方政府税收努力协调度的均值

注：图中三大地区地方政府税收努力协调度数值差值较小，为体现数据波动情况，故纵轴未从原点开始。

三、地方政府税收努力泰尔指数分析①

本章接下来将通过对地方政府税收努力泰尔指数进行分解对地方政府税收努力的地区差异进行分析，在具体分析过程中，首先从全国层面切入，将总体差异分解为地区内差异和地区间差异；其次从分地区层面切入，分析三大地区的总体差异。全国层面地方政府税收努力总体差异代表全部省份之间的差异，三大地区地方政府税收努力总体差异则是三大地区

---

① 具体测算结果见附录六。

内部省份之间的差异，所以地区间差异就是三大地区之间的差异。

从全国层面的测算结果来看（见图7-4），地区内差异在所有时点都是大于地区间差异的，但后期两者之间的差异越来越小，在期初，地区内差异为0.1000，占比约为82.27%，地区间差异为0.0216，占比约为17.73%，而到了期末，地区内差异为0.0516，占比缩小至55.31%，地区间差异为0.0417，占比扩大至44.69%。由此可见，早期阶段，地区内差异的主导地位明显，但在后期阶段，地区内差异的影响逐渐减弱，而地区间差异的影响逐渐增强，这一点从变动趋势也可看出，在2000年之前，总体差异和地区内差异的变动趋势相一致，而在2000年之后，总体差异则和地区间差异的变动趋势相一致。另外值得关注的一点是，在分税制改革前后，地区间差异的占比都仅在10%左右，尤其是1993年，占比达到了最低值，仅为5.09%，表明在分税制改革产生的时期，中国地方政府税收努力差异主要由地区内差异主导，地方政府之间在税收努力方面的差异较小。

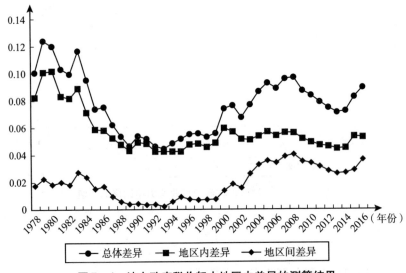

图7-4　地方政府税收努力地区内差异的测算结果

从地区内差异的大小来看（见图7-5），在1999年之前，西部地区的地区内差异几乎都是最大值，而在1999年之后，东部地区超过西部地区，成为地区内差异最大的地区，反观最小值，中部地区是地区内差异最小的地区。在期初，地区内差异从大到小依次是东部地区、西部地区和中部地区，分别为0.1610、0.0955和0.0233，而到了期末，地区内差异从大到小依次是东部地区、西部地区和中部地区，分别为0.0855、0.0337和0.0056。由此可见，只有中部地区的地区内差异有所减小。从变动趋势来看，在分税制改革之前，东部地区和西部地区在变动趋势上保持一致，三大地区均呈现下降趋势，而在分税制改革后，所有地区均呈现两轮先升后降的过程，东部地区和中部地区则是第一轮先升后降过程明显，而西部地区的第二轮先升后降过程明显。

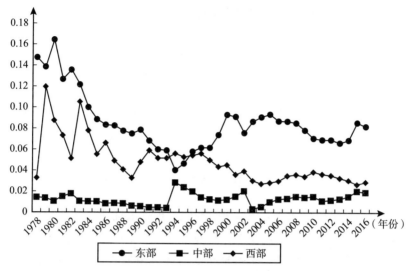

图7-5　地方政府税收努力地区间差异的测算结果

以上分析结果表明，1994年分税制改革前，地区内差异与总体差异的变动具有一致性，且地区内差异始终占据明显的主导地位，1994年分税制改革后，地区间差异与总体差异的变动具有一致性，且地区间差异的影响幅度越来越大，地区内差异的影响幅度越来越小。尽管地区内差异对总体差异的影响逐渐减小，但其影响程度依然大于地区间差异对总体差异的影响程度。进一步对三大地区总体差异的分析结果显示，全国层面的总体差异变动主要是由于东部地区和西部地区的地区内差异变动所致，中部地区的地区内差异抑制保持在低水平。

第五节　要素市场化配置改革与区域地方政府税收努力互动效应分析

下面将利用PVAR模型分析要素价格扭曲与地方政府税收努力之间的互动关系，其中，要素价格扭曲直接使用第二章的测算结果。为了保证数据的平稳性，在具体分析时，对相应的数据先取对数然后再差分处理。

一、模型设定

首先，对数据平稳性进行检验。为了保证检验结果的稳健性，采用两种面板单位根检验方法。根据表 7 - 3 可知，所有检验都在 10% 的水平上拒绝了原假设，从而表明数据都是平稳的。

表 7 - 3 数据单位根检验

变量	IPS	Fisher ADF
ddisw	0.0000	0.0000
ddisr	0.0000	0.0011
dtaxe	0.0000	0.0000

注：汇报的是相关检验所对应的 P 值；相关检验的原假设均为"数据存在单位根"。

其次，对模型最优滞后阶数进行检验。根据最优滞后阶数检验判断标准，选择检验值最小的滞后阶数。根据表 7 - 4 可知，劳动力价格扭曲与地方政府税收努力，以及资本价格扭曲与地方政府税收努力对应的模型，最优滞后阶数均为 1 阶。

表 7 - 4 模型最优滞后阶数检验

ddisw&dtaxe	MBIC	MAIC	MQIC
1	− 43.8708 ***	14.8288	− 7.4986 ***
2	− 21.4248	17.7082	2.8233
3	− 4.8293	14.7372 ***	7.2947
ddisr&dtaxe	MBIC	MAIC	MQIC
1	− 36.7408 ***	21.9587	− 0.3687 ***
2	− 23.9390	15.1940	0.3091
3	− 6.0413	13.5252 ***	6.0827

注：*** 表示最优滞后阶数。

最后，对变量之间的因果关系进行 Granger 因果关系检验。Granger 因果关系检验涉及的自由度由前面最优滞后阶数决定。根据表 7 - 5 可知，在 10% 的水平上，要素价格扭曲与地方政府税收努力之间并不存在 Granger 因果关系。

表 7 –5 　　　　　　　　　　　　　　　Granger 因果关系检验

因果变量	结果变量	原假设	检验值	自由度	P 值
ddisw&dtaxe	ddisw	dtaxe 不是 ddisw 的 Granger 原因	0.9120	1	0.3400
	dtaxe	ddisw 不是 dtaxe 的 Granger 原因	0.7230	1	0.3950
ddisr&dtaxe	ddisr	dtaxe 不是 ddisr 的 Granger 原因	0.3100	1	0.5780
	dtaxe	ddisr 不是 dtaxe 的 Granger 原因	0.5110	1	0.4750

注：Granger 因果检验的原假设为"不存在 Granger 因果关系"。

二、动态冲击分析

首先，利用 PVAR 模型探讨劳动力价格扭曲与地方政府税收努力之间的互动关系（见图 7 –6）。从变量自身冲击对自身的影响来看，无论是劳动力价格扭曲，还是地方政府税收努力，其自身增加一个单位标准差所形成的冲击都将导致自身以向上波动为主。从地方政府税收努力冲击对劳动力价格扭曲的影响来看，地方政府税收努力增加一个单位标准差所形成的冲击将导致劳动力价格扭曲向下波动，且波动幅度经历了先增后减的过程，从总的结果来看，冲击之后，劳动力价格扭曲程度有所增加，但上述影响并不显著。从劳动力价格扭曲冲击对地方政府税收努力的影响来看，劳动力价格扭曲增加一个单位标准差所形成的冲击将导致地方政府税收努力向上波动，之后便向均衡值收敛，故从总的结果来看，冲击之后，地方政府税收努力将有所提高，且上述影响是显著的。以上分析结果表明，从相互影响来看，劳动力价格扭曲增加将会推动地方政府税收努力水平提高，且地方政府税收努力水平提高会加剧劳动力价格扭曲，但后者的影响并不显著，因此，推动劳动力市场化配置改革与地方政府税收努力之间并不存在显著的相互促进的循环累计因果关系。

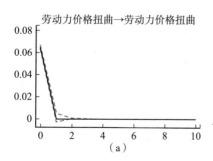 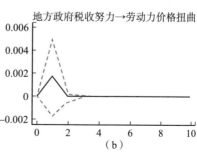

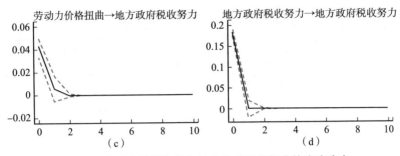

图 7 - 6　劳动力价格扭曲与地方政府税收努力的脉冲响应

注：图中的虚线为冲击对应的 95% 置信区间。

　　下面将利用 PVAR 模型探讨资本价格扭曲与地方政府税收努力之间的互动关系（见图 7 - 7）。从变量自身冲击对自身的影响来看，资本价格扭曲增加一个单位标准差将导致自身以向上波动为主。从地方政府税收努力冲击对资本价格扭曲的影响看，地方政府税收努力增加一个单位标准差所形成的冲击将导致资本价格扭曲向上波动，且波动幅度大致经历了先升后降的过程，之后便向均衡值收敛，故从总的结果来看，冲击之后，资本价格扭曲程度有所增加，但上述影响也是不显著的。从资本价格扭曲冲击对地方政府税收努力的影响来看，资本价格扭曲增加一个单位标准差所形成的冲击将导致地方政府税收努力向上波动，从总的结果来看，冲击之后，地方政府税收努力将有所提高。以上结果表明，从相互影响来看，资本价格扭曲增加将会推动地方政府税收努力水平提高，且地方政府税收努力水平提高会加剧资本价格扭曲，但后者的影响并不显著，因此，推动资本市场化配置改革与地方政府税收努力之间并不存在显著的相互促进的循环累计因果关系。

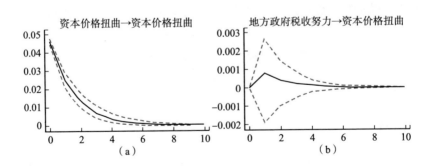

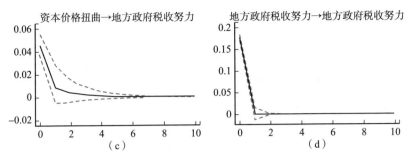

图 7 - 7　资本价格扭曲与地方政府税收努力的脉冲响应

注：图中的虚线为冲击对应的95%置信区间。

三、异质性分析

接下来根据要素价格扭曲大小，将研究样本划分为低要素价格扭曲和高要素价格扭曲两种情形，然后进行异质性分析。

首先，分析劳动力价格扭曲程度的不同情形。在低劳动力价格扭曲情形中（见图7-8），地方政府税收努力冲击将导致劳动力价格扭曲先向上波动后向下波动，以向上波动为主，上述影响是不显著的，而劳动力价格扭曲冲击将导致地方政府税收努力先向下波动后向上波动，以向下波动为主，上述影响是显著的。

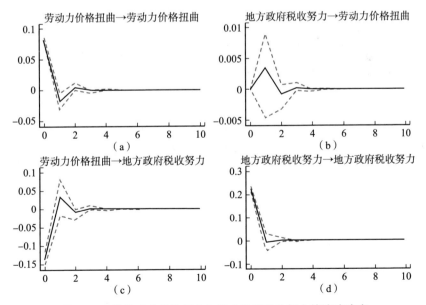

图 7 - 8　低劳动力价格扭曲与地方政府税收努力的脉冲响应

注：图中的虚线为冲击对应的95%置信区间。

在高劳动力价格扭曲情形中（见图 7-9），地方政府税收努力冲击将导致劳动力价格扭曲向上波动，上述影响是不显著的，且地方政府税收努力冲击对劳动力价格扭曲的影响幅度大于低劳动力价格扭曲情形。劳动力价格扭曲冲击将导致地方政府税收努力向上波动，上述影响是显著的，且劳动力价格扭曲冲击对地方政府税收努力的影响幅度小于低劳动力价格扭曲情形。与全国层面的结果对比可知，在高劳动力价格扭曲情形中，劳动力价格扭曲与产业结构升级之间的互动关系主导了全国层面的互动关系。

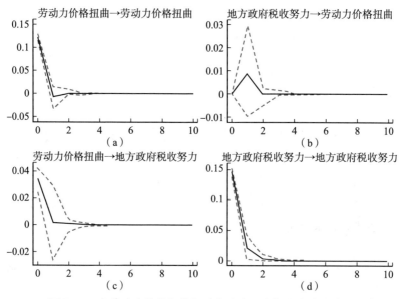

图 7-9　高劳动力价格扭曲与地方政府税收努力的脉冲响应

注：图中的虚线为冲击对应的 95% 置信区间。

其次，将分析资本价格扭曲程度的不同情形。在低资本价格扭曲情形中（见图 7-10），地方政府税收努力冲击将导致资本价格扭曲先向上波动后向下波动，上述影响是不显著的，而资本价格扭曲冲击将导致地方政府税收努力向下波动，上述影响是显著的。

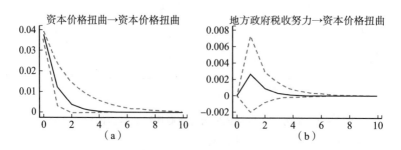

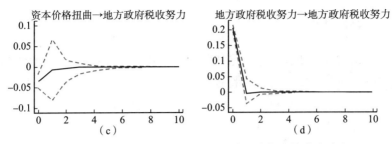

图 7 – 10　低资本价格扭曲与地方政府税收努力的脉冲响应

注：图中的虚线为冲击对应的 95% 置信区间。

在高资本价格扭曲情形中（见图 7 – 11），地方政府税收努力冲击将导致资本价格扭曲向下波动，上述影响是不显著的，且地方政府税收努力冲击对资本价格扭曲的影响幅度小于低劳动力价格扭曲情形。资本价格扭曲冲击将导致地方政府税收努力向上波动，上述影响是显著的。与全国层面的结果对比可知，在低资本价格扭曲情形中，地方政府税收努力冲击对资本价格扭曲的影响主导了全国层面的影响，而在高资本价格扭曲情形中，资本价格扭曲冲击对地方政府税收努力的影响主导了全国层面的影响。

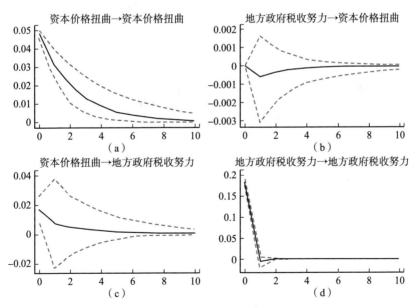

图 7 – 11　高资本价格扭曲与地方政府税收努力的脉冲响应

注：图中的虚线为冲击对应的 95% 置信区间。

四、稳健性分析

接下来将通过更换要素价格扭曲测算参数的方式对前面的脉冲响应分析所得结论进行稳健性分析。相较于发展中国家，发达国家的要素市场化程度更高，因此，借鉴已有研究，将生产函数的参数按照美国的估计值进行设定，即资本产出弹性和劳动力产出弹性的参数值设定为 0.3 和 0.7（Hsieh & Klenow，2009）。

在劳动力价格扭曲的情形中（见图 7 - 12），地方政府税收努力冲击将导致劳动力价格扭曲向上波动，劳动力价格扭曲冲击将导致地方政府税收努力向上波动，从而表明前面的分析结论是稳健的。

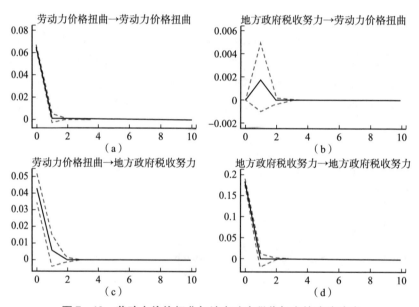

图 7 - 12　劳动力价格扭曲与地方政府税收努力的脉冲响应

注：图中的虚线为冲击对应的 95% 置信区间。

在资本价格扭曲的情形中（见图 7 - 13），地方政府税收努力冲击将导致资本价格扭曲向上波动，资本价格扭曲冲击将导致地方政府税收努力向上波动，从而表明前面的分析结论是稳健的。

综上所述，从要素价格扭曲与地方政府税收努力的相互影响来看，无论是推进劳动力市场化配置改革，还是推进资本市场化配置改革，都不可避免地对地方政府税收努力产生负向影响。进一步从地方政府行为的角度来看，扭曲要素价格行为会显著提高地方政府税收努力水平，说明通过扭

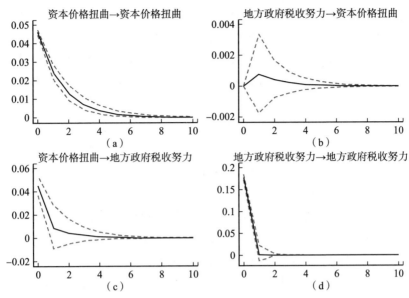

图 7 – 13　资本价格扭曲与地方政府税收努力的脉冲响应

注：图中的虚线为冲击对应的 95% 置信区间。

曲要素价格推动经济增长还需要配套基础设施，而提高税收努力水平并不会明显加剧要素价格扭曲。异质性分析发现，在低要素价格扭曲情形中，要素市场化配置改革能够提升地方政府税收努力，而在高要素价格扭曲情形中，要素市场化配置改革则会降低地方政府税收努力。

第六节　本 章 小 结

本章利用税柄法，结合 1978 ~ 2016 年省级层面相关数据，对地方政府税收努力进行了测度，在此基础上，利用泰尔指数分解方法分析地方政府税收努力的地区差异，之后利用协调度分析方法检验地方政府税收努力是否存在收敛性。为了探讨要素市场化配置改革与地方政府税收努力之间的互动效应，从要素价格扭曲视角切入，利用 PVAR 模型对两者之间的互动效应进行了分析。本章得到的主要结论如下：

第一，分税制改革之后，地方政府税收努力明显低于改革之前的水平，直到进入 21 世纪，地方政府税收努力才步入快速上升阶段，中部和西部地区的税收努力水平已接近改革开放之初的水平，东部地区的税收努力水平更是已经超过了改革开放之初的水平。另外，在中国经济步入新常态之后，地方政府税收努力也出现了一轮短暂的下降过程。通过对地方政府税收努力协调度的分析，发现多数省份都同时经历了收敛和发散的过程，进入 21 世纪之后，呈现收敛态势的省份更多。分地区分析结果进一步表明，不存在稳定的收敛趋势，但在分税制改革前和所得税分享改革后存在普遍的收敛趋势。

第二，分税制改革前，地区内差异与总体差异的变动具有一致性，且地区内差异始终占据明显的主导地位，分税制改革后，地区间差异与总体差异的变动具有一致性，且地区间差异的影响幅度越来越大，地区内差异的影响幅度越来越小。尽管地区内差异对总体差异的影响逐渐减小，但其影响程度依然大于地区间差异对总体差异的影响程度。进一步对分地区的分析结果显示，东部地区和西部地区的地区总体差异变动明显大于中部地区，因而是导致全国总体差异变动的主要因素。

第三，从要素市场化配置改革与地方政府税收努力之间的相互影响来看，无论是劳动力价格扭曲，还是资本价格扭曲，都与地方政府税收努力升级之间存在显著的相互推动的关系，即要素价格扭曲程度增加对地方政府税收努力水平的推动作用显著，而地方政府税收努力水平的提高对要素价格扭曲的推动作用并不显著。因此，推进要素市场化配置改革将会抑制地方政府税收努力水平的提高。

第八章 要素市场化配置改革的
一般均衡理论模型

第一节 研 究 背 景

要素价格扭曲通过阻碍市场对生产要素的配置，进而对宏观经济运行产生多方面的影响。从市场供给端来看，要素价格扭曲的存在导致生产要素无法自由流动，生产率低的企业可能获得过多的资本和劳动力，而生产率较高的企业却无法获得足够的资本和劳动力。由于生产要素无法根据企业生产效率进行配置，企业无法趋近于其潜在的生产能力水平，进而对企业的产出能力、资本积累、劳动力需求等方面产生影响。从市场需求端来看，要素价格扭曲使家庭作为生产要素的供给者无法得到充足的报酬，从而减少消费支出、投资支出和劳动力供给。由于市场供给端与需求端紧密相连，要素价格扭曲对市场供给端和需求端的影响之间还存在相互作用的关系。因此，要素价格扭曲对宏观经济的影响是系统的，需要从一般均衡的角度去理解要素价格扭曲的宏观经济效应。所以，本章的目的就是将要素价格扭曲引入宏观经济学的 DSGE 模型，为后续研究提供新的研究思路。相关研究也已经开始着手从一般均衡视角去探讨要素价格扭曲的宏观经济效应，比如罗德明等（2012）通过构建一个微观企业层面的 DSGE 模型，将劳动力和资本价格扭曲引入企业利润函数，分析了生产要素市场政策扭曲对 TFP 的影响。俞剑等（2018）通过构建一个含有需求方因素、供给方因素和要素价格扭曲的两部门动态一般均衡模型，将劳动力和资本价格扭曲以不同部门间劳动力工资和资本收益率差异的方式引入，分析消费结构升级、要素价格扭曲等因素对中国农业劳动力转移的影响。

本章构建 DSGE 基准模型的逻辑框架主要包含三大模块，即"政府部

门—家庭部门""生产部门—家庭部门"和"生产部门—政府部门"。在
"政府部门—家庭部门"模块中，政府部门向家庭部门提供公共物品和服
务，家庭部门向政府部门缴纳税金。同时，政府部门利用税收收入向家庭
部门提供公共物品，且假设政府部门收支平衡。在"生产部门—家庭部
门"模块中，家庭部门向生产部门提供劳动力和资金，生产部门向家庭部
门支付工资和利息。为了引入价格黏性机制，本章进一步将生产部门划
分为中间品部门和最终品部门，中间品部门需要先将产品提供给最终品
部门，并由最终品部门提供给家庭部门。在"生产部门—政府部门"模
块中，政府部门通过扭曲税的形式，向生产部门所使用的生产要素进行
征税。这里需要补充说明的是，在本章构建的模型框架中，假设政府并
没有将所获得的税收用于生产性消费，而是将其使用在非生产性消费方
面，从而造成这部分资源被浪费，凸显出要素价格扭曲对经济活动的负
向影响。

第二节　要素价格扭曲的 DSGE 模型框架

一、DSGE 模型

假设家庭部门的效用函数包含两个部分：消费带来的正效用和闲暇带
来的正效用。假设代表性家庭的选择是无限期的，其追求以下效用函数的
最大化：

$$E \sum_{t=0}^{\infty} A_{p,t} \beta^t \left[\Gamma_t \log(C_t - \varepsilon C_{t-1}) - N_t^{1+\eta}/(1+\eta) \right] \qquad (8-1)$$

其中，C、N分别表示消费、中间品部门的劳动力供给，β表示家庭
贴现因子，ε表示家庭消费习惯因子，比例因子Γ_t用来标准化边际消费效
用，η表示家庭部门对闲暇的偏好。$A_{p,t}$用来测度跨期偏好冲击，即总需
求冲击，冲击模式服从一阶自回归过程，且本章涉及的冲击均采用该种设
定方式：

$$\log A_{p,t} = \rho_{p,t} \log A_{p,t-1} + \mu_{p,t}, \ \mu_{p,t} \sim N(0, \ \sigma_p) \qquad (8-2)$$

$$C_t + I_t + B_t + T_t = W_t N_t + R_{K,t-1} K_{t-1} + R_{b,t-1} B_{t-1}/\pi_t + (1 - X_t) Y_t/X_t + G_t \qquad (8-3)$$

$$K_t = I_t + (1 - \delta_k) K_{t-1} - \varphi_t \qquad (8-4)$$

式（8-3）是家庭部门面临的收支约束方程，方程左端表示家庭在第

t 期的支出，主要包括消费支出、中间品部门投资支出、购买债券支出、总量税支出。方程右端表示对应的第 t 期的收入，主要包括中间品部门的工资收入、上一期持有中间品部门资本的回报、上一期购买债券的收益和政府部门提供的公共物品。式（8-4）是资本的动态积累过程，参考已有研究，将资本调整成本设定为资本增长率的一个二次函数（Iacoviello，2015）。

生产部门包含两类，即中间品部门和最终品部门。假设中间品部门的生产函数符合 C-D 形式：

$$Y_t = TFP_t N_t^{1-\nu_K} K_t^{\nu_K} \tag{8-5}$$

生产函数中，TFP_t 表示中间品部门的生产技术冲击，冲击模式同样均服从一阶自回归过程。生产函数中 $1-v_K$ 表示家庭部门向中间品生产部门提供劳动力的产出弹性，v_K 表示投入中间品部门的资本产出弹性。本章将全要素生产率设定为资本存量的函数，即：

$$TFP_{i,t} = TECH \times K_{i,t}^{\nu_{TFP}} \tag{8-6}$$

中间品部门的利润函数如下：

$$\max Y_t / X_t - (1 + \tau_n) W_t N_t - (1 + \tau_K) R_K K_t \tag{8-7}$$

其中，X_t 表示最终品部门购进中间品部门的产品之后再制定价格时的价格加成率。$(1 + \tau_n) W_t N_t$ 和 $(1 + \tau_K) R_K K_t$ 是中间品部门的工资和资本利息支出。借鉴生产函数测度要素价格扭曲的思想，在利润函数中引入价格扭曲因素，式中 τ_n 和 τ_K 分别表示劳动力价格和资本价格扭曲。

构建最终品部门。经济中有连续的最终品部门，以 $z \in (0, 1)$ 标记。关于最终品部门的设定，假定最终品生产厂商 z 在完全竞争的中间品市场以价格 P_t^w 购买中间品，且最终品的合成技术为：

$$Y_t^f = \left(\int_0^1 Y_t(z)^{(\varepsilon-1)/\varepsilon} dz \right)^{\varepsilon/(\varepsilon-1)} \tag{8-8}$$

此外，最终品价格为：

$$P_t = \left(\int_0^1 P_t(z)^{1-\varepsilon} dz \right)^{1/(\varepsilon-1)} \tag{8-9}$$

最终品生产商定价遵从卡尔沃（Calvo，1983）定价原则，即每一期都有 $1-\theta$ 比例的生产商调整其产品价格至最优水平 P^*，其余生产商价格只能盯住上期通货膨胀率，即：

$$P_t = (\theta P_{t-1}^\varepsilon + (1 - \theta) (P_t^*)^{1-\varepsilon})^{1/(1-\varepsilon)} \tag{8-10}$$

最终品部门根据利润最大化原则得到的一阶条件为：

$$\sum_{k=0}^\infty \theta^k E_t \{ \beta (C_t / C_{t+k}) (P_t^*(z) / P_{t+k}) Y_{t+k}^*(z) \} = 0 \tag{8-11}$$

通过将以上两个式子对数线性化并进行合并可以得到附加预期的菲利普斯曲线：

$$\log\pi_t - \iota_p\log\pi_{t-1} = \beta(E_t\log\pi_{t+1} - \log\pi_t) - \varepsilon_\pi\log(X_t/X) \quad (8-12)$$

其中，$\varepsilon_\pi = (1-\theta_\pi)(1-\beta\theta_\pi)/\theta_\pi$。

中央银行部门的行为主要是制定利率政策，并假设制定利率政策时遵循"Taylor 准则"，将利率设定为通货膨胀和国内总产出增长率的函数：

$$R_t = R_{t-1}^{R_R}\pi_t^{(1-R_R)R_\pi}(Y_t/Y_{t-1})^{(1-R_R)R_Y}R_0^{1-R_R}\mu_{R,t}, \quad \mu_{R,t} \sim N(0, \sigma_R)$$

$$(8-13)$$

其中，R_0 表示均衡状态时的真实利率；Y_t 代表总产出，主要由消费和投资构成；随机项 $\mu_{R,t}$ 用于衡量利率政策冲击。

该部分的均衡条件是为了保证整个模型出清，从而得到均衡解。本章中的一般均衡模型涉及一个主要市场，即中间品市场提供家庭消费和投资的产品。

$$C_t + I_t = Y_t \quad (8-14)$$

二、参数估计

利用校准法对部分参数进行估计，结果如表 8-1 所示。

表 8-1 参数校准结果

参数	参数描述	设定值	参考研究
β	家庭部门贴现因子	0.9887	王爱俭和王景怡（2014）
δ_K	中间品部门资本折旧率	0.025	龚六堂和谢丹阳（2004）
X	价格成本加成率	1.1	黄志刚（2011）
θ_π	不能调整至最优价格的厂商比例	0.75	梅冬州和龚六堂（2011）
R_R	利率平滑系数	0.75	
R_π	通货膨胀预期平滑系数	2.6	张（Zhang, 2008）
R_y	总产出缺口平滑系数	0.6	
ν_K	中间品部门资本产出弹性	0.48	
ν^{TFP}	中间品部门资本 TFP 产出弹性	0.14	利用前文 2000~2016 年数据对生产函数和全要素生产率函数进行随机前沿估计结果
$TECH$	转换效率	0.53	
τ^N	劳动力价格负向扭曲	0.08	
τ^K	资本价格负向扭曲	0.14	

对其余参数采用贝叶斯方法进行估计，结果如表8-2所示。使用的数据包括月度社会消费品零售总额、月度固定资产投资额、月度居民消费价格指数等，主要来源于中国经济社会大数据研究平台和国家统计局网站的月度数据，时间跨度为2000年第1季度到2016年第4季度。具体原始数据包括：月度社会消费品零售总额、月度固定资产投资额、月度居民消费价格指数。经过处理后得到实际采用的两笔数据，即消费和投资。结构性参数的先验分布参考现有研究的设定（Iacoviello & Neri，2010；Iacoviello，2015；王君斌等，2011）。

表8-2 参数贝叶斯估计结果

参数	描述	事前分布			事后分布		
		分布类型	均值	标准差	均值	90% 置信区间	
ε	家庭部门消费惯性	beta	0.5	0.075	0.3511	0.2791	0.4331
η	家庭部门劳动力供给弹性	beta	0.5	0.1	0.4445	0.3402	0.5594
φ	投资调整成本系数	gamma	10	2.5	15.1279	10.4847	19.7697
ι_π	物价调整系数	beta	0.5	0.2	0.2970	0.0669	0.4921
ρ_β	跨期偏好冲击自相关系数	beta	0.8	0.1	0.4158	0.2825	0.5687
ρ_i	技术冲击自相关系数	beta	0.8	0.1	0.7472	0.5744	0.9333
σ_β	跨期偏好冲击的标准差	inv. gamma	0.0025	∞	0.0288	0.0215	0.0348
σ_i	技术冲击的标准差	inv. gamma	0.0025	∞	0.0014	0.0007	0.0021
σ_e	利率冲击的标准差	inv. gamma	0.0025	∞	0.0113	0.0079	0.0143

为检验模型的适用性，从三个角度对其进行相应检验（见表8-3）。首先，比较各变量的标准差大小，主要目的是衡量波动性差异情况；其次，比较各变量的自相关系数大小，主要目的是衡量黏性差异情况；最后，比较产出与其他变量的相关系数大小，主要目的是衡量协动性差异情况。根据表8-3的数据对比，可以发现所构建的模型对实际经济的总体模拟效果良好，无论是从标准差还是从与总产出标准差的比值方面，模拟经济的结果都与实际经济接近。

表 8 – 3				模型适用性检验结果				

变量	实际经济				模拟经济			
	自相关系数	标准差	与总产出的相关系数	与总产出标准差的比值	自相关系数	标准差	与总产出的相关系数	与总产出标准差的比值
总产出	0.6927	0.0256	1	1	0.3153	0.0173	1	1
消费	0.6879	0.0178	0.7052	0.6923	0.4153	0.0120	0.5928	0.6952
投资	0.2837	0.044	0.8256	1.7167	0.2844	0.0425	0.8885	2.4589

注：实际经济变量的数据通过以 2000 年为基期进行标准化并进行 HP 滤波后计算得到。

第三节　DSGE 模型数值模拟分析

一、比较静态模拟分析

接下来将利用上文构建的 DSGE 模型分析要素价格扭曲变动对宏观经济主要变量均衡值的影响，重点考察劳动力和资本价格负向扭曲逐渐减少和逐渐增加两种情形，所考察的经济变量包括消费（C）、投资（I）、总产出（Y）、全要素生产率（TFP）、就业（N）和工资（W）。

在劳动力价格负向扭曲的情形下（见表 8 – 4），随着劳动力价格负向扭曲逐渐减少，所考察的宏观经济变量的均衡值都呈逐渐增加的趋势，其中变动幅度最大的是工资，变动幅度最小的是全要素生产率。当劳动力价格负向扭曲减少 50% 时，消费的均衡值增加了 3.7759%，投资的均衡值增加了 1.2813%，总产出的均衡值增加了 1.2807%，全要素生产率的均衡值增加了 0.1784%，就业的均衡值增加了 0.9338%，工资的均衡值增加了 4.2056%。另外，本节还进一步模拟了劳动力价格负向扭曲完全消除后，所考察的宏观经济变量均衡值的变动情况，根据表 8 – 4 可知，当劳动力价格负向扭曲完全消除后，宏观经济变量均衡值变动幅度扩大了一倍左右。

表 8 – 4　　　劳动力价格负向扭曲减少对宏观经济的影响　　　单位: %

τ^N	C	I	Y	TFP	N	W
90	0.7327	0.2535	0.2534	0.0354	0.1851	0.8156
80	1.4764	0.5085	0.5083	0.0710	0.3710	1.6437

τ^N	C	I	Y	TFP	N	W
70	2.2313	0.7647	0.7644	0.1067	0.5577	2.4845
60	2.9978	1.0224	1.0219	0.1425	0.7454	3.3384
50	3.7759	1.2813	1.2807	0.1784	0.9338	4.2056
0	7.8531	2.5969	2.5957	0.3595	1.8891	8.7542

下面将进一步分析劳动力价格负向扭曲变动对宏观经济变量均衡值影响的内在机制。劳动力价格负向扭曲变动先影响生产部门对劳动力的需求和家庭部门对劳动力的供给,然后再影响其他宏观经济变量的,然而,劳动力价格扭曲变动主要通过影响劳动力供给进而对宏观经济产生影响,因为生产部门对劳动力的需求取决于劳动力边际生产力所决定的劳动力价格,即 $(1 + \tau^N)W$,根据表 8 - 4 可知,随着劳动力价格负向扭曲的逐渐减少,τ_N 部分有所减少,W 部分有所增加,且两者正好抵消,故总的来看,劳动力价格是不变的,所以劳动力价格扭曲并不会直接对劳动力需求产生影响。具体来看劳动力供给端,家庭部门对劳动力的供给取决于工资,即 W,工资与劳动力供给之间是正相关关系。根据表 8 - 4 可知,随着劳动力价格负向扭曲的逐渐减少,W 增加,所以劳动力的供给是增加的。劳动力价格相对于资本价格下降将会导致生产部门用劳动力替代资本,因而对投资产生负向影响,同时,生产部门对劳动力需求的增加也需要资本进行配套增加,因而也会对投资产生正向影响,从最终结果来看,后者的正向影响更大一些,所以投资是增加的。由于劳动力和资本均增加,所以总产出也会有所增加。由于来自劳动力和资本的收入均有所增加,根据家庭部门的收支约束,此时,家庭部门消费支出也会相应增加。由于假设全要素生产率的变动主要取决于资本存量,投资增加自然会对全要素生产率产生正向影响,所以全要素生产率将会逐渐增加。

在资本价格负向扭曲的情形下(见表 8 - 5),随着资本价格负向扭曲逐渐减少,除了就业的均衡值,其他考察的宏观经济变量的均衡值都呈逐渐增加的趋势,其中变动幅度最大的是投资,变动幅度最小的是全要素生产率。当资本价格负向扭曲减少 50% 时,消费的均衡值增加了 10.9673%,投资的均衡值增加了 16.4984%,总产出的均衡值增加了 9.3610%,全要素生产率的均衡值增加了 2.1609%,工资的均衡值增加了 10.4742%,而就业的均衡值则减少了 0.9942%。另外,本节还进一步模拟了资本价格负向扭曲完全消除后，所考察的宏观经济变量均衡值的变动情况，根据表 8 - 5，当资本价格负向扭曲完全消除后，宏观经济变量均衡值变动幅度扩大了一倍左右。将以上结果与前面劳动力价格负向扭曲减少的结果进行对比可知，资本价格负向扭曲变动对所有变量的均衡值的影响幅度更大一些。

表 8 - 5　　　　　　资本价格负向扭曲减少对宏观经济的影响　　　　　单位：%

τ^K	C	I	Y	TFP	N	W
90	2.0496	3.0279	1.7656	0.4185	-0.1907	1.9628
80	4.1678	6.1844	3.5824	0.8436	-0.3854	3.9888
70	6.3578	9.4765	5.4523	1.2756	-0.5840	6.0806
60	8.6231	12.9118	7.3778	1.7146	-0.7870	8.2413
50	10.9673	16.4984	9.3610	2.1609	-0.9942	10.4742
0	24.0137	37.0248	20.2326	4.5086	-2.1007	22.8460

　　下面将进一步分析资本价格负向扭曲变动对宏观经济变量均衡值影响的内在机制。资本价格负向扭曲变动先影响生产部门对资本的需求和家庭部门对资本的供给，然后再影响其他宏观经济变量的。然而，资本价格扭曲变动主要通过影响资本需求进而对宏观经济产生影响，因为家庭部门对资本的供给取决于资本回报率，即 R_K，资本回报率与资本供给之间是正相关关系，由于 R_K 不变，所以资本价格扭曲并不会直接对资本供给产生影响。具体来看资本需求端，生产部门对资本的需求取决于资本边际生产力所决定的资本价格，即 $(1 + \tau^K)R_K$，资本价格与资本需求之间是负相关关系。根据表 8 - 5 可知，随着资本价格负向扭曲的逐渐减少，τ^K 部分有所减少，R_K 部分主要根据中央银行制定的利率水平变动，受其他因素影响较小，故保持相对稳定，所以总的来看，资本价格是下降的，对资本的需求是增加的，即投资增加。资本价格相对于劳动力价格下降将会导致生产部门用资本替代劳动力，因而对就业产生负向影响，同时，生产部门对资本需求的增加也需要劳动力进行配套增加，因而也会对就业产生正向影响，从最终结果来看，前者的负向影响更大一些，所以就业是减少的。尽管劳动力减少，但由于投资增加幅度更大，所以资本增加更多，抵消了劳动力减少对总产出的负向影响，使总产出逐渐增加。总产出增加和就业减少一起抬高了工资水平，且工资水平增加幅度大于就业减少幅度，因此总体来看，家庭部门来自劳动力市场的收入有所增加。由于来自劳动力和资

本的收入均有所增加，根据家庭部门的收支约束，此时，家庭部门消费支出也会相应增加。由于假设全要素生产率的变动主要取决于资本存量，投资增加自然会对全要素生产率产生正向影响，所以随着资本价格负向扭曲程度的减少，全要素生产率将会逐渐增加。

接下来，将进一步考察当劳动力和资本价格负向扭曲同时减少时，宏观经济变量均衡值的变动情况（见表 8 – 6）。随着两类要素价格扭曲的逐渐减少，除了就业，其他所考察的宏观经济变量都呈逐渐增加的趋势，即与资本价格负向扭曲逐渐减少的情形相同。当两类要素价格扭曲逐渐减少至 50% 时，消费的均衡值增加了 15. 1554%，投资的均衡值增加了 18. 0305%，总产出的均衡值增加了 10. 7953%，全要素生产率的均衡值增加了 2. 3479%，工资的均衡值增加了 15. 1305%，而就业的均衡值则减少了近 0. 0460%。另外，当两类要素价格扭曲完全消除后，消费的均衡值增加了 33. 7425%，投资的均衡值增加了近 40. 7839%，总产出的均衡值增加了 23. 5278%，全要素生产率的均衡值增加了 4. 9053%，工资的均衡值增加了 33. 6504%，而就业的均衡值减少了 0. 1500%。

表 8 – 6　　　　劳动力和资本价格负向扭曲减少对宏观经济的影响　　　单位：%

τ^N、τ^K	C	I	Y	TFP	N	W
90	2. 7972	3. 2905	2. 0248	0. 4542	− 0. 0050	2. 7947
80	5. 7054	6. 7298	4. 1142	0. 9160	− 0. 0121	5. 6994
70	8. 7304	10. 3266	6. 2709	1. 3853	− 0. 0212	8. 7195
60	11. 8781	14. 0903	8. 4978	1. 8626	− 0. 0325	11. 8610
50	15. 1554	18. 0305	10. 7983	2. 3479	− 0. 0460	15. 1305
0	33. 7425	40. 7839	23. 5278	4. 9053	− 0. 1500	33. 6504

以上结果表明，两类要素价格扭曲同时减少对宏观经济变量均衡值的影响大致可以看作是将两类要素价格扭曲减少分别对宏观经济变量均衡值的影响的一个组合。总体来看，当两类要素价格扭曲同时减少时，资本价格负向扭曲对宏观经济变量均衡值的影响占主导，但这可能是因为资本价格负向扭曲程度更大，所以，当两类要素价格扭曲同样减少 10% 时，从绝对值水平来看，资本价格负向扭曲减少了更多。根据下文的稳健性分析可知，当两类要素价格扭曲处于相同水平时，资本价格负向扭曲变动对除就业外的其他宏观经济变量均衡值的影响幅度更大一些。

在劳动力价格负向扭曲增加的情形下（见表 8 - 7），随着劳动力价格负向扭曲逐渐增加，考察的所有宏观经济变量的均衡值都呈逐渐减少的趋势，其中变动幅度最大的是工资，变动幅度最小的是全要素生产率。当劳动力价格负向扭曲增加 50% 时，消费的均衡值减少了 3.5070%，投资的均衡值减少了 1.2484%，总产出的均衡值减少了 1.2480%，全要素生产率的均衡值减少了 0.1757%，就业的均衡值减少了 0.9131%，工资的均衡值减少了 3.8996%。将表 8 - 7 与表 8 - 4 进行对比后可知，当劳动力价格负向扭曲逐渐增加时，其对宏观经济的影响方向与之前减少的方向正好相反。

表 8 - 7　　　　　　　　劳动力价格负向扭曲增加对宏观经济的影响　　　　　单位：%

τ^N	C	I	Y	TFP	N	W
110	- 0.7220	- 0.2523	- 0.2522	- 0.0354	- 0.1842	- 0.8033
120	- 1.4334	- 0.5032	- 0.5031	- 0.0707	- 0.3677	- 1.5946
130	- 2.1346	- 0.7530	- 0.7527	- 0.1057	- 0.5503	- 2.3744
140	- 2.8257	- 1.0014	- 1.0010	- 0.1408	- 0.7321	- 3.1426
150	- 3.5070	- 1.2484	- 1.2480	- 0.1757	- 0.9131	- 3.8996

下面将进一步分析劳动力价格负向扭曲增加对宏观经济变量均衡值影响的内在机制，分析过程与前面分析扭曲减少的过程相同。随着劳动力价格负向扭曲的逐渐增加，W 减少导致劳动力的供给有所减少。劳动力价格相对于资本价格上升将会导致生产部门用资本替代劳动力，因而对投资产生正向影响，同时，生产部门对劳动力需求的减少也需要资本进行配套减少，因而也会对投资产生负向影响，从最终结果来看，后者的负向影响更大一些，所以投资是减少的。正是由于劳动力和资本双双减少，导致总产出也逐渐减少。由于来自劳动力和资本的收入均有所减少，根据家庭部门的收支约束，此时家庭部门消费支出也会相应减少。由于假设全要素生产率的变动主要取决于资本存量，投资减少自然会对全要素生产率产生负向影响。

在资本价格负向扭曲增加的情形下（见表 8 - 8），随着资本价格负向扭曲逐渐增加，除了就业，考察的其他宏观经济变量的均衡值都呈逐渐减少的趋势，其中变动幅度最大的是投资，变动幅度最小的是全要素生产率。当资本价格负向扭曲增加 50% 时，消费的均衡值减少了 9.3192%，投资的均衡值减少了 13.4293%，总产出的均衡值减少了 8.1270%，全要素生产率的均衡值减少了 1.9988%，工资的均衡值减少了 8.9570%，只有就业的均衡值增加了 0.8980%。将表 8 - 8 与表 8 - 5 进行对比后可知，当资本价格负向扭曲逐渐增加时，其对宏观经济的影响方向也是与之前减少的方向正好相反。

表 8 - 8 资本价格负向扭曲增加对宏观经济的影响 单位：%

τ^K	C	I	Y	TFP	N	W
110	-1.9841	-2.9060	-1.7165	-0.4120	0.1869	-1.9024
120	-3.9054	-5.6962	-3.3857	-0.8177	0.3700	-3.7470
130	-5.7666	-8.3766	-5.0094	-1.2173	0.5495	-5.5361
140	-7.5704	-10.9527	-6.5893	-1.6110	0.7254	-7.2720
150	-9.3192	-13.4293	-8.1270	-1.9988	0.8980	-8.9570

下面将进一步分析资本价格负向扭曲增加对宏观经济变量均衡值影响的内在机制，分析过程与前面分析扭曲减少的过程相同。随着资本价格负向扭曲的逐渐增加，τ_K 部分有所增加，R_K 部分不变，总的来看，资本价格是上升的，所以对资本的需求是减少的，即投资减少。资本价格相对于劳动力价格上升将会导致生产部门用劳动力替代资本，因而对就业产生正向影响，同时，生产部门对资本需求的减少也需要劳动力进行配套减少，因而也会对就业产生负向影响，从最终结果来看，前者的正向影响更大一些，所以就业是增加的。尽管劳动力增加，但由于投资减少的幅度更大，所以资本减少更多，抵消了劳动力增加对总产出的正向影响，使总产出逐渐减少。总产出减少和就业增加一起压低了工资水平，且工资水平减少幅度大于就业增加幅度，因此总体来看，家庭部门来自劳动力市场的收入有所减少。由于来自劳动力和资本的收入均有所减少，根据家庭部门的收支约束，此时，家庭部门消费支出也会相应减少。由于假设全要素生产率的变动主要取决于资本存量，投资减少自然会对全要素生产率产生负向影响，所以随着资本价格负向扭曲程度的增加，全要素生产率将会逐渐减少，且由于资本价格负向扭曲对投资的影响明显，也就使其对全要素生产率的影响相较于劳动力价格负向扭曲更加明显。

接下来，同样进一步考察了当劳动力和资本价格负向扭曲同时增加时，所考察宏观经济变量均衡值的变动情况（见表 8 - 9）。随着两类要素价格扭曲的逐渐增加，除了就业，其他所考察的宏观经济变量的均衡值都呈逐渐减少的趋势。当两类要素价格扭曲增加 50% 时，消费的均衡值减少了

12.5007%，投资的均衡值减少了 14.4848%，总产出的均衡值减少了
9.2470%，全要素生产率的均衡值减少了 2.1669%，就业的均衡值减少了
0.0025%，工资的均衡值减少了 12.5005%。以上结果表明，两类要素价格
扭曲同时增加对宏观经济变量均衡值的影响同样大致可以看作是将两类要素
价格扭曲分别增加时对宏观经济变量均衡值的影响的一个组合。总体来看，
当两类要素价格扭曲同时增加时，资本价格负向扭曲对宏观经济变量均衡值
的影响占主导地位，但这同样可能是因为资本价格负向扭曲程度更大，根据
下面的稳健性分析可知，当两类要素价格扭曲处于相同水平时，资本价格负
向扭曲变动对除就业外的其他宏观经济变量均衡值的影响幅度更大一些。将
表8-9与前面表8-6的结果进行对比可知，两类要素价格扭曲同时增加对
所考察宏观经济变量均衡值的影响与前面同时减少的影响正好相反。

表8-9　　　　　劳动力和资本价格负向扭曲增加对宏观经济的影响　　　单位：%

τ^N、τ^K	C	I	Y	TFP	N	W
110	−2.6918	−3.1497	−1.9632	−0.4471	0.0031	−2.6902
120	−5.2830	−6.1663	−3.8670	−0.8871	0.0044	−5.2807
130	−7.7786	−9.0566	−5.7141	−1.3203	0.0038	−7.7764
140	−10.1831	−11.8273	−7.5068	−1.7469	0.0015	−10.1816
150	−12.5007	−14.4848	−9.2470	−2.1669	−0.0025	−12.5005

通过以上分析结果可知，从单独变动情形的结果来看，劳动力和资本
价格负向扭曲减少对宏观经济均具有普遍的正向影响，扭曲增加对宏观经
济具有普遍的负向影响，且资本价格负向扭曲变动对宏观经济的影响幅度
更大一些。

二、动态冲击模拟分析

比较静态分析的侧重点在于揭示要素价格扭曲变动对宏观经济均衡值的
影响，动态冲击分析的重点则在于揭示要素价格扭曲变动对宏观经济波动的
影响。下面所考察的经济变量包括消费（C）、投资（I）、总产出（Y）、全
要素生产率（TFP）和就业（N）。为了增强可比性，假设劳动力和资本
价格负向扭曲的冲击过程服从一阶自回归模式，且自回归系数均为0.8，
冲击标准差均为0.0025。

首先分析劳动力价格负向扭曲减少所形成的冲击对宏观经济波动的影
响（见图8-1）。根据图8-1可知，冲击对宏观经济变量波动的影响主

要是正向影响，这一点与前面比较静态分析所得到的结果相似，表明劳动力价格负向扭曲减少不仅会导致宏观经济变量均衡值增加，也会导致宏观经济变量向上波动。受劳动力价格负向扭曲减少所形成的冲击影响，消费向上波动，且会经历一个波动幅度先增后减的过程，大约在冲击后的第3期到达波峰，然后便开始向均衡值回复。投资的波动过程与消费类似，同样向上波动，也会经历一个波动幅度先增后减的过程，且到达波谷的时期也是第2期，不同之处在于投资回复均衡值的速度更快，在考察期内已经回复到均衡值，而消费则没有。总产出的波动幅度则是介于消费与投资之间，波动幅度大于消费但小于投资，且波动过程与两者相似，这主要是因为总产出主要由消费和投资组成。相较于其他宏观经济变量，全要素生产率在受到冲击后，波动过程与其他变量相似，但是波动幅度较小，且其到达波峰的时期较晚。不同于以上变量，就业在受到冲击后会先向下短暂波动，然后很快就进入向上波动过程，且以向上波动为主，大约在第4期到达波峰。另外，根据图8-1可知，当劳动力价格负向扭曲处于更低水平时，扭曲减少所形成的冲击对宏观经济波动的负向影响幅度有所缩小，而当劳动力价格负向扭曲处于更高水平时，扭曲减少所形成的冲击对宏观经济波动的正向影响幅度则有所增加。

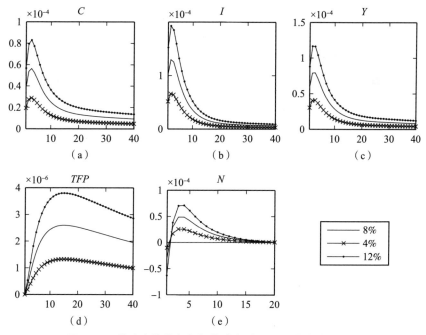

图8-1 劳动力价格负向扭曲减少对宏观经济波动的影响

需要补充说明一点，要素价格扭曲变动对宏观经济变量均衡值的影响方向可能会与其变动所形成的冲击对宏观经济变量波动的影响方向相反，这主要是因为冲击，即标准差变动，对宏观经济变量的影响主要是指变量相对于均衡值的波动方向，因此，可能出现变量均衡值向上变动的同时变量却是向下波动的（见图8-2）。图8-2中直线可看作是变量均衡值的变动，曲线则是变量实际的变动轨迹，曲线与直线之间的偏离就是变量波动，主要由冲击引起。尽管变量均衡值始终保持向上变动的态势，但是变量波动也可能出现向下波动过程。

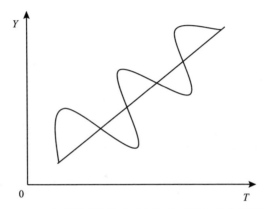

图8-2　经济变量均衡值变动与经济变量波动之间的关系

　　接下来将分析资本价格负向扭曲程度减少所形成的冲击对宏观经济波动的影响（见图8-3）。根据图8-3可知，冲击对除了就业外的宏观经济变量波动的影响主要是正向影响，这一点与前面比较静态分析所得到的结果相似，表明资本价格负向扭曲减少不仅会导致除就业外的宏观经济变量均衡值增加，也会导致这些宏观经济变量向上波动。受资本价格负向扭曲减少所形成的冲击影响，消费向上波动，且会经历一个波动幅度先增后减的过程，大约在冲击后的第3期到达波峰，然后便开始向均衡值回复。投资的波动过程与消费类似，同样向上波动，也会经历一个波动幅度先增后减的过程，且到达波峰的时期是第2期，不同之处在于投资回复均衡值的速度更快，在考察期内已经回复到均衡值，而消费则没有。总产出的波动幅度则是介于消费与投资之间，波动幅度大于消费但小于投资。同样，相较于其他宏观经济变量，全要素生产率在受到冲击后，波动过程与其他变量相似，但是波动幅度较小，且其到达波谷的时期较晚。不同于以上变量，就业在受到冲击后一直保持向下波动的过程，表明资本价格负向扭曲

· 184 ·

减少所形成的冲击不仅会导致就业的均衡值减少，也会导致就业向下波动。另外，根据图8-3，当资本价格负向扭曲处于更高水平时，扭曲减少所形成的冲击对宏观经济波动的影响幅度有所增加。

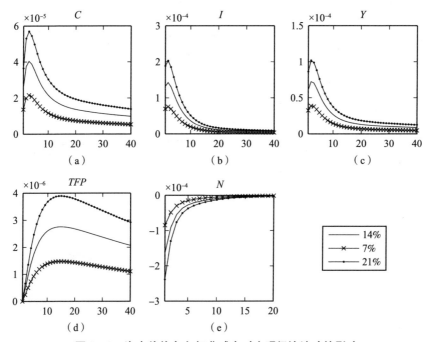

图8-3　资本价格负向扭曲减少对宏观经济波动的影响

　　类似于前面的分析，下面将进一步探讨两类要素价格扭曲组合变动情形下，冲击对宏观经济波动的影响（见图8-4）。根据图8-4可知，结合前面两种单独变动情形下冲击对宏观经济变量波动的影响结果，除了冲击对就业的影响，由于两类要素价格扭曲减少都会导致宏观经济变量向上波动，因而会出现叠加效应。从波动幅度来看，资本价格负向扭曲变动所形成的冲击会导致投资和全要素生产率以更大幅度向上波动，劳动力价格负向扭曲变动所形成的冲击会导致消费和总产出以更大幅度向上波动。由于劳动力价格负向扭曲冲击将导致就业以向上波动为主，而资本价格负向扭曲冲击将导致就业向下波动，所以此时便会出现对冲效应，从总的结果来看，资本价格负向扭曲冲击对就业的短期影响幅度更大，劳动力价格负向扭曲冲击对就业的长期影响幅度更大，所以，就业先向下波动后向上波动。

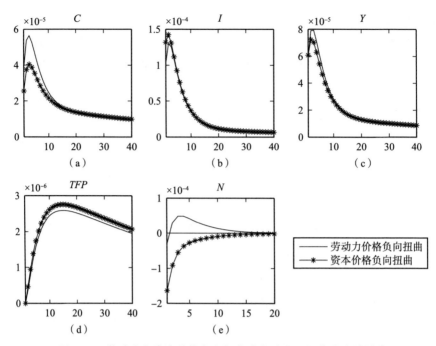

图 8 - 4　劳动力和资本价格负向扭曲减少对宏观经济波动的影响

　　首先，来看劳动力价格负向扭曲增加所形成的冲击对宏观经济波动的影响（见图 8 - 5）。根据图 8 - 5 可知，冲击对宏观经济变量波动的影响主要是负向影响，这一点与前面比较静态分析所得到的结果相似，表明劳动力价格负向扭曲增加不仅会导致宏观经济变量均衡值减少，也会导致宏观经济变量向下波动。受劳动力价格负向扭曲增加所形成的冲击影响，消费向下波动，且会经历一个波动幅度先增后减的过程，大约在冲击后的第3 期到达波谷，然后便开始向均衡值回复。投资的波动过程与消费类似，同样向下波动，也会经历一个波动幅度先增后减的过程，且到达波谷的时期是第 2 期，不同之处在于投资回复均衡值的速度更快，在考察期内已经回复到均衡值，而消费则没有。总产出的波动幅度则是介于消费与投资之间，波动幅度大于消费但小于投资。相较于其他宏观经济变量，全要素生产率在受到冲击后，波动过程与其他变量相似，但是波动幅度较小，且到达波谷的时期较晚。不同于以上变量，就业在受到冲击后会先向上波动，但很快就进入向下波动过程，且以向下波动为主，大约在第 4 期到达波谷。另外，根据图 8 - 5 可知，随着劳动力价格负向扭曲处于更低水平时，扭曲增加所形成的冲击对宏观经济波动的负向影响幅度有所缩小，而当劳动力价格负向扭曲处于更高水平时，扭曲增加所形成的冲击对宏观经济波动的影响幅度则有所增加。

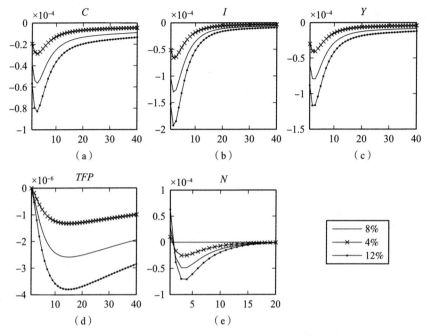

图8-5　劳动力价格负向扭曲增加对宏观经济波动的影响

　　其次，来分析资本价格负向扭曲增加所形成的冲击对宏观经济波动的影响（见图8-6）。根据图8-6可知，冲击对宏观经济变量波动的影响同样主要是负向影响，这一点与前面比较静态分析所得到的结果相似，表明资本价格负向扭曲增加不仅会导致宏观经济变量均衡值减少，也会导致宏观经济变量向下波动。受资本价格负向扭曲增加所形成的冲击影响，消费向下波动，且会经历一个波动幅度先增后减的过程，大约在冲击后的第3期到达波谷，然后便开始向均衡值回复。投资的波动过程与消费类似，同样向下波动，也会经历一个波动幅度先增后减的过程，且到在第2期到达波谷，不同之处在于投资恢复均衡值的速度更快，在考察期内已经回复到均衡值。总产出的波动幅度则是介于消费与投资之间，波动幅度大于消费但小于投资。相较于其他宏观经济变量，全要素生产率在受到冲击后，波动过程与其他变量相似，但是波动幅度较小，且到达波谷的时期较晚。不同于以上变量，就业在受到冲击后一直保持向上波动的过程，表明资本价格负向扭曲增加所形成的冲击不仅会导致就业的均衡值增加，也会导致就业向上波动。另外，根据图8-6，随着资本价格负向扭曲处于更低水平时，扭曲增加所形成的冲击对宏观经济波动的负向影响幅度有所缩小，而当资本价格负向扭曲处于更高水平时，扭曲增加所形成的冲击对宏观经济波动的影响幅度则有所增加。

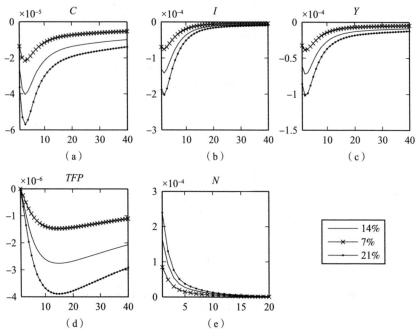

图8-6 资本价格负向扭曲增加对宏观经济波动的影响

最后，进一步探讨两类要素价格扭曲同时增加时，冲击对宏观经济变量波动的影响（见图8-7）。根据图8-7可知，结合前面两种单独变动情形下冲击对宏观经济变量波动的影响结果，除了冲击对就业的影响，由于两类要素价格扭曲增加都会导致宏观经济变量向下波动，因而会出现叠加效应。从波动幅度来看，资本价格负向扭曲变动所形成的冲击会导致总投资和全要素生产率以更大幅度向下波动，劳动力价格负向扭曲变动所形成的冲击会导致总消费和总产出以更大幅度向下波动。由于劳动力价格负向扭曲冲击将导致就业以向下波动为主，而资本价格负向扭曲冲击将导致就业向上波动，所以此时便会出现对冲效应，从总的结果来看，资本价格负向扭曲冲击对就业的短期影响幅度更大，劳动力价格负向扭曲冲击对就业的长期影响幅度更大，所以，就业先向上波动后向下波动。

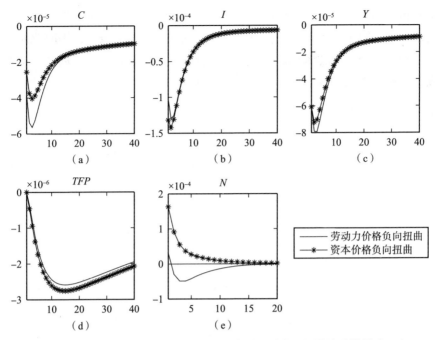

图 8 - 7　劳动力和资本价格负向扭曲增加对宏观经济波动的影响

通过以上分析可知，除了对就业的影响，劳动力价格负向扭曲变动所形成的冲击对宏观经济变量波动的影响与资本价格负向扭曲变动所形成的冲击对宏观经济变量波动的影响相同，这与前面比较静态分析的结果相同。当两类要素价格扭曲同向变动形成冲击时，将导致宏观经济以更大的幅度波动，即形成叠加效应，相反，当两类要素价格扭曲异向变动形成冲击时，会出现对冲效应。同时，我们还发现要素价格扭曲程度越大，冲击对宏观经济波动的影响幅度也越大，这一点表明，缩小要素价格扭曲也有助于稳定经济波动。

三、社会福利损失分析

利用 DSGE 模型分析某项改革对社会福利损失的影响是评价改革社会经济效应的主要方式之一（陈利锋，2017；胡小文和章上峰，2015），这里的社会福利损失主要是指总产出和物价的波动情况。在具体测算社会福利损失时，我们将赋予总产出波动与物价波动相同的权重进行加总求得。

在负向扭曲减少的情形下，首先，来看劳动力价格负向扭曲减少对社会福利损失的影响（见表 8 - 10）。根据表 8 - 10 可知，随着劳动力价格负向扭曲的减少，总产出和物价的标准差均逐渐减少，即总产出和物价的波动均逐渐减少，所以，换算得到的社会福利损失逐渐减少，表明此时社会福利越来越高。具体来看，当劳动力价格负向扭曲减少50%时，社会福利损失减少2.9002%，另外，当劳动力价格负向扭曲完全消除后，社会福利损失将会减少5.8134%。

表8-10　　　劳动力价格负向扭曲减少对社会福利损失的影响

$\tau^N(\%)$	σ_Y	σ_π	loss	$\Delta(\%)$
100	0.0163	0.0070	0.0116	
90	0.0162	0.0069	0.0116	-0.5800
80	0.0161	0.0069	0.0115	-1.1558
70	0.0160	0.0069	0.0114	-1.7358
60	0.0158	0.0069	0.0114	-2.3159
50	0.0157	0.0069	0.0113	-2.9002
0	0.0151	0.0068	0.0110	-5.8134

其次，看资本价格负向扭曲减少对社会福利损失的影响（见表8-11）。根据表8-11可知，此时，总产出波动和物价波动同样逐渐减少，所以，换算得到的社会福利损失逐渐减少，表明此时社会福利越来越高。具体从社会福利损失的变动幅度来看，当资本价格负向扭曲减少50%时，社会福利损失减少了3.4158%，另外，当资本价格负向扭曲完全消除后，社会福利损失将会减少6.6942%。通过对比可知，资本价格负向扭曲变动对社会福利损失的影响幅度更大一些，类似于前面扭曲变动对宏观经济变量均衡值和波动的影响得到的结论。这里并没有进一步考察劳动力和资本价格负向扭曲同时减少对社会福利损失的影响，主要是因为两类要素价格扭曲减少对社会福利损失的影响方向是相同的，两类要素价格扭曲同时减少对社会福利损失的影响相对比较明确，所以不再进一步分析同时减少情形。

表8-11　　　资本价格负向扭曲减少对社会福利损失的影响

$\tau^K(\%)$	σ_Y	σ_π	loss	$\Delta(\%)$
100	0.0163	0.0070	0.0116	
90	0.0162	0.0069	0.0116	-0.6961

$\tau^K(\%)$	σ_Y	σ_π	loss	$\Delta(\%)$
80	0.0160	0.0069	0.0115	-1.3792
70	0.0159	0.0069	0.0114	-2.0667
60	0.0157	0.0069	0.0113	-2.7413
50	0.0156	0.0069	0.0112	-3.4158
0	0.0149	0.0068	0.0109	-6.6942

在负向扭曲增加的情形下，首先，来看劳动力价格负向扭曲增加对社会福利损失的影响（见表8-12）。根据表8-12可知，随着劳动力价格负向扭曲的增加，总产出和物价的标准差均逐渐增加，即总产出和物价的波动均逐渐增加，所以，换算得到的社会福利损失逐渐增加，表明此时社会福利越来越低。具体从社会福利损失的变动幅度来看，当劳动力价格负向扭曲增加50%时，社会福利损失增加2.8787%。

表8-12　　　　劳动力价格负向扭曲增加对社会福利损失的影响

$\tau^N(\%)$	σ_Y	σ_π	loss	$\Delta(\%)$
100	0.0163	0.0070	0.0116	
110	0.0164	0.0070	0.0117	0.5757
120	0.0166	0.0070	0.0118	1.1515
130	0.0167	0.0070	0.0118	1.7315
140	0.0168	0.0070	0.0119	2.3073
150	0.0169	0.0070	0.0120	2.8787

其次，看资本价格负向扭曲增加对社会福利损失的影响（见表8-13）。根据表8-13可知，此时，总产出波动和物价波动同样逐渐增加，所以，换算得到的社会福利损失逐渐增加，表明此时社会福利越来越低。具体从社会福利损失的变动幅度来看，当资本负向价格扭曲增加50%时，社会福利损失增加了3.5404%。通过对比可知，资本价格负向扭曲变动对社会福利损失的影响幅度更大一些。这里并没有进一步考察劳动力和资本价格负向扭曲同时减少时对社会福利损失的影响，理由同前。

表 8 – 13 　　　　资本价格负向扭曲增加对社会福利损失的影响

$\tau^K(\%)$	σ_Y	σ_π	loss	$\Delta(\%)$
100	0.0163	0.0070	0.0116	
110	0.0165	0.0070	0.0117	0.6961
120	0.0166	0.0070	0.0118	1.4007
130	0.0167	0.0070	0.0119	2.1054
140	0.0169	0.0070	0.0120	2.8229
150	0.0170	0.0071	0.0120	3.5404

　　通过以上分析可知，劳动力价格负向扭曲变动对社会福利损失的影响与资本价格负向扭曲变动对社会福利损失的影响相同。另外，资本价格负向扭曲变动对社会福利损失的影响幅度更大一些。

第四节　本章小结

　　生产要素价格市场化改革是由市场经济体制的内在要求和完善市场经济体制面临的严峻形势决定的。目前，关于要素价格扭曲宏观经济效应的研究主要侧重于局部均衡分析，而忽视了从一般均衡的视角揭示价格扭曲的宏观经济效应。本章则将要素价格扭曲因素纳入 DSGE 模型分析框架，为后续研究提供新思路。利用上述分析框架进行数值模拟分析结果表明：

　　第一，从要素价格扭曲变动对宏观经济变量均衡值的影响来看，劳动力和资本价格负向扭曲减少对宏观经济均具有普遍正向影响，扭曲增加对宏观经济具有普遍负向影响，且资本价格负向扭曲变动对宏观经济的影响幅度更大一些。

　　第二，从要素价格扭曲变动对宏观经济变量波动的影响来看，除了对就业的影响，劳动力价格负向扭曲变动所形成的冲击与资本价格负向扭曲变动所形成的冲击对宏观经济变量波动的影响相同。两者降低所形成的冲击将推动宏观经济变量向上波动，而两者增加所形成的冲击将推动宏观经济变量向下波动。要素价格扭曲程度越大，冲击对宏观经济波动的影响幅度也越大。

　　第三，从要素价格扭曲变动对社会福利损失的影响来看，劳动力价格负向扭曲变动对社会福利损失的影响与资本价格负向扭曲变动对社会福利损失的影响相同，两者降低都将对社会福利损失产生负向影响。

由于本章假设政府部门从生产部门征收的扭曲税没有得到有效利用而被浪费掉了，所以可能会放大要素价格扭曲对宏观经济的负向影响，因此，本章研究的是一种较为极端的情形，未来的一个重要研究方向就是探讨当政府采用不同方式利用这种扭曲税时，要素价格扭曲对宏观经济的影响。另外，本章在模型中没有对生产部门进行异质化处理，从而未能揭示部门间生产要素价格相对扭曲对宏观经济的影响，这也是未来一个重要的研究方向，比如将国有生产部门和非国有生产部门进行异质化处理，可以探讨政府部门不对称的扭曲政策所产生的影响。

第九章　要素市场化配置改革
政策设计与研究展望

第一节　要素市场化配置改革政策设计

随着中国市场化改革的不断深入，消除或减轻要素价格扭曲成为下一步改革的重点。价格机制不仅仅是调节市场供求的信号，更是把不同经济主体的行动与才能"铰合"在一起的机制，没有价格机制，或者价格机制失灵，不同经济主体之间就不能协调他们彼此独立的行动。因此，要素价格扭曲阻碍了生产资源的配置效率，进而对宏观经济的方方面面产生不同程度的影响。由于生产过程所需要投入的要素种类越来越多，所以要素市场化配置改革所针对的对象也会增加，但最重要的要素依然是劳动力和资本，因此，本章的研究主要围绕这两大要素展开，对要素价格扭曲与区域经济发展之间的关系进行多角度的分析。基于前面所得到的结论，以及中国市场化改革的现状，本书认为下一步要素市场化配置改革需要注意以下几个方面：

第一，厘清政府与市场之间的界线。一个有效率的市场要靠政府来创造条件，如何处理好政府与市场之间的关系，一直是中国经济改革的关键问题，也是下一步推进生产要素市场化改革的关键问题。厘清市场与政府的职能边界，意味着确保市场机制和政府职能的有效衔接，使市场与政府既不缺位又不争位。目前，中国经济发展模式已经由高速度型转入高质量型发展阶段，这正好为全面清理经济高速增长过程中构建的大量临时性、过渡性经济制度提供了契机。应进一步明确市场机制在生产要素配置方面的决定性作用，逐渐缩小政府管制生产要素价格的范围，明确服务型政府的建设目标，比如在对创新生产活动进行补贴的过程中，建立多元化的政府支持体系，构建税收、信贷优惠等方面的政府服务机制，降低因直接补贴而产生的要素价格扭曲。

第二，增强地区间生产要素市场化改革的同步性。区域协调发展是实现"一加一大于二"的关键发展战略，就生产要素市场而言，由于存在边界效应和过度竞争现象，地区间生产要素市场化改革的同步性有所降低，这种非均衡的发展局面容易导致坚持改革的地区经济发展绩效变差，失去继续改革的动力。为了增强区域间生产要素市场化改革的同步性，首先，需要进一步加强各个地区的交通运输、通信和城市公共设施建设，努力降低运输成本，推进区域经济一体化发展。其次，需要中央政府通过深层次的体制改革，完善地方政府的激励机制，降低地方政府实行贸易保护主义政策的激励，建立更多具有合理性和可行性的区域经济发展协调组织，引导地方政府之间追求合作共赢的发展模式。

第三，消除劳动力市场分割，保证劳动力自由流动。劳动力市场化改革以有利于促进劳动力资源充分利用与提高经济效率为原则，应建立有利于劳动力自由流动和人力资源优化配置的体制。为了实现这一目标，首先，需要政府逐步取消劳动者的户籍界限和行业界限，维护劳动力在户籍制度、城乡就业、公共服务政策等方面的公平合理性，增强劳动市场的供给和需求弹性；其次，需要减少市场存在的不对称信息程度，促进劳动力市场信息公开化，并引导教育信号发挥作用，保证劳动力能够根据市场需求和供给在城乡、行业之间自由流动；最后，需要制定合理的最低工资标准，保障低技能劳动力的生活质量。对低技能劳动力收入的保障不仅对社会稳定至关重要，也是给予低技能劳动力通过培训转换为高技能劳动力，实现人力资本积累的关键。

第四，减少信贷歧视，营造公平的竞争环境。银行业的信贷歧视既与地方政府的干预行为有关，也与市场信息不对称导致的市场机制失灵有关。为了营造公平的竞争环境，首先，需要弱化国有商业银行、地方政府和国有企业之间的联系，改革国有商业银行和地方政府的考核机制，同时，进一步推进国有企业改革，引入更多的竞争性组织安排；其次，需要放松进入壁垒、鼓励和引导非国有资本进入金融业可以降低在位银行的市场势力，促进银行业的竞争，从而在一定程度上改善商业银行的信贷行为，减少资本市场上的扭曲。

第五，改革资本价格形成方式，加速建立市场化定价机制。首先，建立健全由市场供求决定的利率机制，利率的水平、风险结构、期限结构由市场的资金供求决定；其次，进一步放开汇率管制，扩大人民币汇率双向浮动范围，通过完善人民币兑美元汇率中间价报价等方式，在汇率决定方面增加市场供求因素的比重，不断完善人民币汇率市场化形成机制；最后，不断完善金融市场体系，丰富金融市场交易品种，为市场利率和汇率的有效传导提供条件。

第六，采取组合式改革方案，对冲改革的负面影响。要素价格扭曲变动对宏观经济运行的影响幅度是有差异的，利用这一差异就可以通过组合式的改革方案，利用改革的正面影响对冲改革的负面影响，从而更加稳定地推进改革。之所以需要组合式改革方案，主要是为了在推进改革的同时尽可能保障社会稳定发展。任何改革都会对社会稳定造成冲击，从生产要素市场化改革的角度来看，如果仅对某些要素价格扭曲进行改革，可能会对其他要素造成负向冲击，进而波及宏观经济其他方面，这不利于为改革营造一个相对稳定的社会环境。

第二节　要素市场化配置改革研究展望

由于要素市场化配置改革处于快速发展阶段，相关研究所采用的分析方法和数据尚未完善，所以，本书的研究尚存在诸多不足，解决这些不足的办法是未来更好地应用新方法，例如应用一般均衡模型等方法来分析问题。另外可以收集关于数据要素的新数据，以揭示其在要素市场化配置改革经济效应中所起的关键作用。

第一，进一步考察更多类型的要素价格扭曲。本书主要考察了劳动力和资本价格扭曲，但在实际生产活动中，还存在其他要素价格扭曲，比如土地价格扭曲和能源价格扭曲，而这两类价格扭曲在中国经济体系中普遍存在。由于土地财政构成了中国经济发展的主要特点，而土地财政与地方政府扭曲工业用地和居民用地价格密切相关，所以研究土地价格扭曲的宏观经济效应具有重要意义。就能源价格而言，政府对相关资源定价的管制普遍存在，地方政府在招商引资过程中，有可能使能源价格发生扭曲，从而造成能源浪费和低效率使用，并对环境产生不可逆的负面影响。随着对绿色发展的关注，能源价格扭曲受到越来越多的关注，所以研究能源价格扭曲的宏观经济效应具有重要现实意义。另外，随着数字经济的快速发展，数据要素对生产过程的影响会越来越显著，因此，如何对数据要素存在的价格扭曲进行测算，并分析其与区域经济发展之间的关系成为数字经济发展战略背景下的重要议题。

第二，进一步丰富 DSGE 模型构建。作为当代宏观经济学主要使用的分析工具，DSGE 模型虽然存在诸多不足，但正是因为这些不足推动着对模型的不断完善。结合目前已有的 DSGE 模型分析框架以及未来该模型的发展，利用 DSGE 模型研究要素价格扭曲可以从以下几个方面拓展：首先，构建更加具有微观机制的内生化创新行为的 DSGE 模型，更好地研究要素价格扭曲对创新行为的影响机制。其次，构建开放 DSGE 模型，研究国家层面的要素价格扭曲的宏观经济效应，同时，利用开放 DSGE 模型还可以研究要素价格扭曲对进出口、汇率等宏观经济变量的影响。最后，将数据要素纳入 DSGE 模型，从数字经济发展角度思考要素市场化配置改革，尤其是可以用来分析数据要素价格扭曲的宏观经济效应。

第三，进一步综合使用计量分析与模拟分析。利用计量分析与模拟分析之间进行相互验证一方面丰富了实证分析的模型基础，另一方面也为模拟分析提供了检验机制。就要素价格扭曲而言，测算更加细分的要素价格扭曲，比如测算出高技能劳动力和低技能劳动力价格扭曲，国有资本和非国有资本价格扭曲，然后利用这些数据进行计量分析，可以为模拟分析要素价格扭曲的宏观经济效应提供更好的检验机制，从而增加模拟分析所得结论的真实性，使得分析结论更加具有信服力。

第三节　要素价格异质性扭曲的 DSGE 模型

由于每一类要素内部都存在较大的异质性，为了更好地理解要素价格扭曲对宏观经济运行的影响，就需要考察要素价格异质性扭曲对宏观经济运行的影响，本节主要将劳动力价格异质性扭曲和资本价格异质性扭曲分别纳入 DSGE 模型，考察要素价格异质性扭曲的宏观经济效应。

一、劳动力价格异质性扭曲的 DSGE 模型

从实际经济运行和相关研究来看，劳动力价格负向扭曲是中国劳动力市场的主要扭曲，劳动力价格正向扭曲则是次要扭曲，所以相关研究重点分析的也是劳动力价格负向扭曲对宏观经济运行的影响，只有少数研究涉及了劳动力价格正向扭曲的宏观经济效应，比如戚建梅等（2016）利用微观企业数据研究劳动力价格扭曲对制造业企业创新的影响，发现总体而言劳动力价格扭曲显著抑制了企业的创新行为，且负向扭曲比正向扭曲的负面影响更大。关注劳动力价格正向扭曲的研究相对较少，可能是由于统计数据本身的局限，根据统计数据测算得到的劳动力价格扭曲结果大多数是

负向扭曲。从实际经济运行来看，由户籍制度导致的市场分割以及劳动者在工资谈判中处于劣势的现象普遍存在，这些都是导致劳动力价格负向扭曲的主要原因。所以，无论从数据层面看，还是从现实层面看，劳动力价格负向扭曲都更容易受到关注。尽管如此，关注劳动力价格正向扭曲也具有必要性。就理论分析而言，任何要素都具有异质性，经济学研究虽然无法兼顾所有的异质性，但将其进行分类分析则是目前经济学处理异质性问题的主要方式，从而使得理论分析尽可能接近实际经济运行。就改革实践而言，了解两类劳动力价格扭曲有利于增加改革方案的设计角度，从而制订更加具有针对性的改革方案。从相关研究的模型构建思路看，多数研究假定劳动力是同质的，少数研究对劳动力之间的异质性进行了研究（Vollrath，2009；盖庆恩等，2013；俞剑等，2018）。本节将劳动力价格异质性扭曲因素纳入 DSGE 模型。在具体建模过程中，借鉴李嘉图等价型家庭模型设定思想（Coenen & Straub，2005；Galí et al.，2007），将有投资行为的家庭归为高收入家庭。另外，本节构建的两类家庭之间在住房市场上存在直接的经济联系，即高收入家庭将部分购买的住房租借给低收入家庭居住，低收入家庭向高收入家庭支付房租。以上两个划分依据都是从家庭支出的角度去区分两类家庭，而不是直接从收入角度去看，背后的逻辑类似于微观经济学中的"显示性偏好理论"，即从结果去倒推原因。

本节主要借鉴已有建模思路，构建包含三大交易模块的 DSGE 模型，即"政府部门—家庭部门""家庭部门—家庭部门"和"生产部门—家庭部门"等模块，其中，将家庭部门进一步细分，分解为高收入和低收入两类家庭部门（Iacoviello & Neri，2010；Rubio，2019）。在"政府部门—家庭部门"模块中，政府部门向家庭部门提供公共物品和国债利息，家庭部门向政府部门缴纳税金并购买国债。同时，政府部门利用税收收入向家庭部门提供公共物品，且假设政府部门收支平衡。"家庭部门—家庭部门"模块包含了租房市场，即高收入家庭部门为低收入家庭部门提供住房，后者向前者支付房租。在"生产部门—家庭部门"模块里，家庭部门向生产部门提供劳动力和资本，生产部门向家庭部门支付工资，且生产部门的资本全部来自高收入家庭劳动力家庭部门，因此生产部门需要向高收入家庭部门支付利息。同时，为了引入价格黏性机制，进一步将生产部门划分为中间品部门和最终品部门，中间品部门需要先将产品提供给最终品部门，并由最终品部门提供给家庭部门。

假设两类家庭部门的效用函数包含三个部分：消费带来的正效用、住房带来的正效用和劳动带来的负效用，并进一步假设高收入家庭部门拥有整个经济的资本。

首先，构建高收入家庭部门。假设代表性高收入家庭部门的选择是无限期的，其追求以下效用函数的最大化：

$$E \sum_{t=0}^{\infty} A_t^p \beta^t \left[\Gamma_t \log(c_t - \varepsilon c_{t-1}) + A_t^h \log h_t - n_t^{1+\eta}/(1+\eta) \right] \quad (9-1)$$

其中，c、h、n 分别表示消费、住房持有量、劳动力供给。另外，β 表示家庭贴现因子，ε 表示家庭消费习惯因子，比例因子 Γ_t 用来标准化边际消费效用，η 表示劳动力供给弹性。A_t^p 用来测度对消费和住房的共同偏好冲击，即总需求冲击，A_t^h 用来测度住房需求冲击，即住房需求相对于消费需求的冲击，两个冲击都服从一阶自回归过程，且本节涉及的冲击都服从该过程。

$$c_t + I_t + hp_t \left[(h_t - h_{t-1}) + (h_t' - h_{t-1}') \right] + B_t + T_t = w_t n_t$$
$$+ R_{t-1}^K K_{t-1} + R_{t-1}^B B_{t-1}/\pi_t + (X-1)Y/X + hp_t^r h_t^r + G_t \quad (9-2)$$

$$K_t = I_t + (1 - \delta_k) K_{t-1} - \varphi_t \quad (9-3)$$

式（9-2）是高收入家庭部门面临的收支约束，方程左端表示高收入家庭部门在第 t 期的支出，主要包括消费支出、中间品部门投资支出、新购住房支出、购买国债支出、总量税支出。方程右端表示对应的第 t 期收入，主要包括工资收入、上一期持有中间品部门资本利息、上一期购买国债利息、来自生产部门的利润、租房收入和政府部门提供的公共物品。式（9-3）是资本的动态积累过程，参考已有研究，将资本调整成本设定为资本增长率的一个二次函数（Iacoviello，2015）。

其次，构建低收入家庭部门。假设代表性低收入家庭部门的选择是无限期的，其追求以下效用函数的最大化：

$$E \sum_{t=0}^{\infty} A_t^p \beta'^t \left[\Gamma_t \log(c_t' - \varepsilon' c_{t-1}') + A_t^h \log h_t^r - n_t'^{1+\eta'}/(1+\eta') \right] \quad (9-4)$$

低收入家庭部门的效用函数与高收入家庭部门的相似，两类家庭的效用函数在形式上是一样的，唯有贴现因子、消费惯性因子和劳动力供给弹性有差异。低收入家庭部门所面临的收支约束如下：

$$c_t' + hp_t^r h_t^r + T_t' = w_t' n_t' + G_t' \quad (9-5)$$

其中，方程左端表示第 t 期支出，包括消费支出、租房支出和总量税支出；方程右端表示第 t 期收入，包括中间品部门的工资收入和政府部门提供的公共物品。根据已有研究，假设高收入家庭部门提供的租房与低收入家庭部门获得的租房之间存在以下转换关系（Rubio，2019）：

$$h_t^r = Tran h_t' \quad (9-6)$$

假设中间品部门的生产函数符合 C – D 函数形式：

$$Y_t = A_t (n_t^{\alpha} n_t'^{1-\alpha})^{1-v^K} K_{t-1}^{v^K} \qquad (9-7)$$

生产函数中 A_t 表示中间品部门的生产技术冲击。生产函数中 $\alpha(1-v^K)$ 和 $(1-\alpha)(1-v^K)$ 表示不同类型家庭部门向中间品部门提供劳动力的产出弹性，v^K 表示投入中间品部门的资本产出弹性。中间品部门的利润函数如下：

$$\max Y_t / X_t - \left[(1+\tau^N)(w_t n_t) - (1+\tau'^N)(w_t' n_t') - (1+\tau^K)(R_t^K K_{t-1}) \right]$$

$$(9-8)$$

其中，X_t 表示最终品部门购进中间品部门的产品之后再制定价格时的价格加成率。中括号内的三项是中间品部门的工资和资本利息支出，τ^N 和 τ'^N 分别表示高收入和低收入家庭劳动力价格扭曲，τ^K 则表示资本价格扭曲，根据前面关于价格扭曲的定义，扭曲大于 0 为负向扭曲，小于 0 为正向扭曲。

关于最终品部门，假设经济中有连续的最终品部门，以 $z \in (0, 1)$ 标记。最终品生产厂商 z 在完全竞争的中间品市场以价格 P_t^w 购买中间品，且最终品的合成技术为：

$$Y_t^f = \left(\int_0^1 Y_t(z)^{(\varepsilon-1)/\varepsilon} dz \right)^{\varepsilon/(\varepsilon-1)} \qquad (9-9)$$

此外，最终品价格为：

$$P_t = \left(\int_0^1 P_t(z)^{1-\varepsilon} dz \right)^{1/(\varepsilon-1)} \qquad (9-10)$$

最终品部门定价遵从卡尔沃（Calvo，1983）定价原则，即每一期都有 $1-\theta$ 比例的生产商调整其产品价格至最优水平 P^*，其余生产商制定的价格只能盯住上期通货膨胀率。通过将价格调整方程和利润最大化条件对数线性化并进行合并，可以得到附加预期的菲利普斯曲线：

$$\log \pi_t - \iota_p \log \pi_{t-1} = \beta(E_t \log \pi_{t+1} - \log \pi_t) - \varepsilon_\pi \log(X_t / X) \quad (9-11)$$

其中，$\varepsilon_\pi = (1-\theta_\pi)(1-\beta\theta_\pi)/\theta_\pi$。

中央银行部门的行为主要是制定利率政策，且制定利率政策时遵循 "Taylor 准则"，将利率设定为通货膨胀率和总产出增长率的函数：

$$R_t = R_{t-1}^{R^R} \pi_t^{(1-R^R)R^\pi} (Y_t / Y_{t-1})^{(1-R^R)R^Y} rr^{1-R^R} \mu_{R,t}, \quad \mu_{R,t} \sim N(0, \sigma_R)$$

$$(9-12)$$

其中，R^R 表示均衡状态时的真实利率；π_t 代表通货膨胀率；Y_t 代表总产出，主要由消费和投资构成；随机项 $\mu_{R,t}$ 用于衡量利率政策冲击。假设政府部门收支平衡：

$$B_t + T_t + T_t' = R_t^B B_{t-1} / \pi_t + G_t + G_t' \qquad (9-13)$$

市场出清包括两个条件：一是中间品市场在扣除价格扭曲导致的效率损失后提供家庭部门消费和投资的产品，二是高收入家庭部门拥有的住房总量为1。

$$c_t + c_t' + I_t = Y_t - \tau^N w_t n_t - \tau'^N w_t' n_t' - \tau^K R K_t K_t \qquad (9-14)$$

$$h_t + h_t' = 1 \qquad (9-15)$$

基于以上包含劳动力价格异质性扭曲的 DSGE 模型，通过改变高收入家庭部门和低收入家庭部门劳动力价格扭曲的参数设定，模拟分析劳动力价格异质性扭曲对消费、投资、就业和总产出等宏观经济变量均衡值的影响，并引入劳动力价格异质性扭曲冲击，模拟分析冲击对上述变量波动的影响。从劳动力价格异质性扭曲角度分析劳动力市场化配置改革的宏观经济效应，提出具有组合特点的政策建议。

二、资本价格异质性扭曲的 DSGE 模型

在中国资本市场内部，由于国有企业与政府关联度较高，使其在获取资本、土地等生产要素方面明显优于民营企业，导致不同所有制企业在获取资源的能力方面存在极大的差别（刘小玄和周晓燕，2011；Midrigan et al.，2014；Guariglia & Poncet，2008；鄢萍，2012）。由于国有企业在经营过程中承担了就业、社会保障等非生产性任务，为了维持国有企业的正常运转，常常需要对其所面临的资本价格进行一定的补贴。除了国有企业自身的原因导致了资本价格扭曲，地方政府的干预行为也可能导致国有资本价格正向扭曲。中国行政性分权改革使地方政府具有很强的经济支配自主权，地方政府热衷于将资本、土地等关键性要素分配给大型企业，尤其是国有性质的大型企业，进而使得国有企业可获得成本低廉的要素，相较于民营企业，国有企业也更容易获得银行的贷款支持（余明桂和潘红波，2008；戴静和张建华，2013）。因此，就中国目前的资本价格而言，国有企业通常面临资本价格正向扭曲，即以低于市场价格购买资本，而民营企业通常面临资本价格负向扭曲，即以高于市场价格购买资本。目前，少数研究关注了中国国有资本和民营资本价格异质性扭曲的宏观经济效应，例如有学者测度了1985~2007年跨省份跨部门的非农产业的劳动资本配置扭曲导致的全要素生产率的损失，同时把总的全要素损失分解为省份内国有部门和非国有部门的要素市场扭曲和省际间要素市场扭曲，但仍缺乏从一般视角进行的分析（Brandt et al.，2013）。

基于以上判断，将资本异质性价格扭曲因素纳入 DSGE 模型分析框

架，具体操作是将国有资本价格正向扭曲和民营资本价格负向扭曲引入生产部门的利润函数中，为了更进一步体现国有企业所承担的非生产性业务，将国有资本利息部分转移给借贷型家庭。模型同样包含三大交易模块，即"家庭部门—家庭部门"模块、"生产部门—家庭部门"模块和"政府部门—家庭部门"模块。"家庭部门—家庭部门"模块包含了借贷市场，即储蓄型家庭部门为借贷型家庭部门提供贷款，后者向前者支付利息，并进一步假设借贷型家庭部门利用持有的居民用房作为贷款抵押物。"生产部门—家庭部门"模块里，家庭部门向生产部门提供劳动力和资本，且储蓄型家庭部门持有全部资本，其中，资本又细分为民营资本和国有资本两类，从而可以引入资本价格异质性扭曲，即引入民营资本价格正向扭曲和国有资本价格负向扭曲。同时，生产部门向家庭部门支付工资，并向储蓄型家庭部门支付全部民营资本利息和部分国有资本利息，剩下的国有资本利息则以转移支付的方式支付给借贷型家庭部门。在"政府部门—家庭部门"模块中，政府部门向家庭部门提供公共物品，家庭部门向政府部门缴纳税金。同时，政府部门利用税收收入向家庭部门提供公共物品，且假设政府部门收支平衡。

在两种类型的家庭部门中，假设两类家庭部门的效用函数包含三个部分：消费带来的正效用、居民用房带来的正效用和劳动带来的负效用，并进一步假设储蓄型家庭部门拥有整个经济的资本。

首先，构建储蓄型家庭部门。假设代表性储蓄型家庭的选择是无限期的，其追求以下效用函数的最大化：

$$E \sum_{t=0}^{\infty} A_{p,t} \beta^t [\Gamma_t \log(c_t - \varepsilon c_{t-1}) + A_{j,t} \log h_t - n_t^{1+\eta}/(1+\eta)] \qquad (9-16)$$

其中，c、h、n 分别表示消费、住房持有量、中间品部门的劳动力供给。另外，β 表示家庭贴现因子，ε 表示家庭消费习惯因子，比例因子 Γ_t 用来标准化边际消费效用，η 表示家庭劳动力供给弹性。$A_{p,t}$ 用来测度对跨期偏好冲击，$A_{j,t}$ 用来测度居民住房偏好冲击，且两者都服从一阶自回归形式。

$$c_t + KS_t + KP_t + [hp_t h_t - (1-\delta_h) hp_t h_{t-1}] + B_t + T_t$$
$$= w_t n_t + (1-\delta + (1-\Omega) R_t^{KS}) KS_{t-1} + (1-\delta + R_t^{KP}) KP_{t-1}$$
$$+ R_t^B B_{t-1}/\pi_t + (X-1)Y/X + G_t \qquad (9-17)$$

式（9-17）是储蓄型家庭部门面临的收支约束方程，方程左端表示储蓄型家庭在第 t 期的支出，主要包括消费支出、持有国有资本、持有民营资本、房屋折旧维修费用支出、新购住房支出、通过购买债券的形式将资金借贷给借贷型家庭的债券支出、总量税支出。方程右端表示对应的第t期的收入，主要包括中间品部门的工资收入、上一期持有国有资本的部分利息、上一期持有民营资本的全部利息、上一期购买债券的利息、政府部门提供的公共物品。

其次，构建借贷型家庭部门。假设代表性借贷型家庭的选择是无限期的，其追求以下效用函数的最大化：

$$E \sum_{t=0}^{\infty} A_{p,t} \beta'^t \left[\Gamma_t \log(c'_t - \varepsilon' c'_{t-1}) + A_{j,t} \log h'_t - n_t'^{1+\eta'} / (1 + \eta') \right]$$

$$(9-18)$$

借贷型家庭的效用函数与储蓄型家庭的相似，两类家庭的效用函数在形式上是一样的，唯有贴现因子、消费惯性因子和劳动力供给弹性有差异。由于借贷型家庭没有投资生产部门，且通过债券的形式获得贷款，所以其约束条件如下：

$$c'_t + \left[hp_t h'_t - (1 - \delta_h) hp_t h'_{t-1} \right] + R_t^B B'_{t-1} / \pi_t + T'_t = w'_t n'_t + B'_t + G'_t + \Omega R_t^{KS} KS_{t-1}$$

$$(9-19)$$

$$B'_t \leqslant m E_t (hp_{t+1} h'_t \pi_{t+1} / R_t)$$
$$(9-20)$$

借贷型家庭面临两个约束，式（9-19）与储蓄型家庭的类似，方程左端表示支出，包括消费支出、房屋折旧维修费用支出、新购住房支出、偿还贷款利息支出和总量税支出。方程右端表示收入，包括中间品部门的工资收入、通过债券形式获得的贷款、政府部门提供的公共物品和转移支付的部分中间品部门国有资本利息。式（9-20）为借贷型家庭部门利用住房抵押可获得的贷款数量。

生产部门包含中间品部门和最终品部门。假设中间品部门的生产函数符合C-D形式：

$$Y_t = A_{y,t} (n_t^{\alpha} n_t'^{1-\alpha})^{1-\nu} (KS_{t-1}^{\gamma} KP_{t-1}^{1-\gamma})^{\nu}$$
$$(9-21)$$

生产函数中$A_{y,t}$表示中间品部门的生产技术冲击，冲击模式同样服从一阶自回归过程。生产函数中$\alpha(1-\nu)$和$(1-\alpha)(1-\nu)$表示不同类型家庭部门向中间品生产部门提供劳动力的产出弹性，$\gamma\nu$和$(1-\gamma)\nu$表示投入中间品部门的国有资本和民营资本产出弹性。这里之所以没有将生产部门进一步划分为国有部门和民营部门主要是基于以下判断：随着中国市场化改革的不断推进，国有部门与民营部门之间的贸易往来越来越多，相互渗透更加普遍，所以将其作为一个总体进行考察。

中间品部门利润函数如下：

$$\max Y_t / X_t - \left[(1+\tau^N)(w_t n_t + w'_n n'_n) - (1+\tau^{KS})(R_t^{KS} KS_{t-1}) - (1+\tau^{KP})(R_t^{KP} KP_{t-1}) \right]$$

$$(9-22)$$

同样，X_t 表示最终品部门购进中间品部门的产品之后再制定价格时的价格加成率。中括号内的三项是中间品部门的工资和资本利息支出，τ^{KS} 和 τ^{KP} 分别表示国有资本和民营资本价格扭曲，τ^N 表示劳动力价格扭曲。

最后，构建最终品部门。最终品生产商定价遵从卡尔沃（Calvo，1983）定价原则，即每一期都有 $1-\theta$ 比例的生产商调整其产品价格至最优水平 P^*，其余生产商价格只能盯住上期通货膨胀率。根据最终品的价格定价原则和利润最大化原则可得附加预期的菲利普斯曲线：

$$\log\pi_t - \iota_p \log\pi_{t-1} = \beta(E_t \log\pi_{t+1} - \log\pi_t) - \varepsilon_\pi \log(X_t / X) \quad (9-23)$$

其中，$\varepsilon_\pi = (1-\theta_\pi)(1-\beta\theta_\pi)/\theta_\pi$。

中央银行部门的行为主要是制定利率政策，并假设制定利率政策时遵循"Taylor 准则"，将利率设定为通货膨胀和国内生产总值增长率的函数：

$$R_t = R_{t-1}^{R_R} \pi_t^{(1-R_R)R_\pi} (Y_t / Y_{t-1})^{(1-R_R)R_Y} R_0^{1-R_R} \mu_{R,t}, \ \mu_{R,t} \sim N(0, \ \sigma_R)$$

$$(9-24)$$

其中，R_0 表示均衡状态时的真实利率，Y_t 代表总产出，主要由消费和投资构成。随机项 $\mu_{R,t}$ 用于衡量利率政策冲击。

假设政府部门收支平衡，即：

$$T_t + T'_t = G_t + G'_t \quad (9-25)$$

该部分的均衡条件是为了保证整个模型出清，从而得到均衡解。上面的一般均衡模型涉及三个主要的市场：中间品市场出清，中间品部门在扣除价格扭曲导致的产出损失后提供家庭消费和投资的产品；房地产市场出清，假设居民用房和商业用房的总量为 1；信贷市场出清，储蓄型家庭向借贷型家庭提供贷款。市场出清条件：

$$c_t + c'_t + IS_t + IP_t = Y_t - \tau^N w_t n_t - \tau^N w'_t n'_t - \tau^{KS} R_t^{KS} KS_{t-1} - \tau^{KP} R_t^{KP} KP_{t-1}$$

$$(9-26)$$

$$h_t + h'_t = 1 \quad (9-27)$$

$$B_t - B'_t = 0 \quad (9-28)$$

其中，$IS_t = KS_t - (1-\delta_{KS})KS_{t-1}$ 和 $IP_t = KP_t - (1-\delta_{KP})KP_{t-1}$。

基于以上包含资本价格异质性扭曲的 DSGE 模型，通过改变国有资本和民营资本价格扭曲的参数设定，模拟分析资本价格异质性扭曲对消费、投资、就业和总产出等宏观经济变量均衡值的影响，并引入资本价格异质性扭曲冲击，模拟分析冲击对上述变量波动的影响。从资本价格异质性扭曲角度分析资本市场化配置改革的宏观经济效应，提出具有组合特点的政策建议。

第四节　数据要素价格扭曲的 DSGE 模型

随着数字经济的快速发展，数据要素已经成为推动经济增长的重要要素，且中共中央、国务院《关于构建更加完善的要素市场化配置体制机制的意见》也对数据要素市场化配置改革方案进行了部署，因此，分析数据要素价格扭曲的经济效应是数字经济背景下思考要素市场化配置改革问题的重点。由于缺少相关数据，现有研究主要从理论角度对数据要素进行分析，尚未有研究对数据要素价格扭曲进行分析，鉴于数值模拟分析可以在数据较少的情况下展开分析，利用 DSGE 模型进行数值模拟分析成为未来研究数据要素价格扭曲的可行路径。数据要素价格扭曲因素纳入 DSGE 模型分析框架，具体操作是将中间品生产部门划分为消费品生产部门和数据生产部门，数据生产部门为消费品生产部门提供数据要素。模型包含三大交易模块，即"生产部门—家庭部门"模块、"生产部门—生产部门"模块和"政府部门—家庭部门"模块。

假设家庭部门的效用函数包含两个部分：消费带来的正效用和劳动带来的负效用。假设代表性家庭部门的选择是无限期的，其追求以下效用函数的最大化：

$$E \sum_{t=0}^{\infty} A_{p,t} \beta^t \left[\Gamma_t \log(c_t - \varepsilon c_{t-1}) - (nc_t^{1+\omega} + nd_t^{1+\omega})^{\frac{1+\eta}{1+\omega}} / (1 + \eta) \right]$$

$$(9-29)$$

其中，c、nc、nd 分别表示消费、消费品生产部门劳动力供给和数据生产部门劳动力供给。β 表示家庭贴现因子，ε 表示家庭消费习惯因子，η 表示家庭劳动力供给弹性，ω 表示家庭跨生产部门劳动力供给的替代率，比例因子 Γ_t 用来标准化边际消费效用，$A_{p,t}$ 用来测度对跨期偏好冲击，服从一阶自回归形式。

$$c_t + KC_t + KD_t + T_t = wc_t nc_t + wd_t nd_t + (1 - \delta^{KC} + R_t^{KC}) KC_{t-1} +$$
$$(1 - \delta^{KD} + R_t^{KD}) KD_{t-1} + (X - 1) Y / X + G_t \qquad (9-30)$$

式（9-30）是家庭部门面临的收支约束方程，方程左端表示家庭在第 t 期的支出，主要包括消费支出、持有消费品生产部门资本、持有数据生产部门资本和总量税支出。方程右端表示对应的第 t 期的收入，主要包括消费品生产部门的工资收入、数据生产部门的工资收入、上一期持有消费品生产部门资本的折旧支出和资本利息收入、上一期持有数据生产部门资本的折旧支出和利息收入、政府部门提供的公共物品。

生产部门包含消费品生产部门、数据生产部门和最终品部门。

首先，构建消费品生产部门。假设消费品生产部门的生产函数符合 C-D 形式：

$$YC_t = A_t^{YC} nc_t^{1-vc-\eta} KC_t^{vc} YD_t^{\eta} \tag{9-31}$$

生产函数中 A^{YC} 表示消费品生产部门的生产技术冲击，冲击模式服从一阶自回归过程。生产函数中 $1-vc-\eta$ 表示劳动力的产出弹性，vc 表示资本的产出弹性，η 表示数据要素的产出弹性。消费品生产部门利润函数如下：

$$\max Y_t/X_t - [wc_t nc_t + R_t^{KC} KC_{t-1} + (1+\tau) YD_t] \tag{9-32}$$

其中，X_t 表示最终品部门购进消费品生产部门的产品之后再制定价格时的价格加成率。中括号中的三项是工资、资本利息和数据成本支付，τ 表示数据要素价格扭曲。

其次，构建数据生产部门。假设数据生产部门的生产函数符合 C-D 形式：

$$YD_t = A_t^{YD} nd_t^{1-vd} KD_t^{vd} \tag{9-33}$$

生产函数中 A^{YD} 表示数据生产部门的生产技术冲击，冲击模式服从一阶自回归过程。生产函数中 $1-vd$ 表示劳动力的产出弹性，vd 表示资本的产出弹性。数据生产部门利润函数如下：

$$\max YD_t - (wd_t nd_t + R_t^{KD} KD_t) \tag{9-34}$$

括号中的两项是数据生产部门的工资和资本利息支出。

最后，构建最终品生产部门。最终品生产商定价遵从卡尔沃（Calvo，1983）定价原则，即每一期都有 $1-\theta$ 比例的生产商调整其产品价格至最优水平 P^*，其余生产商价格只能盯住上期通货膨胀率。根据最终品的价格定价原则和利润最大化原则可得附加预期的菲利普斯曲线：

$$\log\pi_t - \iota_p \log\pi_{t-1} = \beta(E_t \log\pi_{t+1} - \log\pi_t) - \varepsilon_\pi \log(X_t/X) \tag{9-35}$$

其中，$\varepsilon_\pi = (1-\theta_\pi)(1-\beta\theta_\pi)/\theta_\pi$。

中央银行部门的行为主要是制定利率政策，并假设制定利率政策时遵循"Taylor 准则"，将利率设定为通货膨胀和国内生产总值增长率的函数：

$$R_t = R_{t-1}^{R_R} \pi_t^{(1-R_R)R_\pi} (Y_t/Y_{t-1})^{(1-R_R)R_Y} R_0^{1-R_R} \mu_{R,t}, \quad \mu_{R,t} \sim N(0, \sigma_R)$$

$$\tag{9-36}$$

其中，R_0 表示均衡状态时的真实利率；Y_t 代表总产出，主要由消费和投资构成；随机项 $\mu_{R,t}$ 用于衡量利率政策冲击。

假设政府部门收支平衡，即：

$$T_t = G_t \tag{9-37}$$

该部分的均衡条件是为了保证整个模型出清，从而得到均衡解。市场出清条件：

$$c_t + KC_t - (1 - \delta^{KC})KC_{t-1} + KD_t - (1 - \delta^{KD})KD_{t-1} = YC_t + (1 - \tau)YD_t \tag{9-38}$$

基于以上包含数据要素价格扭曲的 DSGE 模型，通过改变数据要素产出弹性和数据要素价格扭曲的参数设定，一方面可以模拟分析数据要素产出弹性变动对消费、投资、就业和总产出等宏观经济变量的影响；另一方面也可以模拟分析数据要素价格扭曲对消费、投资、就业和总产出等宏观经济变量均衡值的影响，并引入数据要素价格扭曲冲击，模拟分析冲击对上述变量波动的影响。将以上两个分析视角结合，还可以进一步分析随着数字经济对实体经济的渗透，即数据要素产出弹性的增加，数据要素价格扭曲变动对宏观经济的影响。

附　　录

附录一：要素价格扭曲泰尔指数分解结果

附表 1　　　　　　　　　　劳动力价格扭曲泰尔指数分解

年份	总体差异	地区内差异	地区间差异	东部	中部	西部
1978	0.0434	0.0310	0.0125	0.0629	0.0071	0.0044
1979	0.0405	0.0323	0.0082	0.0613	0.0090	0.0118
1980	0.0426	0.0326	0.0100	0.0625	0.0075	0.0110
1981	0.0442	0.0330	0.0111	0.0632	0.0049	0.0126
1982	0.0395	0.0305	0.0090	0.0578	0.0049	0.0132
1983	0.0394	0.0303	0.0091	0.0586	0.0044	0.0120
1984	0.0326	0.0249	0.0077	0.0473	0.0034	0.0118
1985	0.0360	0.0287	0.0074	0.0513	0.0039	0.0175
1986	0.0310	0.0248	0.0062	0.0402	0.0044	0.0200
1987	0.0302	0.0244	0.0058	0.0369	0.0056	0.0222
1988	0.0294	0.0248	0.0046	0.0368	0.0053	0.0239
1989	0.0229	0.0185	0.0044	0.0297	0.0049	0.0146
1990	0.0154	0.0125	0.0029	0.0214	0.0044	0.0080
1991	0.0158	0.0135	0.0022	0.0211	0.0038	0.0119
1992	0.0115	0.0099	0.0016	0.0134	0.0071	0.0080
1993	0.0105	0.0070	0.0034	0.0058	0.0116	0.0051
1994	0.0120	0.0086	0.0034	0.0071	0.0143	0.0061
1995	0.0112	0.0075	0.0038	0.0073	0.0107	0.0054
1996	0.0101	0.0061	0.0040	0.0065	0.0086	0.0036

年份	总体差异	地区内差异	地区间差异	东部	中部	西部
1997	0.0101	0.0067	0.0034	0.0075	0.0092	0.0037
1998	0.0094	0.0067	0.0028	0.0087	0.0062	0.0046
1999	0.0086	0.0059	0.0027	0.0077	0.0068	0.0030
2000	0.0094	0.0066	0.0028	0.0063	0.0087	0.0052
2001	0.0095	0.0064	0.0031	0.0056	0.0123	0.0030
2002	0.0089	0.0063	0.0026	0.0057	0.0113	0.0034
2003	0.0102	0.0078	0.0024	0.0077	0.0141	0.0032
2004	0.0097	0.0074	0.0024	0.0077	0.0096	0.0051
2005	0.0094	0.0078	0.0016	0.0110	0.0069	0.0049
2006	0.0094	0.0079	0.0014	0.0089	0.0057	0.0086
2007	0.0110	0.0094	0.0015	0.0091	0.0069	0.0118
2008	0.0091	0.0077	0.0015	0.0092	0.0078	0.0058
2009	0.0067	0.0054	0.0013	0.0081	0.0043	0.0032
2010	0.0079	0.0066	0.0013	0.0075	0.0064	0.0058
2011	0.0061	0.0056	0.0006	0.0055	0.0063	0.0050
2012	0.0058	0.0055	0.0003	0.0057	0.0051	0.0055
2013	0.0049	0.0048	0.0001	0.0057	0.0039	0.0045
2014	0.0049	0.0047	0.0002	0.0059	0.0033	0.0046
2015	0.0045	0.0042	0.0003	0.0049	0.0019	0.0052
2016	0.0045	0.0041	0.0004	0.0048	0.0021	0.0048

附表2　　　　　　　　资本价格扭曲泰尔指数分解

年份	总体差异	地区内差异	地区间差异	东部	中部	西部
1978	0.3014	0.1678	0.1335	0.2303	0.0794	0.0704
1979	0.2899	0.1700	0.1200	0.2446	0.0667	0.0680
1980	0.2710	0.1623	0.1087	0.2417	0.0591	0.0538
1981	0.2604	0.1632	0.0972	0.2456	0.0666	0.0513
1982	0.2356	0.1573	0.0783	0.2492	0.0513	0.0488
1983	0.2115	0.1465	0.0650	0.2458	0.0371	0.0387
1984	0.2043	0.1466	0.0577	0.2551	0.0300	0.0323
1985	0.1934	0.1443	0.0490	0.2565	0.0279	0.0306

年份	总体差异	地区内差异	地区间差异	东部	中部	西部
1986	0.1802	0.1401	0.0402	0.2551	0.0281	0.0274
1987	0.1634	0.1299	0.0335	0.2397	0.0244	0.0301
1988	0.1495	0.1214	0.0281	0.2280	0.0194	0.0306
1989	0.1317	0.1099	0.0218	0.2101	0.0180	0.0304
1990	0.1242	0.1067	0.0176	0.2048	0.0168	0.0344
1991	0.1339	0.1153	0.0186	0.2222	0.0152	0.0348
1992	0.1351	0.1151	0.0200	0.2177	0.0162	0.0383
1993	0.0752	0.0646	0.0106	0.1097	0.0189	0.0408
1994	0.0573	0.0506	0.0067	0.0747	0.0222	0.0436
1995	0.0478	0.0435	0.0043	0.0578	0.0237	0.0427
1996	0.0431	0.0399	0.0032	0.0509	0.0241	0.0405
1997	0.0427	0.0398	0.0029	0.0493	0.0259	0.0405
1998	0.0430	0.0401	0.0029	0.0499	0.0276	0.0394
1999	0.0441	0.0409	0.0032	0.0506	0.0307	0.0382
2000	0.0457	0.0421	0.0036	0.0520	0.0328	0.0384
2001	0.0480	0.0440	0.0040	0.0545	0.0349	0.0393
2002	0.0516	0.0468	0.0048	0.0577	0.0379	0.0413
2003	0.0558	0.0497	0.0061	0.0615	0.0399	0.0437
2004	0.0590	0.0519	0.0071	0.0635	0.0420	0.0460
2005	0.0615	0.0535	0.0080	0.0668	0.0433	0.0456
2006	0.0653	0.0563	0.0090	0.0710	0.0474	0.0447
2007	0.0698	0.0599	0.0100	0.0770	0.0525	0.0429
2008	0.0696	0.0596	0.0100	0.0757	0.0568	0.0398
2009	0.0721	0.0619	0.0102	0.0750	0.0648	0.0409
2010	0.0758	0.0639	0.0118	0.0761	0.0703	0.0407
2011	0.0767	0.0645	0.0122	0.0746	0.0728	0.0425
2012	0.0760	0.0638	0.0122	0.0685	0.0745	0.0472
2013	0.0770	0.0641	0.0129	0.0646	0.0755	0.0529
2014	0.0782	0.0641	0.0141	0.0611	0.0760	0.0576
2015	0.0815	0.0654	0.0160	0.0598	0.0776	0.0627
2016	0.0828	0.0656	0.0172	0.0591	0.0766	0.0652

附录二：经济增长泰尔指数分解结果

附表 3   经济增长泰尔指数分解

年份	总体差异	地区内差异	地区间差异	东部	中部	西部
1979	0.0010	0.0009	0.0001	0.0004	0.0007	0.0016
1980	0.0009	0.0008	0.0001	0.0011	0.0007	0.0006
1981	0.0012	0.0012	0.0001	0.0013	0.0009	0.0012
1982	0.0007	0.0006	0.0000	0.0010	0.0004	0.0004
1983	0.0008	0.0008	0.0000	0.0005	0.0016	0.0005
1984	0.0005	0.0004	0.0000	0.0002	0.0009	0.0004
1985	0.0006	0.0005	0.0000	0.0005	0.0006	0.0004
1986	0.0003	0.0002	0.0000	0.0003	0.0002	0.0002
1987	0.0005	0.0004	0.0001	0.0004	0.0008	0.0002
1988	0.0006	0.0005	0.0001	0.0005	0.0004	0.0008
1989	0.0003	0.0003	0.0000	0.0003	0.0004	0.0002
1990	0.0003	0.0003	0.0000	0.0004	0.0000	0.0003
1991	0.0007	0.0005	0.0002	0.0007	0.0003	0.0004
1992	0.0016	0.0011	0.0005	0.0023	0.0003	0.0004
1993	0.0007	0.0004	0.0003	0.0005	0.0003	0.0002
1994	0.0005	0.0003	0.0002	0.0004	0.0002	0.0002
1995	0.0004	0.0003	0.0001	0.0006	0.0003	0.0001
1996	0.0003	0.0003	0.0000	0.0003	0.0001	0.0003
1997	0.0001	0.0001	0.0000	0.0002	0.0001	0.0000
1998	0.0000	0.0000	0.0000	0.0000	0.0000	0.0000
1999	0.0001	0.0000	0.0000	0.0000	0.0000	0.0000
2000	0.0000	0.0000	0.0000	0.0000	0.0000	0.0000
2001	0.0001	0.0000	0.0000	0.0000	0.0000	0.0001
2002	0.0001	0.0001	0.0000	0.0000	0.0001	0.0001
2003	0.0002	0.0001	0.0000	0.0001	0.0001	0.0002
2004	0.0002	0.0001	0.0000	0.0001	0.0001	0.0003
2005	0.0002	0.0002	0.0000	0.0001	0.0000	0.0005

年份	总体差异	地区内差异	地区间差异	东部	中部	西部
2006	0.0001	0.0001	0.0000	0.0000	0.0000	0.0002
2007	0.0001	0.0001	0.0000	0.0000	0.0001	0.0002
2008	0.0002	0.0002	0.0000	0.0002	0.0002	0.0002
2009	0.0002	0.0002	0.0000	0.0002	0.0003	0.0002
2010	0.0001	0.0001	0.0000	0.0002	0.0000	0.0001
2011	0.0002	0.0001	0.0001	0.0002	0.0000	0.0001
2012	0.0001	0.0001	0.0001	0.0001	0.0000	0.0000
2013	0.0001	0.0001	0.0000	0.0001	0.0000	0.0000
2014	0.0001	0.0001	0.0000	0.0001	0.0001	0.0000
2015	0.0001	0.0001	0.0000	0.0001	0.0002	0.0001
2016	0.0002	0.0002	0.0000	0.0004	0.0001	0.0001

附录三：城镇家庭消费结构泰尔指数分解结果

附表4   城镇家庭消费结构泰尔指数分解

年份	总体差异	地区内差异	地区间差异	东部	中部	西部
1978	0.0023	0.0021	0.0001	0.0037	0.0004	0.0017
1979	0.0020	0.0019	0.0001	0.0032	0.0008	0.0012
1980	0.0014	0.0012	0.0002	0.0014	0.0007	0.0015
1981	0.0012	0.0010	0.0003	0.0011	0.0007	0.0009
1982	0.0015	0.0012	0.0004	0.0018	0.0005	0.0010
1983	0.0027	0.0023	0.0004	0.0034	0.0013	0.0017
1984	0.0023	0.0021	0.0002	0.0032	0.0010	0.0017
1985	0.0013	0.0012	0.0001	0.0014	0.0009	0.0014
1986	0.0031	0.0026	0.0005	0.0045	0.0010	0.0015
1987	0.0020	0.0018	0.0002	0.0022	0.0016	0.0016
1988	0.0019	0.0017	0.0002	0.0018	0.0017	0.0014
1989	0.0021	0.0018	0.0003	0.0020	0.0016	0.0018

年份	总体差异	地区内差异	地区间差异	东部	中部	西部
1990	0.0020	0.0019	0.0001	0.0021	0.0014	0.0020
1991	0.0032	0.0030	0.0001	0.0041	0.0017	0.0029
1992	0.0025	0.0025	0.0001	0.0044	0.0011	0.0014
1993	0.0028	0.0027	0.0000	0.0052	0.0010	0.0012
1994	0.0033	0.0032	0.0001	0.0053	0.0018	0.0018
1995	0.0030	0.0030	0.0000	0.0048	0.0018	0.0017
1996	0.0032	0.0031	0.0000	0.0055	0.0016	0.0015
1997	0.0035	0.0034	0.0001	0.0058	0.0016	0.0021
1998	0.0042	0.0040	0.0002	0.0054	0.0036	0.0026
1999	0.0037	0.0035	0.0002	0.0044	0.0035	0.0025
2000	0.0040	0.0038	0.0002	0.0037	0.0039	0.0038
2001	0.0039	0.0039	0.0000	0.0042	0.0041	0.0032
2002	0.0043	0.0043	0.0000	0.0048	0.0044	0.0035
2003	0.0051	0.0050	0.0000	0.0059	0.0050	0.0040
2004	0.0049	0.0049	0.0001	0.0046	0.0051	0.0050
2005	0.0044	0.0041	0.0003	0.0031	0.0036	0.0058
2006	0.0048	0.0044	0.0004	0.0033	0.0039	0.0060
2007	0.0045	0.0043	0.0003	0.0041	0.0032	0.0054
2008	0.0045	0.0042	0.0002	0.0049	0.0034	0.0042
2009	0.0039	0.0038	0.0002	0.0042	0.0041	0.0030
2010	0.0041	0.0040	0.0001	0.0046	0.0041	0.0033
2011	0.0048	0.0047	0.0001	0.0049	0.0071	0.0024
2012	0.0058	0.0057	0.0001	0.0084	0.0044	0.0036
2013	0.0070	0.0069	0.0001	0.0101	0.0052	0.0045
2014	0.0083	0.0082	0.0001	0.0121	0.0061	0.0054
2015	0.0023	0.0021	0.0001	0.0037	0.0004	0.0017
2016	0.0020	0.0019	0.0001	0.0032	0.0008	0.0012

附录四：产业结构泰尔指数分解结果

产业结构泰尔指数分解

年份	总体差异	地区内差异	地区间差异	东部	中部	西部
1978	0.0134	0.0121	0.0013	0.0157	0.0039	0.0139
1979	0.0138	0.0117	0.0022	0.0193	0.0027	0.0098
1980	0.0167	0.0148	0.0019	0.0209	0.0049	0.0153
1981	0.0163	0.0130	0.0033	0.0138	0.0027	0.0183
1982	0.0138	0.0112	0.0026	0.0104	0.0030	0.0171
1983	0.0152	0.0120	0.0032	0.0116	0.0040	0.0172
1984	0.0163	0.0130	0.0033	0.0145	0.0038	0.0170
1985	0.0134	0.0115	0.0019	0.0135	0.0036	0.0145
1986	0.0119	0.0104	0.0015	0.0121	0.0049	0.0121
1987	0.0121	0.0103	0.0018	0.0126	0.0063	0.0105
1988	0.0070	0.0063	0.0008	0.0062	0.0062	0.0064
1989	0.0054	0.0050	0.0003	0.0054	0.0050	0.0047
1990	0.0073	0.0053	0.0020	0.0065	0.0029	0.0057
1991	0.0056	0.0043	0.0014	0.0061	0.0015	0.0041
1992	0.0078	0.0059	0.0019	0.0116	0.0019	0.0025
1993	0.0069	0.0052	0.0017	0.0103	0.0030	0.0013
1994	0.0081	0.0065	0.0016	0.0118	0.0040	0.0025
1995	0.0090	0.0073	0.0017	0.0127	0.0045	0.0034
1996	0.0159	0.0117	0.0042	0.0213	0.0051	0.0054
1997	0.0184	0.0143	0.0042	0.0261	0.0064	0.0061
1998	0.0197	0.0160	0.0037	0.0304	0.0072	0.0058
1999	0.0203	0.0176	0.0027	0.0345	0.0096	0.0045
2000	0.0217	0.0197	0.0020	0.0396	0.0112	0.0040
2001	0.0102	0.0093	0.0009	0.0193	0.0046	0.0021
2002	0.0101	0.0091	0.0010	0.0199	0.0036	0.0017
2003	0.0097	0.0090	0.0007	0.0204	0.0028	0.0014
2004	0.0113	0.0104	0.0009	0.0231	0.0043	0.0014

年份	总体差异	地区内差异	地区间差异	东部	中部	西部
2005	0.0127	0.0113	0.0014	0.0244	0.0060	0.0009
2006	0.0139	0.0120	0.0020	0.0255	0.0056	0.0013
2007	0.0156	0.0127	0.0029	0.0270	0.0046	0.0021
2008	0.0184	0.0147	0.0038	0.0302	0.0050	0.0033
2009	0.0175	0.0136	0.0039	0.0278	0.0049	0.0031
2010	0.0198	0.0139	0.0059	0.0262	0.0048	0.0052
2011	0.0218	0.0148	0.0070	0.0269	0.0035	0.0076
2012	0.0208	0.0138	0.0069	0.0258	0.0037	0.0059
2013	0.0186	0.0127	0.0058	0.0245	0.0033	0.0050
2014	0.0172	0.0119	0.0052	0.0236	0.0045	0.0031
2015	0.0150	0.0111	0.0039	0.0210	0.0070	0.0024
2016	0.0139	0.0102	0.0037	0.0190	0.0066	0.0023

附录五：全要素生产率泰尔指数分解结果

附表6 全要素生产率泰尔指数分解

年份	总体差异	地区内差异	地区间差异	东部	中部	西部
1978	0.1799	0.0922	0.0876	0.1439	0.0348	0.0156
1979	0.1561	0.0801	0.0761	0.1316	0.0230	0.0124
1980	0.1448	0.0742	0.0707	0.1232	0.0238	0.0085
1981	0.1232	0.0616	0.0616	0.1057	0.0166	0.0077
1982	0.1031	0.0509	0.0522	0.0892	0.0132	0.0067
1983	0.0867	0.0443	0.0424	0.0798	0.0120	0.0056
1984	0.0769	0.0383	0.0386	0.0696	0.0121	0.0035
1985	0.0732	0.0380	0.0351	0.0700	0.0102	0.0049
1986	0.0647	0.0352	0.0295	0.0644	0.0124	0.0045
1987	0.0576	0.0298	0.0278	0.0526	0.0148	0.0043
1988	0.0497	0.0237	0.0260	0.0400	0.0142	0.0045

年份	总体差异	地区内差异	地区间差异	东部	中部	西部
1989	0.0432	0.0197	0.0236	0.0328	0.0115	0.0052
1990	0.0385	0.0195	0.0190	0.0320	0.0097	0.0081
1991	0.0429	0.0212	0.0217	0.0350	0.0086	0.0095
1992	0.0479	0.0246	0.0233	0.0356	0.0080	0.0200
1993	0.0520	0.0267	0.0253	0.0372	0.0090	0.0239
1994	0.0554	0.0276	0.0278	0.0373	0.0099	0.0259
1995	0.0495	0.0246	0.0248	0.0350	0.0087	0.0211
1996	0.0493	0.0204	0.0289	0.0340	0.0067	0.0091
1997	0.0548	0.0223	0.0325	0.0364	0.0088	0.0093
1998	0.0626	0.0249	0.0377	0.0389	0.0121	0.0104
1999	0.0690	0.0253	0.0437	0.0354	0.0173	0.0128
2000	0.0755	0.0283	0.0472	0.0342	0.0247	0.0197
2001	0.0940	0.0382	0.0558	0.0474	0.0255	0.0299
2002	0.1051	0.0433	0.0618	0.0520	0.0297	0.0362
2003	0.1179	0.0503	0.0676	0.0591	0.0336	0.0450
2004	0.1266	0.0566	0.0700	0.0698	0.0334	0.0473
2005	0.1325	0.0589	0.0735	0.0738	0.0343	0.0463
2006	0.1400	0.0639	0.0761	0.0822	0.0346	0.0466
2007	0.1450	0.0684	0.0766	0.0907	0.0333	0.0462
2008	0.1398	0.0695	0.0703	0.0915	0.0322	0.0511
2009	0.1477	0.0738	0.0739	0.0996	0.0330	0.0486
2010	0.1452	0.0748	0.0703	0.1001	0.0342	0.0516
2011	0.1435	0.0782	0.0653	0.1041	0.0363	0.0559
2012	0.1473	0.0829	0.0644	0.1116	0.0385	0.0567
2013	0.1559	0.0891	0.0668	0.1219	0.0407	0.0563
2014	0.1667	0.0962	0.0705	0.1324	0.0442	0.0572
2015	0.1855	0.1059	0.0796	0.1469	0.0476	0.0570
2016	0.2103	0.1229	0.0874	0.1743	0.0504	0.0567

附录六：地方政府税收努力泰尔指数分解结果

附表7 地方政府税收努力泰尔指数分解

年份	总体差异	地区内差异	地区间差异	东部	中部	西部
1978	0.1007	0.0827	0.0179	0.1473	0.0140	0.0323
1979	0.1241	0.1007	0.0234	0.1387	0.0133	0.1195
1980	0.1203	0.1019	0.0184	0.1637	0.0109	0.0877
1981	0.1035	0.0831	0.0205	0.1265	0.0156	0.0735
1982	0.0995	0.0814	0.0181	0.1355	0.0173	0.0511
1983	0.1164	0.0888	0.0276	0.1216	0.0108	0.1047
1984	0.0955	0.0713	0.0242	0.0997	0.0104	0.0777
1985	0.0742	0.0588	0.0154	0.0881	0.0106	0.0552
1986	0.0753	0.0583	0.0170	0.0832	0.0085	0.0658
1987	0.0624	0.0527	0.0097	0.0827	0.0089	0.0494
1988	0.0537	0.0478	0.0059	0.0776	0.0086	0.0413
1989	0.0470	0.0433	0.0037	0.0751	0.0065	0.0330
1990	0.0538	0.0495	0.0044	0.0780	0.0060	0.0477
1991	0.0520	0.0486	0.0034	0.0683	0.0048	0.0590
1992	0.0464	0.0426	0.0038	0.0598	0.0048	0.0517
1993	0.0451	0.0428	0.0023	0.0593	0.0040	0.0519
1994	0.0488	0.0428	0.0060	0.0410	0.0289	0.0561
1995	0.0520	0.0428	0.0092	0.0461	0.0237	0.0530
1996	0.0555	0.0476	0.0079	0.0580	0.0198	0.0541
1997	0.0558	0.0486	0.0072	0.0614	0.0145	0.0564
1998	0.0535	0.0460	0.0075	0.0613	0.0129	0.0500
1999	0.0562	0.0487	0.0074	0.0733	0.0117	0.0437
2000	0.0739	0.0595	0.0144	0.0933	0.0130	0.0452
2001	0.0764	0.0569	0.0195	0.0909	0.0155	0.0365
2002	0.0675	0.0515	0.0160	0.0759	0.0203	0.0396
2003	0.0774	0.0512	0.0263	0.0862	0.0033	0.0304
2004	0.0868	0.0538	0.0331	0.0904	0.0054	0.0273

年份	总体差异	地区内差异	地区间差异	东部	中部	西部
2005	0.0930	0.0570	0.0360	0.0934	0.0103	0.0284
2006	0.0889	0.0543	0.0346	0.0865	0.0129	0.0298
2007	0.0958	0.0566	0.0392	0.0867	0.0133	0.0349
2008	0.0970	0.0563	0.0407	0.0850	0.0149	0.0358
2009	0.0876	0.0520	0.0355	0.0783	0.0144	0.0345
2010	0.0839	0.0498	0.0342	0.0708	0.0149	0.0391
2011	0.0792	0.0473	0.0319	0.0690	0.0110	0.0371
2012	0.0748	0.0465	0.0283	0.0691	0.0116	0.0354
2013	0.0713	0.0446	0.0267	0.0664	0.0127	0.0332
2014	0.0726	0.0455	0.0271	0.0685	0.0149	0.0311
2015	0.0830	0.0538	0.0292	0.0852	0.0206	0.0269
2016	0.0899	0.0531	0.0368	0.0816	0.0192	0.0289

参 考 文 献

[1] 白俊红, 卞元超. 要素市场扭曲与中国创新生产的效率损失 [J]. 中国工业经济, 2016 (11): 39 - 55.

[2] 蔡昉, 王德文, 都阳. 劳动力市场扭曲对区域差距的影响 [J]. 中国社会科学, 2001 (2): 4 - 14, 204.

[3] 蔡兴, 刘淑兰. 人口结构变化对我国农村居民消费结构的影响: 基于 LA/AIDS 拓展模型的实证分析 [J]. 消费经济, 2017, 33 (6): 56 - 61.

[4] 曹玉书, 楼东玮. 资源错配、结构变迁与中国经济转型 [J]. 中国工业经济, 2012 (10): 5 - 18.

[5] 陈栋生. 东西互动、产业转移是实现区域协调发展的重要途径 [J]. 中国金融, 2008 (4): 20 - 21.

[6] 陈利锋. 技能错配、不平等与社会福利: 基于包含异质性技能的 DSGE 模型 [J]. 经济科学, 2017 (6): 58 - 71.

[7] 陈艳莹, 王二龙. 要素市场扭曲、双重抑制与中国生产性服务业全要素生产率: 基于中介效应模型的实证研究 [J]. 南开经济研究, 2013 (5): 71 - 82.

[8] 陈永伟, 胡伟民. 价格扭曲、要素错配和效率损失: 理论和应用 [J]. 经济学 (季刊), 2011, 10 (4): 1401 - 1422.

[9] 储德银, 邵娇, 迟淑娴. 财政体制失衡抑制了地方政府税收努力吗? [J]. 经济研究, 2019, 54 (10): 41 - 56.

[10] 戴静, 张建华. 金融所有制歧视、所有制结构与创新产出: 来自中国地区工业部门的证据 [J]. 金融研究, 2013 (5): 86 - 98.

[11] 戴魁早, 刘友金. 要素市场扭曲与创新效率: 对中国高技术产业发展的经验分析 [J]. 经济研究, 2016 (7): 72 - 86.

[12] 戴魁早. 要素市场扭曲如何影响出口技术复杂度: 中国高技术产业的经验证据 [J]. 经济学 (季刊), 2019 (1): 337 - 366.

[13] 丁建勋.要素价格扭曲、资本深化与中国劳动收入份额 [J].
贵州财经大学学报,2017 (1):1-13.

[14] 丁建勋.资本深化与中国消费率的关系研究 [J].上海经济研
究,2015 (9):77-85,94.

[15] 樊纲,王小鲁,朱恒鹏.中国市场化指数:各地区市场化相对
进程报告 [M].北京:经济科学出版社,2010.

[16] 范剑勇,冯猛,李方文.产业集聚与企业全要素生产率 [J].
世界经济,2014,37 (5):51-73.

[17] 范子英.土地财政的根源:财政压力还是投资冲动 [J].中国
工业经济,2015 (6):18-31.

[18] 盖庆恩,朱喜,程名望,等.土地资源配置不当与劳动生产率
[J].经济研究,2017 (5):117-130.

[19] 盖庆恩,朱喜,程名望,等.要素市场扭曲、垄断势力与全要
素生产率 [J].经济研究,2015 (5):61-75.

[20] 盖庆恩,朱喜,史清华.劳动力市场扭曲、结构转变和中国劳
动生产率 [J].经济研究,2013 (5):87-97,111.

[21] 高波.发展经济学 [M].2版.南京:南京大学出版社,2017.

[22] 龚关,胡关亮.中国制造业资源配置效率与全要素生产率 [J].
经济研究,2013 (4):4-15,29.

[23] 龚六堂,谢丹阳.我国省份之间的要素流动和边际生产率的差
异分析 [J].经济研究,2004 (1):45-53.

[24] 顾海兵.当前我国宏观经济运行良性化程度判断 [J].经济学
家,1996 (6):50-54,67,124.

[25] 郭鹏.我国居民消费结构升级的相关问题研究 [J].江西社会
科学,2007 (11):139-142.

[26] 郝枫,赵慧卿.中国市场价格扭曲测度:1952-2005 [J].统
计研究,2010 (6):33-39.

[27] 胡小文,章上峰.利率市场化、汇率制度改革与资本账户开放
顺序安排:基于 NOEM-DSGE 模型的模拟 [J].国际金融研
究,2015 (11):14-23.

[28] 黄夏岚,胡祖铨,刘怡.税收能力、税收努力与地区税负差异
[J].经济科学,2012 (4):80-90.

[29] 黄先海,石东楠.对外贸易对我国全要素生产率影响的测度与
分析 [J].世界经济研究,2005 (1):22-26.

［30］ 黄志刚. 货币政策与贸易不平衡的调整［J］. 经济研究, 2011, 46（3）: 32 - 47.

［31］ 简泽. 企业间的生产率差异、资源再配置与制造业部门的生产率［J］. 管理世界, 2011（5）: 11 - 23.

［32］ 蒋含明. 要素价格扭曲与中国居民收入差距扩大［J］. 统计研究, 2013（12）: 56 - 63.

［33］ 阚大学, 吕连菊. 要素市场扭曲加剧了环境污染吗: 基于省级工业行业空间动态面板数据的分析［J］. 财贸经济, 2016（5）: 146 - 159.

［34］ 康志勇. 赶超行为、要素市场扭曲对中国就业的影响: 来自微观企业的数据分析［J］. 中国人口科学, 2012（1）: 60 - 69, 112.

［35］ 雷鹏. 生产要素市场扭曲对中国就业影响的实证分析［J］. 社会科学, 2009（7）: 61 - 65, 188.

［36］ 李平, 季永宝, 桑金琰. 要素市场扭曲对中国技术进步的影响特征研究［J］. 产业经济研究, 2014（5）: 63 - 71.

［37］ 李文溥, 李静. 要素比价扭曲、过度资本深化与劳动报酬比重下降［J］. 学术月刊, 2011（2）: 68 - 77.

［38］ 李言, 樊学瑞. 中国地区生产要素价格扭曲的演变: 1978 ~ 2016 年［J］. 数量经济技术经济研究, 2020（1）: 62 - 82.

［39］ 李言, 高波, 雷红. 中国地区要素生产率的变迁: 1978 ~ 2016［J］. 数量经济技术经济研究, 2018, 35（10）: 21 - 39.

［40］ 厉以宁. 消费经济学［M］. 北京: 人民出版社, 1984.

［41］ 林伯强, 杜克锐. 要素市场扭曲对能源效率的影响［J］. 经济研究, 2013（9）: 125 - 136.

［42］ 林毅夫, 蔡昉, 李周. 对赶超战略的反思［J］. 战略与管理, 1994（6）: 1 - 12.

［43］ 刘秉镰, 武鹏, 刘玉海. 交通基础设施与中国全要素生产率增长: 基于省域数据的空间面板计量分析［J］. 中国工业经济, 2010（3）: 54 - 64.

［44］ 刘小玄, 周晓艳. 金融资源与实体经济之间配置关系的检验: 兼论经济结构失衡的原因［J］. 金融研究, 2011（2）: 57 - 70.

［45］ 刘小玄. 中国工业企业的所有制结构对效率差异的影响: 1995 年全国工业企业普查数据的实证分析［J］. 经济研究, 2000（2）: 17 - 25, 78 - 79.

[46] 罗德明，李晔，史晋川．要素市场扭曲、资源错置与生产率 [J]．经济研究，2012（3）：4-14，39.

[47] 毛其淋．要素市场扭曲与中国工业企业生产率：基于贸易自由化视角的分析 [J]．金融研究，2013（2）：156-169.

[48] 毛中根，杨丽姣．经济全球化背景下供给侧改革与居民消费结构升级 [J]．财经科学，2017（1）：72-82.

[49] 梅冬州，龚六堂．新兴市场经济国家的汇率制度选择 [J]．经济研究，2011（11）：73-88.

[50] 聂长飞，简新华．中国高质量发展的测度及省际现状的分析比较 [J]．数量经济技术经济研究，2020，37（2）：26-47.

[51] 戚建梅，刘志强，王明益．劳动力价格扭曲对制造业企业创新的影响：基于微观企业数据的检验 [J]．山东财经大学学报，2016（2）：30-40.

[52] 任慧玲．生育政策变迁背景下人口年龄结构变动对居民消费的影响 [J]．商业经济研究，2018（24）：36-40.

[53] 单豪杰．中国资本存量 K 的再估算：1952~2006 年 [J]．数量经济技术经济研究，2008，25（10）：17-31.

[54] 邵宜航，步晓宁，张天华．资源配置扭曲与中国工业全要素生产率：基于工业企业数据库再测算 [J]．中国工业经济，2013（12）：39-51.

[55] 申珍妮．财政压力与地方政府税收努力：基于省级数据的经验研究 [J]．税务研究，2018（10）：108-114.

[56] 盛仕斌，徐海．要素价格扭曲的就业效应研究 [J]．经济研究，1999（5）：68-74.

[57] 施炳展，冼国明．要素价格扭曲与中国工业企业出口行为 [J]．中国工业经济，2012（2）：47-56.

[58] 宋士云．中国银行业市场化改革的历史考察：1979—2006 年 [J]．中国经济史研究，2008（4）：33-42.

[59] 孙传旺，刘希颖，林静．碳强度约束下中国全要素生产率测算与收敛性研究 [J]．金融研究，2010（6）：17-33.

[60] 孙久文，李恒森．我国区域经济演进轨迹及其总体趋势 [J]．改革，2017（7）：18-29.

[61] 谭洪波．中国要素市场扭曲存在工业偏向吗？：基于中国省级面板数据的实证研究 [J]．管理世界，2015（12）：96-105.

[62] 田晖. 消费经济学 [M]. 上海：同济大学出版社，2006.

[63] 田友春，卢盛荣，靳来群. 方法、数据与全要素生产率测算差异 [J]. 数量经济技术经济研究，2017 (12)：22 - 40.

[64] 同海梅，梁凡，陆迁. 基于 AIDS 模型的陕西省城镇居民食品消费结构分析 [J]. 农业现代化研究，2015 (6)：996 - 1000.

[65] 童长凤. 高投资与中国经济增长：资本生产率的考察 [J]. 兰州大学学报（社会科学版），2012 (3)：144 - 149.

[66] 王爱俭，王璟怡. 宏观审慎政策效应及其与货币政策关系研究 [J]. 经济研究，2014 (4)：17 - 31.

[67] 王君斌，郭新强，蔡建波. 扩张性货币政策下的产出超调、消费抑制和通货膨胀惯性 [J]. 管理世界，2011 (3)：7 - 21.

[68] 王宁，史晋川 a. 要素价格扭曲对中国投资消费结构的影响分析 [J]. 财贸经济，2015 (4)：121 - 133.

[69] 王宁，史晋川 b. 中国要素价格扭曲程度的测度 [J]. 数量经济技术经济研究，2015 (9)：149 - 161.

[70] 王宋涛. 中国居民消费率缘何下降？：基于宏观消费函数的多因素分解 [J]. 财经研究，2014 (6)：132 - 144.

[71] 王薇，任保平. 中国经济增长数量与质量阶段性特征：1978 - 2014 年 [J]. 改革，2015 (8)：48 - 58.

[72] 王希. 要素价格扭曲与经济失衡之间的互动关系研究 [J]. 财贸研究，2012 (5)：8 - 15.

[73] 吴振宇. 经济思想中的动态观念：从剩余到均衡 [M]. 北京：中国发展出版社，2017.

[74] 夏茂森，彭七四，江玲玲，等. 要素价格扭曲与工业产能过剩的关系：基于 1991—2010 年的样本数据 [J]. 技术经济，2013 (12)：33 - 39.

[75] 夏晓华，李进一. 要素价格异质性扭曲与产业结构动态调整 [J]. 南京大学学报（哲学·人文科学·社会科学版），2012 (3)：40 - 48.

[76] 冼国明，石庆芳. 要素市场扭曲与中国的投资行为：基于省际面板数据分析 [J]. 财经科学，2013 (10)：31 - 42.

[77] 谢嗣胜，姚先国. 中国城市就业人员性别工资歧视的估计 [J]. 妇女研究论丛，2005 (6)：12 - 15，26.

[78] 谢子远，杨义群. 我国政府消费与居民消费的关系研究 [J].

中央财经大学学报，2006（12）：54－57.

［79］鄢萍．资本误配置的影响因素初探［J］.经济学（季刊），2012（2）：489－520.

［80］杨得前．经济发展、财政自给与税收努力：基于省际面板数据的经验分析［J］.税务研究，2014（6）：70－78.

［81］杨农，郭辉铭．动态随机一般均衡模型理论与实证研究进展［J］.经济学动态，2013（8）：112－120.

［82］杨汝岱．中国制造业企业全要素生产率研究［J］.经济研究，2015（2）：61－74.

［83］杨小林．居民收入差距与宏观经济失衡［J］.经济导刊，2010（5）：66－67.

［84］杨宜勇．中国劳动力市场状况及其国际比较［J］.上海行政学院学报，2001（2）：71－79.

［85］尹碧波，李娜．湖南省城镇居民收入对食品消费结构的影响研究［J］.消费经济，2018（4）：34－40.

［86］尹世杰．消费经济学［M］.北京：高等教育出版社，2007.

［87］余明桂，潘红波．政治关系、制度环境与民营企业银行贷款［J］.管理世界，2008（8）：9－21，39，187.

［88］俞剑，方福前，程冬，郑文平．消费结构升级、要素价格扭曲与中国农业劳动力转移［J］.经济评论，2018（1）：47－61.

［89］臧旭恒，孙文祥．城乡居民消费结构：基于 ELES 模型和 AIDS 模型的比较分析［J］.山东大学学报（哲学社会科学版），2003（6）：122－126.

［90］张浩然，衣保中．基础设施、空间溢出与区域全要素生产率：基于中国 266 个城市空间面板杜宾模型的经验研究［J］.经济学家，2012（2）：61－67.

［91］张杰，周晓艳，李勇．要素市场扭曲抑制了中国企业 R&D？［J］.经济研究，2011（8）：78－91.

［92］张军，吴桂英，张吉鹏．中国省际物质资本存量估算：1952－2000［J］.经济研究，2004（10）：35－44.

［93］张曙光，程炼．中国经济转轨过程中的要素价格扭曲与财富转移［J］.世界经济，2010，33（10）：3－24.

［94］张兴龙，沈坤荣．中国资本扭曲的产出损失及分解研究［J］.经济科学，2016（2）：53－66.

[95] 章上峰，陆雪琴. 中国劳动收入份额变动：技术偏向抑或市场扭曲 [J]. 经济学家，2016 (9)：15 – 24.

[96] 赵坚毅，徐丽艳，戴李元. 中国的消费率持续下降的原因与影响分析 [J]. 经济学家，2011 (9)：13 – 19.

[97] 赵婉男，李晓峰，尹金辉. 北京市农民工消费结构及变化趋势分析 [J]. 农业经济问题，2016 (12)：103 – 108，112.

[98] 赵志坚，胡小娟. 我国城乡居民消费结构比较分析 [J]. 消费经济，2007 (5)：24 – 27.

[99] 赵自芳. 生产要素市场扭曲的经济效应 [D]. 杭州：浙江大学，2007.

[100] 郑毓盛，李崇高. 中国地方分割的效率损失 [J]. 中国社会科学，2003 (1)：64 – 72，205.

[101] 周黎安，陶婧. 官员晋升竞争与边界效应：以省区交界地带的经济发展为例 [J]. 金融研究，2011 (3)：15 – 26.

[102] 周小亮，吴武林. 中国包容性绿色增长的测度及分析 [J]. 数量经济技术经济研究，2018，35 (8)：3 – 20.

[103] 周一成，廖信林. 要素市场扭曲与中国经济增长质量：理论与经验证据 [J]. 现代经济探讨，2018 (8)：8 – 16.

[104] 朱孟晓，胡小玲. 我国居民消费升级与消费倾向变动关系研究：基于升级、支出与收入的动态关系 [J]. 当代财经，2009 (4)：17 – 21.

[105] 朱喜，史清华，盖庆恩. 要素配置扭曲与农业全要素生产率 [J]. 经济研究，2011 (5)：86 – 98.

[106] Aigner D J, Chu S F. On Estimating the Industry Production Function [J]. American Economic Review, 1968, 58 (4)：826 – 839.

[107] Allen R C. The Rise and Decline of the Soviet Economy [J]. Canadian Journal of Economics, 2001, 34 (4)：859 – 881.

[108] Atkeson A, Kehoe P J. Modeling and Measuring Organization Capital [J]. Journal of Political Economy, 2005, 113 (5)：1026 – 1053.

[109] Atkeson A, Kehoe P J. Modeling the Transition to a New Economy：Lessons from two Technological Revolutions [J]. Staff Report, 2007, 97 (1)：64 – 88.

[110] Atkinson S E, Halvorsen R. A Test of Relative and Absolute Price

Efficiency in Regulated Utilities [J]. The Review of Economics and Statistics, 1980, 62 (1): 81 - 88.

[111] Atkinson S E, Halvorsen R. Parametric Efficiency Tests, Economies of Scale, and Input Demand in U. S. Electric Power Generation [J]. International Economic Review, 1984, 25 (3): 647 - 662.

[112] Bahl R W. A Regression Approach to Tax Effort and Tax Ratio Analysis [J]. IMF Staff Papers, 1971, 18 (3): 570 - 612.

[113] Bahl R W. A Representative Tax System Approach to Measuring Tax Effort in Developing Countries [J]. IMF Staff Papers, 1972, 19 (1): 87 - 124.

[114] Bernstein J I, Nadiri M I. Product Demand, Cost of Production, Spillovers, and the Social Rate of Return to R&D [J]. NBER Working Papers, No. 3625, 1991.

[115] Bhagwati J N, Brecher R A, Hatta T. The Generalized Theory of Transfers and Welfare: Exogenous (Policy - Imposed) and Endogenous (Transfer - Induced) Distortions [J]. The Quarterly Journal of Economics, 1985, 100 (3): 697 - 714.

[116] Bhagwati J N. Distortions and Immiserizing Growth: A Generalization [J]. Review of Economic Studies, 1968, 35 (4): 481 - 485.

[117] Bhagwati J N. The Generalized Theory of Distortions and Welfare [A]. In J N Bhagwati, et al. (eds.), Trade, Balance of Payments and Growth: Papers in International Economics in Honor of Charles Kindleberger [C]. North - Holland, 1971.

[118] Brandt L, Tombe T, Zhu X. Factor Market Distortions Across Time, Space, and Sectors in China [J]. Review of Economic Dynamics, 2013, 16 (1): 39 - 58.

[119] Calvo G A. Staggered Prices in a Utility - Maximizing Framework [J]. Journal of Monetary Economics, 1983, 12 (3): 383 - 398.

[120] Chacholiades M. International Trade Theory and Policy [M]. New York: McGraw - Hill, 1978.

[121] Chamberlain G. Funds, Factors, and Diversification in Arbitrage Pricing Models [J]. Econometrica, 1983, 51 (5): 1305 - 1323.

[122] Chenery H B, Syrquin M. Patterns of Development, 1950 – 1970 [M]. Oxford: Oxford University Press, 1975.

[123] Coenen G. , Straub R. Does Government Spending Crowd in Private Consumption? Theory and Empirical Evidence for the Euro Area [J]. International Finance, 2005, 8 (3): 435 – 70.

[124] Denison E F. The Sources of Economic Growth in the United States and the Alternatives before Us [M]. New York: Committee for Economic Development, 1962.

[125] Dickens W T, Lang K. A Goodness of Fit Test of Dual Labor Market Theory [C]. NBER Working Papers, 1987.

[126] Dickens W T, Lang K. A Test of Dual Labor Market Theory [J]. American Economic Review, 1985, 75 (4): 792 – 805.

[127] Dickens W T, Lang K. Labor Market Segmentation and the Union Wage Premium [J]. The Review of Economics and Statistics, 1988, 70 (3): 527 – 530.

[128] Dickens W T, Lang K. Labor Market Segmentation Theory: Reconsidering the Evidence [A]. In Darity W. (eds) Labor Economics: Problems in Analyzing Labor Markets [C]. Springer Netherlands, 1993.

[129] Dollar D, Wei S J. Das (Wasted) Kapital: Firm Ownership and Investment Efficiency in China [C]. IMF Working Paper, 2007.

[130] Douglas M, Isherwood B. The World of Goods: Towards an Anthropology of Consumption [M]. NewYork: Routledge, 1996.

[131] Easterly W, Fischer S. The Soviet Economic Decline: Historical and Republican Data [C]. Policy Research Working Paper, 1994.

[132] Engel E. Die Lebenskosten Belgischer Arbeiter-familien Früher Und Jetzt [J]. Bulletin de l'Institut International de Statistique, 1895 (9): 1 – 124.

[133] Farrell M J. The Measurement of Productive Efficiency [J]. Journal of the Royal Statistical Society, 1957, 120 (3): 253 – 290.

[134] Galí J, López-Salido D, Vallés J. Understanding the Effects of Government Spending on Consumption [J]. Journal of the European Economic Association, 2007, 5 (1): 227 – 70.

[135] Guariglia A, Poncet S. Could Financial Distortions be No Impedi-

ment to Economic Growth after All? Evidence from China [J].
Journal of Comparative Economics, 2008, 36 (4): 633 – 657.

[136] Hall R E, Jones C I. Why Do Some Countries Produce So Much More Output Per Worker than Others? [J]. The Quarterly Journal of Economics, 1999, 114 (1): 83 – 116.

[137] Holtz-Eakin, Douglas. Testing for individual effects in autoregressive models [J]. Journal of Econometrics, 1988, 39 (3): 297 – 307.

[138] Hsieh C T, Klenow P J. Misallocation and Manufacturing TFP in China and India [J]. Quarterly Journal of Economics, 2009, 124 (4): 1403 – 1448.

[139] Iacoviello M, Neri S. Housing Market Spillovers: Evidence from an Estimated DSGE Model [J]. American Economic Journal: Macroeconomics, 2010, 2 (2): 64 – 125.

[140] Iacoviello M. Financial Business Cycles [J]. Review of Economic Dynamics, 2015, 18 (1): 140 – 163.

[141] Kornai J. The Soft Budget Constraint [J]. Kyklos, 1986, 39 (1), 3 – 30.

[142] Lau L J, Pan A Y. A Test for Relative Efficiency and Application to Indian Agriculture [J]. American Economic Review, 1971, 61 (1): 94 – 109.

[143] Lotz J R, Morss E R. Measuring "Tax Effort" in Developing Countries [J]. IMF Staff Papers, 1967, 14 (3): 478 – 499.

[144] Magee S P. Factor Market Distortions, Production, Distribution, and the Pure Theory of International Trade [J]. The Quarterly Journal of Economics, 1971, 85 (4): 623 – 643.

[145] Massimo D G, Adriana D L, Carmelo P. Measuring Productivity [J]. Journal of Economic Surveys, 2011, 25 (5): 952 – 1008.

[146] Melitz M J. The Impact of Trade on Intra-Industry Reallocations and Aggregate Industry Productivity [J]. Econometrica, 2003, 71 (6): 1695 – 1725.

[147] Midrigan V, Xu D Y. Finance and Misallocation: Evidence from Plant-Level Data [J]. American Economic Review, 2014, 104 (2): 422 – 458.

[148] Mkandawire T. On Tax Efforts and Colonial Heritage in Africa [J].

Journal of Development Studies, 2010, 46 (10): 1647 – 1669.

[149] Parker E. Shadow Factor Price Convergence and the Response of Chinese State-Owned Construction Enterprises to Reform [J]. Journal of Comparative Economics, 1995, 21 (1): 54 – 81.

[150] Peters M. Heterogeneous Mark-Ups and Endogenous Misallocation [R]. 2011 Meeting Papers. Society for Economic Dynamics, 2011.

[151] Purohit M C. Tax Efforts and Taxable Capacity of Central and State Governments [J]. Economic and Political Weekly, 2006, 41 (8): 747 – 751.

[152] Rader T. The Welfare Loss from Price Distortions [J]. Econometrica, 1976, 44 (6): 1253 – 1257.

[153] Restuccia D, Rogerson R. Policy Distortions and Aggregate Productivity with Heterogeneous Plants [J]. Review of Economic Dynamics, 2008 (11): 707 – 720.

[154] Restuccia, D., Rogerson, R. The Causes and Costs of Misallocation [J]. The Journal of Economic Perspectives, 2017, 31 (3), 151 – 174.

[155] Rodrik D. The Dynamics of Political Support for Reform in Economies in Transition [J]. Cepr Discussion Papers, 1995, 9 (4): 403 – 425.

[156] Rostow W W. The Stages of Economic Growth [M]. Cambridge: Cambridge University Press, 1991.

[157] Rubio M. Rented vs. Owner-occupied Housing and Monetary Policy [J]. The B. E. Journal of Macroeconomics, 2019, 19 (1): 1 – 16.

[158] Seale J L, Regmi A. Modeling International Consumption Patterns [J]. Review of Income and Wealth, International Association for Research in Income and Wealth, 2006. 52 (4): 603 – 624.

[159] Shleifer A, Vishny R W. Politicians and Firms [J]. Quarterly Journal of Economics, 1994, 109 (4): 995 – 1025.

[160] Sims C A. Macroeconomics and Reality [J]. Econometrica, 1980, 48 (1): 1 – 47.

[161] Skoorka B M. Measuring Market Distortion: International Comparisons, Policy and Competitiveness [J]. Applied Economics, 2000, 32 (3): 253 – 264.

[162] Solow R M. Technical Change and the Aggregate Production Function [J]. The Review of Economics and Statistics, 1957, 39 (3): 312 – 320.

[163] Theil H. Economics and Information Theory [M]. Amsterdam: North-Holland, 1967.

[164] Urhoghide R O, Asemota G O. Determinants of Tax Revenue Effort: Empirical Evidence from Nigeria [J]. Leadership & Organizational Management Journal, 2013 (2): 145 – 163.

[165] Vollrath D. How Important Are Dual Economy Effects for Aggregate Productivity [J]. Journal of Development Economics, 2009, 88 (2): 325 – 334.

[166] Young A. The Razor's Edge: Distortions and Incremental Reform in the People's Republic of China [J]. Quarterly Journal of Economics, 2000, 115 (4): 1091 – 1135.

[167] Zhang W L. China's Monetary Policy: Quantity Versus Price Rules [J]. Journal of Macroeconomics, 2008, 31 (3): 473 – 484.

图书在版编目（CIP）数据

要素市场化配置改革与区域经济发展问题研究/李言著 . －－北京：经济科学出版社，2023.6
国家社科基金后期资助项目
ISBN 978－7－5218－4868－7

Ⅰ.①要…　Ⅱ.①李…　Ⅲ.①区域经济发展－研究－中国　Ⅳ.①F127

中国国家版本馆 CIP 数据核字（2023）第 114824 号

责任编辑：孙怡虹　刘　博
责任校对：王肖楠
责任印制：张佳裕

要素市场化配置改革与区域经济发展问题研究
李　言　著
经济科学出版社出版、发行　新华书店经销
社址：北京市海淀区阜成路甲 28 号　邮编：100142
总编部电话：010－88191217　发行部电话：010－88191522
网址：www. esp. com. cn
电子邮箱：esp@ esp. com. cn
天猫网店：经济科学出版社旗舰店
网址：http：//jjkxcbs. tmall. com
北京季蜂印刷有限公司印装
710×1000　16 开　15.25 印张　296000 字
2023 年 6 月第 1 版　2023 年 6 月第 1 次印刷
ISBN 978－7－5218－4868－7　定价：78.00 元
（图书出现印装问题，本社负责调换。电话：010－88191545）
（版权所有　侵权必究　打击盗版　举报热线：010－88191661
QQ：2242791300　营销中心电话：010－88191537
电子邮箱：dbts@ esp. com. cn）